职业教育新能源汽车类专业
新形态一体化教材

混合动力汽车发动机检修

主　编　郭振杰　吕丕华　李　波
副主编　赵彦斌　高　洁　顾若波
参　编　范亚凯　邓家彬

中德诺浩（北京）
教育科技股份有限公司　组编

U0852133

中国教育出版传媒集团
高等教育出版社·北京

内容简介

本书是职业教育新能源汽车类专业新形态一体化教材。

本书根据新能源汽车企业一线典型工作任务进行编写，通过各类任务的学习和实际操作，使学习者掌握混合动力汽车发动机性能测试方法和流程，混合动力汽车发动机各系统结构、原理和检测方法，混合动力汽车发动机部件更换方法，混合动力汽车发动机各系统养护要求、条件和流程等知识，并具备独立完成混合动力汽车发动机机械部件检查、更换工作，混合动力汽车发动机控制系统常见故障的检测和诊断工作，混合动力汽车发动机养护工作的各项职业技能。

本书共有 4 个情境、13 个任务，内容包括混合动力汽车发动机性能测试、混合动力汽车发动机性能异常检修、混合动力汽车发动机运行异常检修、混合动力汽车发动机养护。

本书重点 / 难点的知识点 / 技能点配有动画、微课等丰富的数字化资源，视频类资源可通过扫描书中二维码在线观看，学习者也可登录“智慧职教”平台（www.icve.com.cn）搜索课程“混合动力汽车发动机检修”进行在线学习。

本书可作为职业院校新能源汽车类专业课程的教学用书，也可供与新能源汽车相关的从业人员及其爱好者学习参考。授课教师如需本书配套的教学课件等资源或是有其他需求，可发送邮件至 gzjx@pub.hep.cn 获取。

图书在版编目（CIP）数据

混合动力汽车发动机检修 / 郭振杰，吕丕华，李波主编；中德诺浩（北京）教育科技股份有限公司组编 -- 北京：高等教育出版社，2024.10

ISBN 978-7-04-061724-5

Ⅰ. ①混… Ⅱ. ①郭… ②吕… ③李… ④中… Ⅲ. ①混合动力汽车 – 发动机 – 检修 – 高等职业教育 – 教材 Ⅳ. ① U469.7

中国国家版本馆 CIP 数据核字（2024）第 038838 号

HUNHE DONGLI QICHE FADONGJI JIANXIU

策划编辑 姚 远　责任编辑 姚 远　封面设计 赵 阳　版式设计 杜微言
责任绘图 于 博　责任校对 马鑫蕊　责任印制 赵义民

出版发行	高等教育出版社	网　　址	http://www.hep.edu.cn
社　　址	北京市西城区德外大街 4 号		http://www.hep.com.cn
邮政编码	100120	网上订购	http://www.hepmall.com.cn
印　　刷	三河市春园印刷有限公司		http://www.hepmall.com
开　　本	787mm×1092mm　1/16		http://www.hepmall.cn
印　　张	14.75		
字　　数	280 千字	版　　次	2024 年10月第 1 版
购书热线	010-58581118	印　　次	2024 年10月第 1 次印刷
咨询电话	400-810-0598	定　　价	45.00 元

本书如有缺页、倒页、脱页等质量问题，请到所购图书销售部门联系调换
版权所有　侵权必究
物 料 号　61724-00

“智慧职教”服务指南

“智慧职教”（www.icve.com.cn）是由高等教育出版社建设和运营的职业教育数字教学资源共建共享平台和在线课程教学服务平台，与教材配套课程相关的部分包括资源库平台、职教云平台和App等。用户通过平台注册，登录即可使用该平台。

- 资源库平台：为学习者提供本教材配套课程及资源的浏览服务。

登录“智慧职教”平台，在首页搜索框中搜索“混合动力汽车发动机检修”，找到对应作者主持的课程，加入课程参加学习，即可浏览课程资源。

- 职教云平台：帮助任课教师对本教材配套课程进行引用、修改，再发布为个性化课程（SPOC）。

1. 登录职教云平台，在首页单击“新增课程”按钮，根据提示设置要构建的个性化课程的基本信息。

2. 进入课程编辑页面设置教学班级后，在“教学管理”的“教学设计”中“导入”教材配套课程，可根据教学需要进行修改，再发布为个性化课程。

- App：帮助任课教师和学生基于新构建的个性化课程开展线上线下混合式、智能化教与学。

1. 在应用市场搜索“智慧职教 icve”App，下载安装。

2. 登录App，任课教师指导学生加入个性化课程，并利用App提供的各类功能，开展课前、课中、课后的教学互动，构建智慧课堂。

“智慧职教”使用帮助及常见问题解答请访问 help.icve.com.cn。

前言

汽车产业是我国国民经济支柱产业。我国汽车销量连续多年位居全球第一,汽车产业为我国经济发展提供强劲动力。在以电动化、智能化为主要技术特征的新能源汽车领域,我国也连续9年位列全球新能源汽车销量榜首。

党的二十大报告提出,建设现代化产业体系,坚持把发展经济的着力点放在实体经济上,推进新型工业化。实施科教兴国战略,强化现代化建设人才支撑。发展新能源汽车产业对全面建成社会主义现代化强国具有重要意义。同时,新能源汽车产业对于高素质技术技能人才的需求日益增大。

根据《关于加强新时代高技能人才队伍建设的意见》中的要求和《新能源汽车产业发展规划(2021—2035年)》中“加快建立适应新能源汽车与相关产业融合发展需要的人才培养机制”的愿景,为我国汽车产业提供有力人才和技能支撑,编者团队以岗位职业技能为核心,把优化课程结构、加强实践教学、突出能力培养和提高教材质量作为目标,编写了职业教育新能源汽车类专业新形态一体化教材,本书为其中之一。

本书融入产业新知识、新技术、新工艺、新方法,制订汽车产业链典型岗位工作标准,将新能源汽车理论知识与实践应用有机结合,综合培养学生的专业知识、技术技能、职业道德等职业综合素质和行动能力,具有以下特点:

(1)融入思政,导向正确。本书内容坚持正确的政治方向和价值导向,落实课程思政要求,弘扬劳动光荣、技能宝贵、创造伟大的时代风尚,培育劳模精神、劳动精神、工匠精神。

(2)产教融合,内容前瞻。集合职业院校与头部企业等多方力量,依据最新职业教育国家专业教学标准,按照生产实际和岗位需求,吸收新技术、新工艺、新规范等内容与典型生产案例,对接职业标准和岗位(群)能力要求。

(3)理实结合,工学一体。以真实生产项目、典型工作任务等为载体,把握认知特点,体现先进职业教育教学理念,将工作过程和学习过程融为一体,培养综合职业能力。

（4）模式先进，编排合理。采取行动导向教学模式，结构化、模块化、系统化精心编排教材内容，满足项目式学习、案例式学习、模块化学习等不同学习方式的需求。

（5）形态创新，数字引领。教材图、文、表并茂，“岗课赛证”融通，配套数字资源形式多样，信息技术应用充分、内容丰富，以二维码形式方便使用者浏览和学习，有效激发学生学习兴趣和创新潜能。

（6）活页设计，制作精良。为满足理论教学、实训等多种教学场景，采用活页形式设计，方便使用。全书采用双色印刷，版面清晰，主题明确。

本书由淄博职业学院郭振杰、中德诺浩（北京）教育科技股份有限公司吕丕华、鲁北技师学院李波任主编，中德诺浩（北京）教育科技股份有限公司赵彦斌、河南机电职业学院高洁、南通科技职业学院顾若波任副主编，湖北三峡技师学院范亚凯、重庆电子工程职业学院邓家彬参与编写。此外，本书在编写过程中还得到了行业、企业、职业院校的产、学、研各方面的专家、技术骨干的帮助和支持，在此致以诚挚的谢意。

本书可作为职业院校新能源汽车类专业核心课程教材，也可作为其他汽车类专业的核心课程教材和拓展类教材使用，还可供从事汽车研究、设计、制造、使用和维修的工程技术人员学习和参考。

新能源汽车是新能源、新材料、大数据、人工智能等多种变革性技术深度融合的新技术产品，整个行业还在不断地创新、探索技术和服务工作的内容和模式，加之编写团队水平有限，本书在一些具体问题的处理上难免有不妥和疏漏之处，敬请广大读者批评指正。

编者

2024年3月

目录

情境一
混合动力汽车发动机性能测试

1

一、情境介绍

混合动力汽车发动机是混合动力汽车动力结构中的核心系统。在配备混合动力系统的车辆中，混合动力汽车发动机的性能直接影响到车辆的行驶能力、驾驶感受和能源效率。混合动力汽车发动机的性能如果出现下降，应对发动机的重要核心部件、系统展开针对性的测试，通过一系列测试，有利于掌握发动机的真实状态、存在的隐患、发动机的性能水平等。

本情境包含混合动力汽车发动机运行测试、混合动力汽车发动机气门密封性能检查、混合动力汽车发动机气门密封性能检查3个工作任务。内容包括：发动机系统认知、气缸压力测试、曲轴箱压力测试、气门本体测量、气门机构拆装、活塞连杆组拆装、活塞环测量、活塞测量、气缸测量、气门密封试验方法等。

二、情境目标

✧ 能够参照维修手册的技术规范，选择正确的操作流程和检修要求，规范完成发动机机体压力测试。

✧ 能够依据发动机机械构造与原理，按照正确的操作流程，规范完成发动机曲柄连杆机构部件的拆装、清洁、测量。

✧ 能够依据发动机机械构造与原理，按照正确的操作流程，规范完成配气机构部件的拆装、清洁、测量。

任务一　混合动力汽车发动机运行测试

一、任务导入

场景：某新能源汽车品牌售后维修车间。

人物：维修技师小李、客户王先生。

情节：王先生的某品牌混合动力汽车行驶了 80000 km，最近出现高速行驶动力不足，发动机充电效率降低等现象；王先生把该车送到 4S 店维修，车间维修技师小李做初步检查，并未发现明显的部件异常，也未读出故障码。但是机油有铁屑出现，而且异常污浊。小李怀疑发动机内部机械部件磨损，导致缸压不足，引起发动机动力不足，但还是要以全面的检查为依据。如果你是小李，你将如何对发动机进行运行测试呢？

二、任务目标

- ✧ 能够准确找出混合动力汽车发动机的系统部件，指出其安装位置和作用。
- ✧ 能够按照维修手册的技术要求，使用气压表，准确检测发动机曲轴箱压力。
- ✧ 能够按照维修手册的技术要求，使用气缸压力表，准确检测发动机气缸压力。

三、任务实施

（一）混合动力系统部件认知

1. 知识学习

1）混合动力汽车定义

国家标准 GB/T 19596—2017《电动汽车术语》中，对混合动力汽车的定义为：能够至少从下述两类车载储存的能量中获得动力的汽车，两类车载储存的能量，即可消耗的燃料；可再充电能/能量储存装置。

国际电工技术委员会（IEC）对混合动力汽车的定义为：在特定的工作条件下，可以从两种或两种以上的能量存储器、能量源或能量转化器中获取驱动能量的汽车，其中至少一种存储器或转化器要安装在汽车上。

混合动力汽车介于传统内燃机汽车与纯电动汽车之间，是两种动力汽车的中间产物，通常是指既有车载动力蓄电池提供电力驱动，又装有一个相对小型内燃机的汽车，如图 1-1 所示。与纯电动汽车相比，混合动力汽车上配置有发动机；与传统内燃机汽车相比,混合动力汽车上又增加了动力蓄电池、控制器、充电接口等部件。

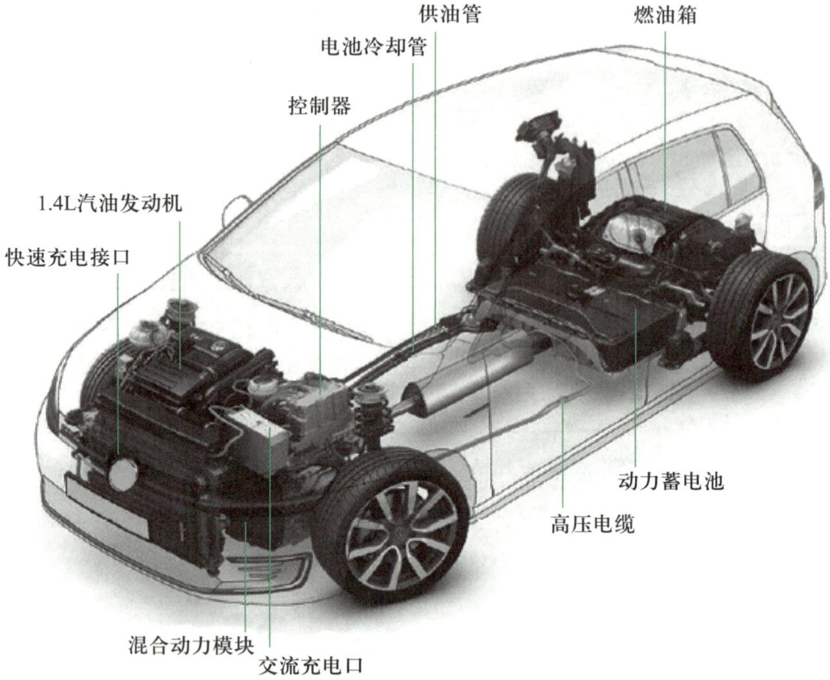

图 1-1　混合动力汽车的结构组成

2）混合动力汽车的发展历程

纵观混合动力汽车的发展历程,主要分为以下三个阶段。

（1）非插电式混合动力（HEV）

第一阶段是非插电式混合动力,又称为油电混合动力。

它以内燃机为主要动力来源,电力驱动作为辅助手段,不需要对车辆进行充电。其操作模式与普通燃油汽车一样,车内的电池容量与电动机功率都比较小;电力驱动在汽车起步、低速、短距离等情况下发挥作用,通过制动时的动能回收、适当减轻发动机负荷等方式来降低油耗。油电混合动力的典型代表是丰田公司生产的混合动力汽车普锐斯,如图 1-2 所示。

图 1-2　丰田普锐斯混合动力汽车

（2）插电式混合动力（PHEV）

第二阶段是插电式混合动力（PHEV），与油电混合动力最大的区别在于它可进行外部充电。

这种车型同样具有内燃机、电动机和动力蓄电池，其搭载的动力蓄电池容量大，能够保证纯电动模式的续航，同时两套不同的驱动系统可以相互支撑，为彼此保驾护航，当燃油耗尽时可以进入纯电动模式，电能枯竭后也能转换为普通模式。典型代表是比亚迪“秦”插电式混合动力汽车，如图 1–3 所示。

（3）增程式混合动力（REEV）

第三阶段是增程式混合动力，增程式混合动力车型的纯电续驶里程普遍高于插电式混合动力车型很多。

增程式混合动力汽车仅使用纯电动模式行驶，在电池电量充足时，动力蓄电池驱动电机，满足整车驱动功率需求，此时发动机不参与工作。当电池电量消耗到一定程度时，发动机起动，发动机为电池提供能量给动力蓄电池充电。当电池电量充足时，发动机又停止工作，由电池驱动电机，提供整车驱动力。图 1–4 所示是东风 E3 增程式混合动力汽车。

图 1–3　比亚迪“秦”插电式混合动力汽车

图 1–4　东风 E3 增程式混合动力汽车

3）混合动力汽车的类型

（1）按驱动连接方式分类

按驱动连接方式分类，一般把混合动力汽车分为三类：串联式混合动力汽车、并联式混合动力汽车、混联式混合动力汽车。

① 串联式混合动力汽车。串联式混合动力汽车主要由发动机、发电机、电动机和动力蓄电池组成，它们之间采用串联方式组成串联式混合动力系统，如图 1–5 所示。发动机仅驱动发电机给动力蓄电池充电，动力蓄电池为电动机供电，电动机驱动车轮。串联式混合动力汽车适合作为城市低转速下频繁起步和低速行驶的公交车。

串联式混合动力汽车发动机驱动发电机发电，电能通过变压器输送到动力蓄电池或电动机，由电动机通过变速机构驱动汽车。小负荷时由动力蓄电池带动电动机来驱动车轮，大负荷时由发动机带动发电机发电来驱动电动机。当车辆处于起动、加速、爬坡工况时，发动机、动力蓄电池共同向电动机提供电能；当车辆处于低速、滑行、怠速工况时，则由动力蓄电池驱动电动机，当动力蓄电池缺电时则由发动机给发电机发电，发电机再向动力蓄电池充电。

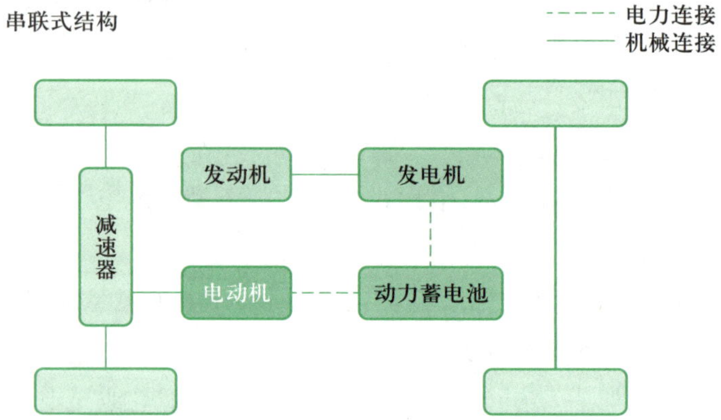

图 1–5　串联式混合动力系统

② 并联式混合动力汽车。如图 1–6 所示，并联式混合动力汽车由发动机和电动机共同驱动汽车，发动机与电动机分属两套系统，可以分别独立地向驱动系统提供转矩，在不同的路面上既可以共同驱动汽车，又可以单独驱动汽车。

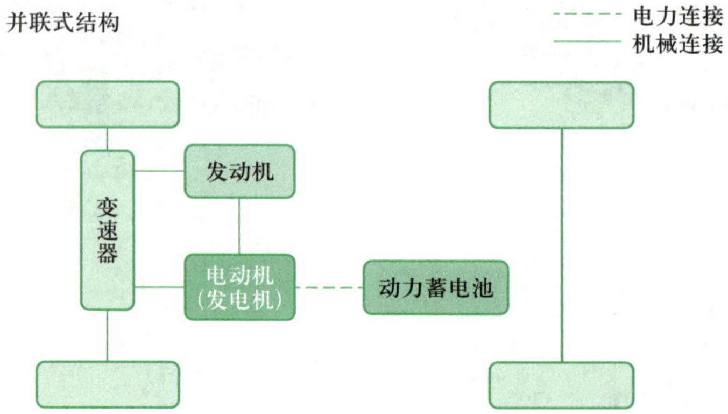

图 1–6　并联式混合动力系统

动画

并联式混合动力系统基本结构

并联式混合动力汽车在汽车加速或爬坡时，电动机和发动机能够同时向传动机构提供动力，一旦汽车车速达到巡航速度，汽车将仅依靠发动机维持该速度。电动机既可以作为电动机，又可以作为发电机使用。并联式混合动力汽车既可以把动力蓄电池的电能转化为机械能驱动汽车，又可以把发动机的剩余动力转化为电能，向动力蓄电池充电。

③ 混联式混合动力汽车。如图 1-7 所示，混联式混合动力系统也称为串并联式混合动力系统，主要由发动机、发电机、电动机、动力分离装置和动力蓄电池等部件组成。混联式可以最大限度地发挥串联式与并联式各自的优点，目前市场上合资品牌的混合动力汽车大多数采用这种设计类型。

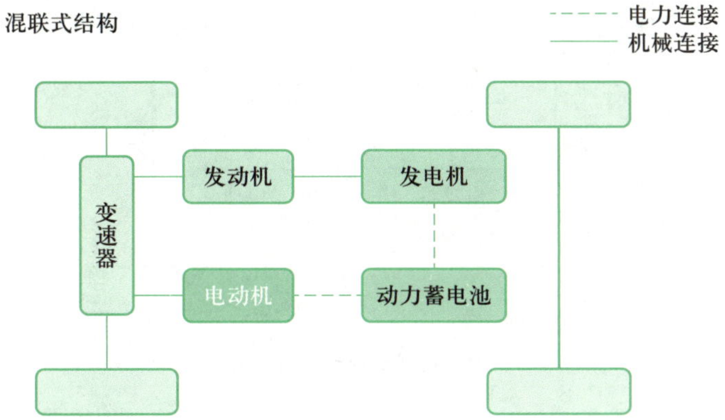

图 1-7 混联式混合动力系统

混联式混合动力系统低速时是串联方式工作，高速时是并联方式工作。汽车起步低速运转时，动力蓄电池向电动机供电，电动机驱动车轮，同时发动机可驱动发电机给动力蓄电池充电。加速时，发动机和电动机同时驱动车轮。

（2）按外接充电能力分类

按外接充电能力分类，将混合动力汽车分为外接充电型混合动力汽车和非外接充电型混合动力汽车。

① 外接充电型混合动力汽车。外接充电型混合动力汽车是在正常使用情况下可以从非车载装置中获取电能的混合动力汽车，插电式混合动力汽车就属于此类型。增程式混合动力汽车是一种能利用纯电模式行驶的外接充电型混合动力汽车。外接充电型混合动力汽车如图 1-8 所示。

② 非外接充电型混合动力汽车。非外接充电型混合动力汽车是在正常使用情况下从车载燃料中获取全部能量的混合动力汽车。

（3）按混合程度分类

按混合动力汽车中驱动电机的有效功率占车辆驱动系统总功率的百分比，将混合动力汽车分为轻度混合动力、中度混合动力和重度混合动力三个等级。

① 轻度混合动力。轻度混合动力也称轻混，其混合度在 20% 左右，一般采用 36 V、42 V 电池组，并搭载一个低功率的起动机 / 发电机通过曲轴传动带来辅助起动发动机。从严格意义上来说，轻度混合动力并不能算是混合动力，因为车辆只靠单一的发动机动力行驶，其电池输出能量只起辅助作用，一般只用于车辆自动起停、发

动机起动平滑辅助和制动能量回收。轻度混合动力驱动系统设计的优点是成本低，但同时节省的燃油也少，一般只能节油 8% ~ 15%。

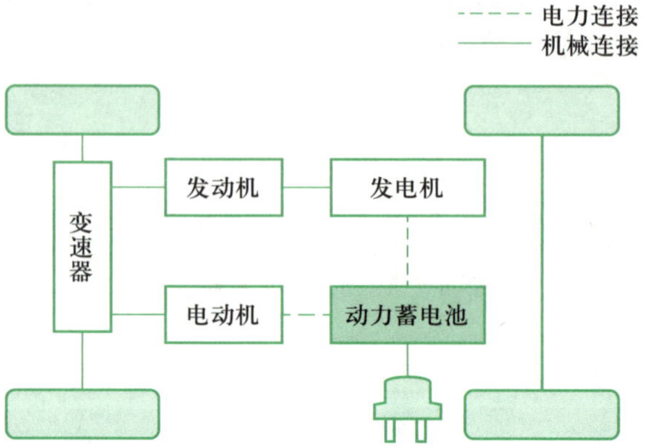

(a) 插电式混合动力结构

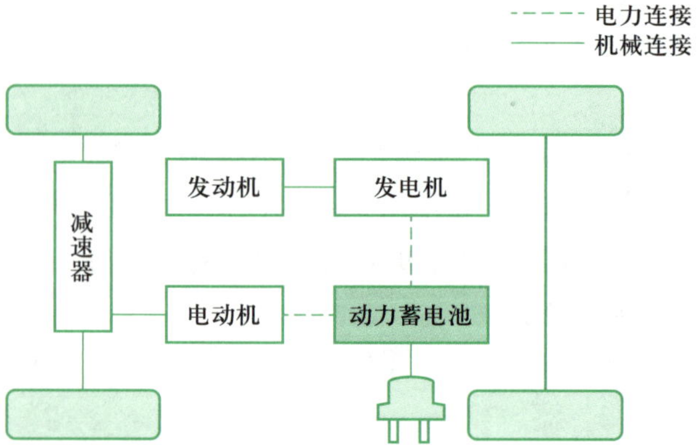

(b) 增程式混合动力结构

图 1-8　外接充电型混合动力汽车

② 中度混合动力。中度混合动力的车辆一般采用 100 V 以上的动力蓄电池，混合度在 30% 左右。中度混合动力系统采用的是高压动力蓄电池和电动机。在车辆加速或者大负荷工况时，电动机能够辅助发动机驱动车辆，补充发动机本身动力输出的不足，提高整车性能。这种系统的混合程度较高，在城市循环工况下可以节省燃油 20% ~ 30%。

③ 重度混合动力。重度混合动力也称强混，通常采用 272 ~ 650 V 的高压系统，混合度在 50% 以上，在城市循环工况下节油 30% ~ 50%。其特点是动力系统以发动机为基础动力，以动力蓄电池为辅助动力，使用的电动机功率更大，完全可以满足车辆在起步和低速时的动力要求。

重度混合动力汽车在低速时就像纯电动汽车一样，支持纯电动模式行驶；在急加速和爬坡工况下车辆需要较大的驱动力时，电动机和发动机同时给车辆提供动力。

混合动力汽车不同混合度类型及功能要求见表 1–1。

表 1–1　不同混合程度类型及功能要求

序号	类型	功能要求
1	轻度混合动力	发动机自动起停 + 回馈制动
2	中度混合动力	发动机自动起停 + 回馈制动 + 电动辅助
3	重度混合动力	发动机自动起停 + 回馈制动 + 电动辅助 + 纯电驱动

（4）按电气化部件（电机）的放置位置分类

混合动力汽车目前业内按照电气化部件（电机）的放置位置进行分类，共有 P0、P1、P2、P3、P4 五个架构，其中 P 是指电机的位置（position），如图 1–9 所示。

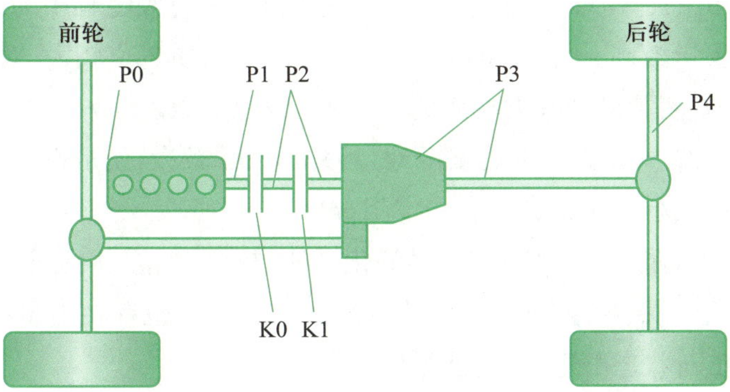

图 1–9　混合动力汽车电机电气化部件（电机）放置位置

图中的各个架构含义如下：

① P0 架构中，电机置于变速器之前，BSG（Belt Driven Starter Generator，传动带驱动的起动 / 发电机）通过传动带驱动发动机；

② P1 架构中，电机置于变速器之前，安装在发动机曲轴上，在 K0 离合器之前；

③ P2 架构中，电机置于变速器的输入端，在 K0 离合器之后；

④ P3 架构中，电机置于变速器的输出端，传动带、齿轮或与发动机同轴连接，同源输出；

⑤ P4 架构中，电机置于变速器之后，与发动机的输出轴分离，一般驱动后轮；

注：也有一种把电机放在变速器上（即由传动带或齿轮连接的）或集成在变速器内的架构，称为 P2.5 架构。

图 1–10 是 P0 ~ P4 架构的示意图。

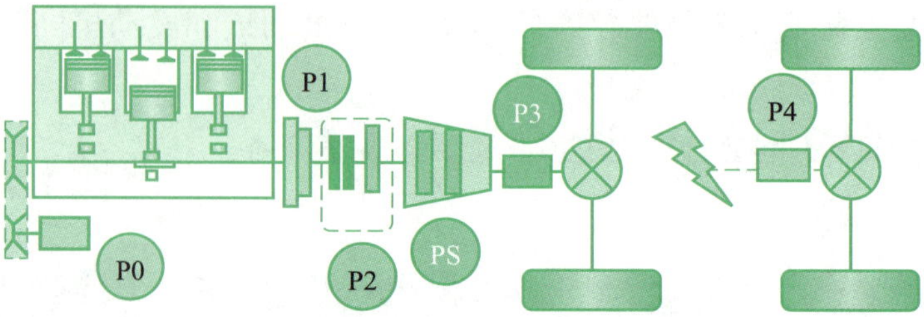

图 1-10　P1 ~ P4 架构示意图

4）混合动力汽车的特点

（1）串联式混合动力汽车特点

串联式混合动力汽车的主要优点是在城市路况行驶时，可通过动力蓄电池电能驱动，能实现"零排放"行驶；发动机 / 发电机组能保持在稳定、高效、低污染的状态下运转，将有害气体的排放控制在最低范围。

串联式混合动力汽车有其不足之处，具体如下。

① 驱动电机的选择难度大。为了能够克服汽车在行驶过程中的最大阻力，对驱动电机的功率要求较高，因此驱动电机外形尺寸较大，质量也较大，对动力蓄电池的容量要求大，需要装置一个较大功率的发动机 / 发电机组。

② 适用车型少。庞大的动力蓄电池，其外形尺寸较大，质量也较大，适合在大型客车上应用，在中、小型车上应用有一定困难。

③ 驱动车辆的能量必须经过燃料的化学能、热能、电能、机械能的转换过程，因而能量损失较大。另外，在动力蓄电池的充放电过程中也存在能量损耗，动力蓄电池不经常在满负荷状态下运转，总能量转换效率较小。

④ 发动机 / 发电机组与动力蓄电池之间的匹配要求较严格。应能自动起动或关闭发动机 / 发电机组，以避免动力蓄电池过量放电，这就需要更大的电池容量。

（2）并联式混合动力汽车特点

并联式混合动力汽车有发动机和驱动电机两个动力总成，每个动力总成的功率设计为车辆驱动功率的 50% ~ 100%，因此质量和体积要小得多。

并联式混合动力汽车基本驱动模式是发动机驱动模式，没有机械能→电能→机械能的转换过程，总的能量转换效率要比串联式高。由于在汽车需要最大输出功率时，驱动电机可以向汽车提供额外的辅助动力，因此发动机功率可以设计得较小，使汽车的燃油经济性提高。

并联式混合动力汽车也有其不足之处，具体如下。

① 由于并联式混合动力汽车基本驱动模式是发动机驱动，故需要配备与内燃机汽车相同的传动系统，在总体布置上基本与内燃机汽车相同，动力性能接近内燃机汽车，发动机有害气体排放量高于串联式混合动力汽车。

② 由于并联式混合动力汽车发动机驱动模式需要装置离合器、变速器、传动轴和驱动器等传动总成，另外还有驱动电机、动力蓄电池以及动力组合器等装置，因此动力系统结构复杂，布置和控制也更加困难。

（3）混联式混合动力汽车特点

① 混联式混合动力汽车各个动力总成的功率和体积小、质量轻，节能且有害气体的排放少。

② 混联式混合动力汽车可以选择较小功率的发动机，使汽车的燃油经济性提高。

③ 混联式混合动力汽车综合能量转换效率高，具有电机独立驱动模式，可以在城市中实现“零污染”行驶，并可在汽车起步时充分发挥电机低速大转矩的特性。

5）汽车发动机的分类

混合动力汽车的动力源之一是发动机，发动机的作用是把输入气缸内燃烧的燃料的热能转化为机械能并输出机械动力。现代汽车发动机应用最广泛、数量最多的是水冷式四冲程往复活塞式发动机。现代汽车发动机分类如下。

（1）按使用燃料分类

使用汽油或柴油作为燃料的活塞式内燃机分别称作汽油发动机和柴油发动机，使用天然气、液化石油气或其他气体燃料的活塞式内燃机称作气体燃料发动机。

汽油发动机的点火方式是点燃式，优点是易起动，质量小，噪声小；缺点是动力储备较小，排气污染较重，经济性较差。汽油发动机适用于中小型车辆。

柴油发动机的点火方式是压燃式，优点是动力性好，经济性好，排气污染小；缺点是质量大，噪声大，维修复杂。柴油发动机适用于中型以上载货车辆。

（2）按工作行程分类

发动机按工作行程分为二冲程发动机和四冲程发动机。二冲程发动机是指在一个工作循环过程中，活塞往复两个行程并对外做功一次的发动机。二冲程发动机适用于轻便摩托车。四冲程发动机是指在一个工作循环过程中，活塞往复四个行程并对外做功一次的发动机。

（3）按冷却方式分类

发动机按冷却方式分为水冷发动机和风冷发动机。水冷发动机是指利用在气缸体和气缸盖冷却水套中进行循环的冷却液作为冷却介质进行冷却的发动机。风冷发动机是指利用流动于气缸体和气缸盖外表面散热片之间的空气作为冷却介质进行冷却的发动机。

（4）按气缸数目分类

发动机按照气缸数目不同可分为单缸发动机和多缸发动机。仅有一个气缸的发动机称为单缸发动机。有两个及以上气缸的发动机称为多缸发动机。现代汽车多采用四缸、六缸或八缸发动机。

（5）按气缸排列方式分类

按照气缸排列方式不同，发动机可分为L型、V型、W型等类型。

L型直列发动机各个气缸排成一列，气缸一般垂直布置。其气缸体结构简单，加工容易，但长度和高度较大。V型发动机将气缸排成两列，气缸夹角小于180°，其特点是缩短了发动机的长度，降低了发动机高度，提高了气缸体的刚度，质量有所减轻，但宽度增加，形状复杂，加工困难。W型发动机是在V型发动机的基础上将两侧的气缸进行小角度的错开而形成的。其特点是缩短了长度，降低了高度，但宽度更大了。

6）发动机的循环

发动机有三种常见的循环形式，分别是奥托循环、米勒循环、阿特金森循环，这三种循环有的注重动力表现，有的注重燃油经济性，还有的比较均衡。

（1）奥托循环

奥托循环又称四冲程循环，由吸气行程、压缩行程、做功行程和排气行程这四个行程构成，首先活塞向下运动，进气门打开，空气进入气缸与燃料混合，关闭进气门，活塞向上运动压缩混合气体，然后在接近压缩冲程顶点时由火花塞点燃混合气体，燃烧气体产生的高能量的推力推动活塞向下运动，完成做功行程，最后将燃烧过的气体通过排气门排出气缸。

绝大多数的发动机采用奥托循环，它的特点是压缩比等于膨胀比，也就是在压缩行程和做功行程的有效容积是一样的。奥托循环是最基础的一种循环。

（2）米勒循环

奥托循环中压缩行程是消耗能量的，做功行程则是释放能量的，如果减小压缩行程当中消耗的能量，同时在做功行程中释放更多的能量，那就可以使发动机的燃油经济性提高。在气缸容积和活塞运动半径不变的情况下，工程师想到了增大做功行程和减小压缩行程的方法。

米勒循环采取的是提前关闭进气门的做法，在活塞达到下止点之前关闭进气门，这样气缸吸入的进气量明显少于正常进气量，那进气行程就是活塞从上止点运动到进气门关闭时所在的位置，这也就是压缩行程活塞压缩混合气的行程，相比从下止点开始压缩，米勒循环的压缩行程更短，但做功行程依旧是从上止点到下止点，显然做功行程比压缩行程要长，气体燃烧后产生的高压被更有效地利用，燃油经济性效率比奥托循环更高。

（3）阿特金森循环

阿特金森循环与米勒循环采用相同的原理，但是阿特金森循环是延迟关闭进气门，而不是提前关闭进气门，在进气行程结束后进气门继续保持开启状态，当活塞运动到下止点并向上运动，就会将部分混合后的气体从进气门排回去，那进气行程就变成了上止点到进气门关闭时活塞所在的位置，同样压缩行程缩短，做功行程保持不变。

阿特金森循环和米勒循环的示意图如图 1–11 所示。

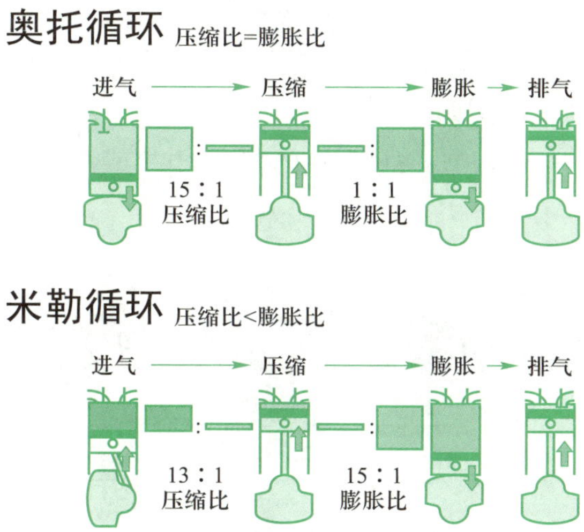

图 1–11　阿特金森循环和米勒循环的示意图

2. 技能操作

1）操作准备

准备技能操作所需的物料，见表 1–2。

表 1–2　物料准备

类别	所需的物料
整车 / 台架	混合动力实训整车 / 混合动力汽车发动机实训台架
工具 / 设备 / 仪器	车辆防护用品、组合工具、火花塞套筒、气缸压力表、吹尘枪、抹布

2）混合动力汽车部件认知

以小组为单位，在混合动力实训整车或混合动力汽车发动机实训台架上，查找汽车发动机、动力蓄电池等动力系统部件，并将部件情况记录在表 1–3 中。

表 1–3　混合动力汽车动力系统部件情况记录表

序号	认知部件	安装位置	主要用途	型号
1	动力蓄电池	车辆后部行李舱内	向驱动电机提供电能	BESK–E305–3P91S–001
2	驱动电机			

续表

序号	认知部件	安装位置	主要用途	型号
3	逆变器（变换器）			
4	变速器			
5	发动机			

3）车辆混合动力结构认知

查看实训车辆的部件构型，将该车辆的型号，电机架构、驱动连接类型和循环类型及依据记录在表 1–4 中。

表 1–4　车辆类型识别记录表

车辆型号	电机架构（P0–P4）	依据	驱动连接类型	依据	循环类型	依据

（二）发动机气缸压力检测

1. 知识学习

微课

混合动力汽车发动机常见故障与原因分析

1）发动机工作过程

混合动力汽车发动机一个工作循环包括四个工作行程：进气行程、压缩行程、做功行程和排气行程。每个工作循环期间，活塞在上、下止点间往复运动四个行程，曲轴旋转两周，如图 1–12 所示。

（1）进气行程

进气行程如图 1–12（a）所示。在这个过程中，发动机的进气门开启，排气门关闭。随着活塞从上止点向下止点移动，活塞上方的气缸容积增大，从而使气缸内的压力降到大气压力以下，即在气缸内形成真空吸力，这样空气便经由进气管道和进气门被吸入气缸，同时喷油嘴喷出雾化的燃油与空气充分混合。

在进气终了时气缸内的气体压力为 0.075 ～ 0.09 MPa，而此时气缸内可燃混合气的温度已经升高到 90 ～ 130 ℃。

（2）压缩行程

压缩行程如图 1–12（b）所示。在这个过程中，进、排气门全部关闭，曲轴推动活塞由下止点向上止点移动一个完整行程，将可燃混合气压缩，使其容积缩小、密度增大、温度升高。此时可燃混合气压力会增加到 0.6 ～ 1.2 MPa，温度为 330 ～ 430 ℃。

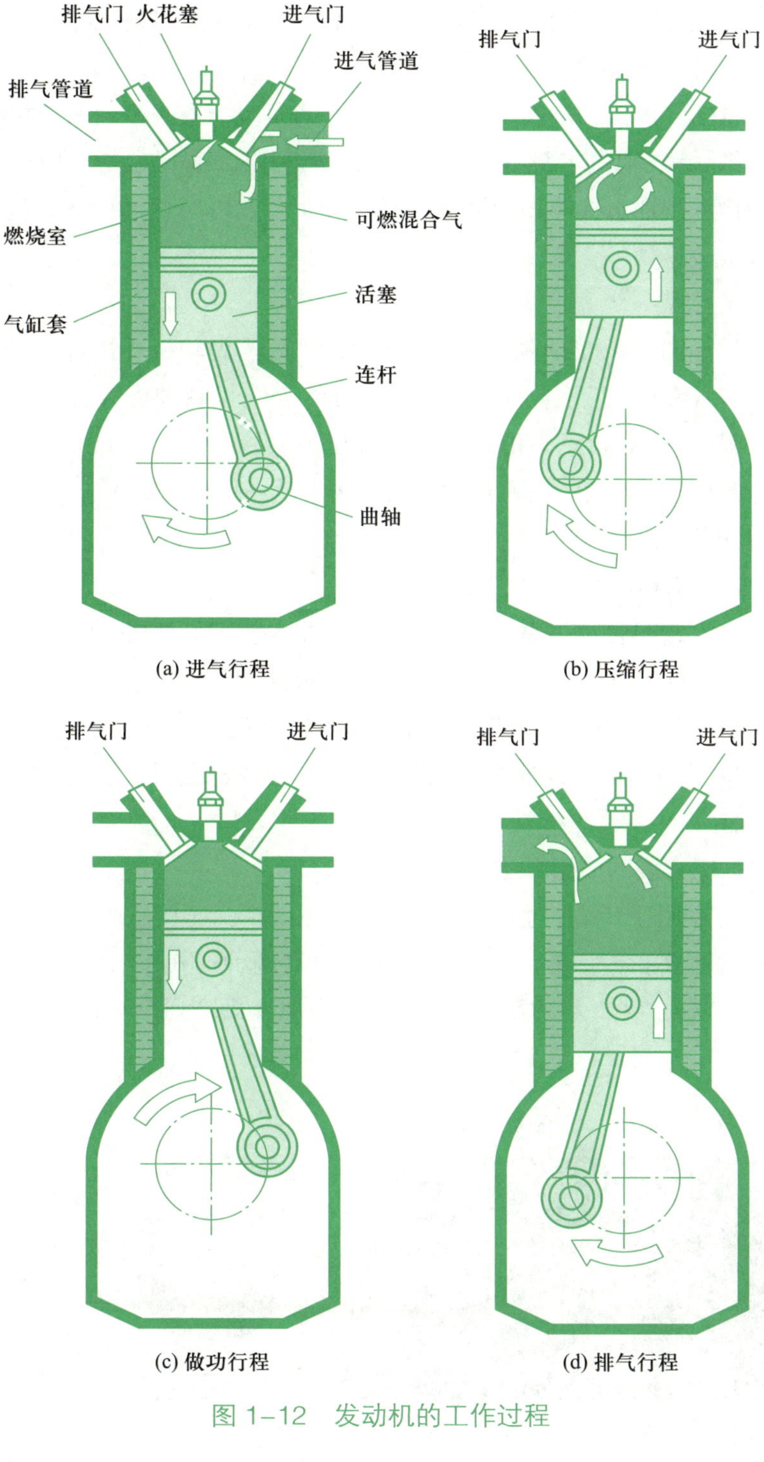

(a) 进气行程　(b) 压缩行程
(c) 做功行程　(d) 排气行程

图 1–12　发动机的工作过程

（3）做功行程

做功行程如图 1–12（c）所示。在这个过程中，进、排气门仍旧关闭。当活塞接近上止点时，火花塞发出电火花，点燃被压缩的可燃混合气。可燃混合气燃烧后，释放出大量的热能，此时气缸内气体的压力和温度迅速提高，其所能达到的最大压力为 3 ～ 5 MPa，相应的温度则高达 1900 ～ 2500 ℃。

高温高压的气体推动活塞由上止点向下止点运动，通过连杆使曲柄旋转并输出机械能，除了保持发动机本身继续运转外，其余即用于对外做功。在活塞的运动过程中，气缸内容积增大，气体压力和温度都迅速下降，在此行程终了时气体压力降至 0.3 ～ 0.5 MPa。

（4）排气行程

排气行程如图 1-12（d）所示。在这个过程中，当做功行程接近终了时，排气门开启，活塞到达下止点后在向上止点移动时，将废气强制排出气缸，这就是排气行程。在此行程中，气缸内压力稍微高于大气压力，为 0.105 ～ 0.115 MPa。当活塞到达上止点附近时，排气行程结束，此时的废气温度为 630 ～ 930 ℃。

2）发动机气缸压力检测

微课

凸轮轴位置传感器作用与工作原理

（1）气缸压力检测的目的

发动机气缸密封性能下降，是影响发动机技术状况好坏的根本原因，判断气缸密封性能好坏的有效方法就是检测气缸压力。根据《营运车辆综合性能要求和检验方法》中的规定，在用汽车发动机各气缸的压力值应不小于原设计值的 85%，汽油机各缸压力差应不大于 8%，柴油机不大于 10%。为此需要进行气缸压力检测来检验发动机的性能。

（2）气缸压力表的使用方法

气缸压力表用于检测气缸压缩力的大小，由表头、连接软管、泄压阀和接头组成。表头有指针式和数字液晶式两种。接头也有两种形式，一种为推入式接头，另一种为螺纹式接头，目前大多数气缸压力表采用螺纹式接头。气缸压力表如图 1-13 所示。

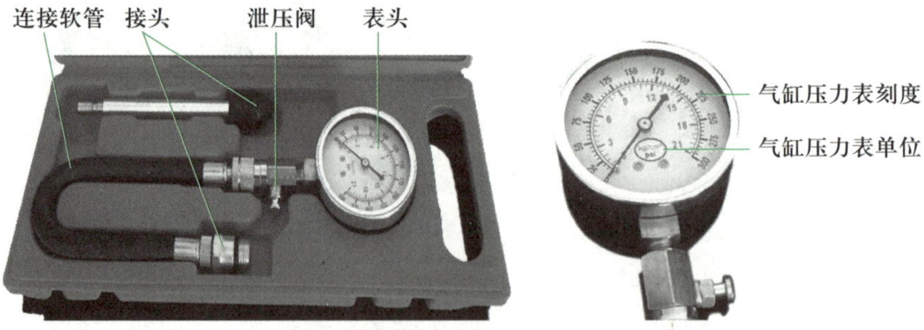

图 1-13　气缸压力表

气缸压力表表盘上的单位一般用“MPa”“kPa”“Bar”来表示。一般汽油机气缸压力 1000 kPa 左右，柴油机气缸压力 2000 kPa 左右。大部分电喷发动机的气缸压力在 1200 ~ 1400 kPa，少数高压缩比的发动机气缸压力在 1700 kPa 以上。

推入式气缸压力表在测量气缸压力时，需要人为按压表头，使橡胶接头完全压入火花塞座孔内并保证在起动发动机测量压力时，接头处不能漏气。配有螺纹式接头的气缸压力表，在测量气缸压力时只需要将接头旋入待测气缸火花塞座孔处，起动发动机进行测量即可，如图 1–14 所示。

(a) 推入式气缸压力表

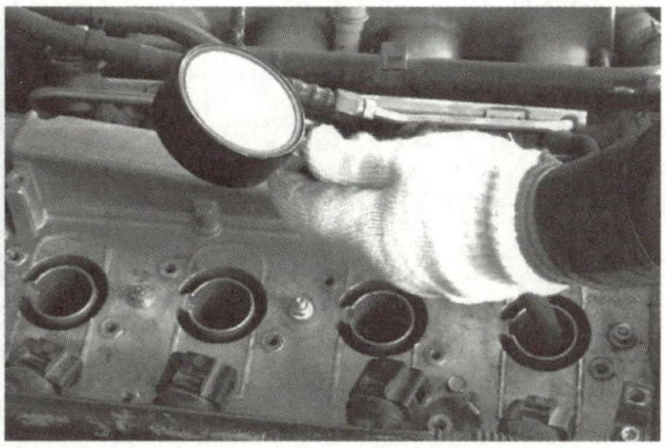

(b) 螺纹式气缸压力表

图 1–14　气缸压力表使用方法

（3）气缸压力检测条件及注意事项

在进行发动机气缸压力检测时应满足下面的检测条件，示意图如图 1–15 所示。

① 热车，使冷却液温度达到正常工作温度（80 ℃以上）。

(a) 冷却液温度高于80°

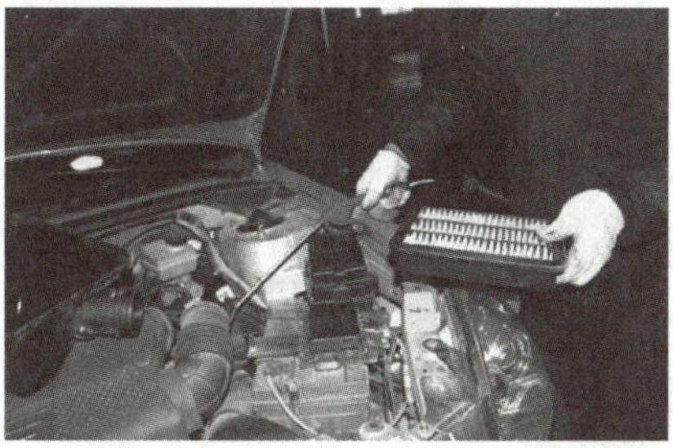

(b) 空气滤清器清洁

(c) 蓄电池电量充足

(d) 节气门能全开

图 1–15　气缸压力检测条件示意图

② 检查空气滤清器，保证空气滤清器清洁、畅通。

③ 检查蓄电池电量，保证蓄电池电量充足。

④ 保证起动机能正常起动，节气门能够处于全开位置。

（4）气缸压力检测步骤

① 关闭点火开关，清洁发动机舱，取下高压导线或点火器，拆卸火花塞（绝对不允许将任何异物掉入火花塞座孔）。

② 拔掉油泵熔断器或油泵继电器，安装气缸压力表。

③ 将加速踏板踩到底，保证节气门全开；同时起动发动机，使起动机运转 3 ~ 5 s（一般不少于 4 个压缩行程），待压力表指针指示最大压力并保持后停止。

④ 记下气缸压力表读数，按下泄压阀使压力表读数归零，再次测量该气缸压力，并记录气缸压力表读数。

⑤ 按此方法依次测量各缸气缸压力，确保测量次数不少于两次，测量结果取平均值计算气缸压力。

⑥ 测量完毕，拆卸气缸压力表，安装火花塞（注意火花塞不能倾斜，应垂直于火花塞座孔装入，火花塞应按照标准力矩拧紧），并恢复车辆。

3）气缸压力数据分析

① 当检测值高于规定值 10% 以上时，表明气缸内可能有积水、积油或燃烧室内积炭过多。

② 当检测值低于规定值时，可从火花塞座孔向活塞顶部注入 20 ~ 30 mL 新鲜机油，转动曲轴数圈后重测，如压力明显上升，表明活塞环和气缸磨损严重。如果压力仍然较低，则可能是气门密封不严或气缸垫漏气。

③ 如注机油后气缸压力无明显变化，可检查气门运动灵活性，如无发卡现象，可调大气门间隙重测。如压力上升至规定值，说明原气门间隙太小。

④ 如调整气门间隙后仍无明显变化，可测相邻气缸的压力，如压力值也同样较低，可能是相邻两气缸间气缸垫烧穿。如气缸垫未烧穿，则可能是气门或气门座的密封状况不良，应予以拆检。

⑤ 完全没有压力的气缸，可能是气门卡住、烧出缺口或活塞烧穿、活塞环黏附在环槽内。气缸压力值在 2 ~ 3 次测量中出现忽高忽低的变化，可能是因为气门关闭不严。

⑥ 相邻两气缸出现压力偏低现象，而其他气缸表现正常，可能是因为相邻两气缸垫漏气或气缸盖螺栓未拧紧；一个气缸或者多个气缸同时出现压力读数偏高的情况，可能是因为发动机过热或爆燃，这是压缩比改变造成的故障现象。

2. 技能操作

1）操作准备

准备技能操作所需的物料，见表 1-5。

表 1-5　物料准备

类别	所需的物料
整车 / 台架	混合动力实训整车 / 混合动力汽车发动机实训台架
工具 / 设备 / 仪器	组合工具、火花塞套筒、气缸压力表、吹尘枪、抹布

2）发动机气缸压力检测

（1）前期工作内容

查询维修手册，按照要求在混合动力实训整车或混合动力汽车发动机实训台架上，完成气缸压力检测的前期准备工作，并将准备过程记录在表 1-6 中。

表 1-6　气缸压力检测前期准备记录表

序号	准备工作	是否完成	问题记录
1	热车，发动机冷却液是否达到正常工作温度	是□　否□	
2	空气滤清器是否处于清洁状态	是□　否□	
3	用万用表测量蓄电池电压，电量是否充足	是□　否□	
4	实训整车或发动机台架起动机是否正常运转	是□　否□	
5	是否拔下油泵熔断器或油泵继电器	是□　否□	
6	点火单元是否已经移除	是□　否□	
7	火花塞是否已经移除	是□　否□	
8	气缸压力表是否损坏	是□　否□	

（2）气缸压力检测

查询维修手册，安装气缸压力表，完成发动机气缸压力检测，并将检测过程及气缸压力数据记录在表 1-7 中。

表 1-7　气缸压力检测记录表

序号	气缸压力检测步骤	是否完成	问题记录
1	安装气缸压力表或用手压紧气缸压力表表头	是□　否□	
2	将加速踏板踩到底，保证节气门能全开	是□　否□	
3	起动发动机使起动机运转 3 ~ 5 s（一般不少于 4 个压缩行程），待气缸压力表指针指示最大压力并保持后停止	是□　否□	
4	记下气缸压力表读数，按下泄压阀使气缸压力表读数归零，再次测量该气缸压力，并记录气缸压力表读数	是□　否□	

续表

序号	气缸压力检测步骤	是否完成	问题记录
5	依次测量各缸气缸压力，确保测量次数不少于两次，各缸气缸压力值取平均值计算	是□ 否□	
6	测量完毕，拆卸气缸压力表，安装火花塞，并恢复车辆	是□ 否□	

气缸序号	第一次测量值	第二次测量值	第三次测量值	气缸压力平均值	气缸压力差值
1 缸					
2 缸					
3 缸					
4 缸					
数据分析					

（三）曲轴箱压力检测

1. 知识学习

微课

曲轴位置传感器认知

1）曲轴箱压力的产生原因

发动机工作过程中，产生爆燃后的气体或一部分可燃混合气，会有一小部分从活塞环间隙进入曲轴箱；而发动机在冷起动时，较浓的燃油积聚在气缸壁上，和燃烧生成的水蒸气凝结在零件表面，通过活塞环进入曲轴箱。由于曲轴的搅拌使水和机油混合形成一种混浊、黏稠的胶状油泥，加之尘土和积炭的作用，颜色变黑。频繁起动和停车的行驶工况最易形成油泥，它会阻塞润滑油路，造成零件的早期磨损。燃油则会稀释机油，降低其润滑性能。高温燃气及其中的酸性物质和水则加速了机油的氧化、变质和对机件的腐蚀。当发动机达到正常工作温度后，水和燃油会蒸发，加之从气缸中泄漏的废气使曲轴箱内压力增大，引起机油从曲轴箱结合面、曲轴油封处泄漏，活塞下行阻力增大。因此，必须有一种装置使这些气体从曲轴箱排出去，这套装置就是曲轴箱通风系统。早期的曲轴箱通风系统将曲轴箱内的水分和燃油蒸气直接排到大气中去，采用自然通风。后来出于环境保护要求，不得在非受控的情况下将其排放至空气中。因此，以后的曲轴箱通风系统一方面要将此类气体重新送入燃烧装置，另一方面控制曲轴箱内产生持续的负压以引导里面的混合气体参与燃烧或净化。

检测曲轴箱压力需要用到真空压力表，通过真空压力表测量出来的真空度，来衡量曲轴箱压力状态，如果曲轴箱压力异常，可能是曲轴箱油气分离器出现问题。

2）曲轴箱压力的测量方法

检测曲轴箱压力的流程：

① 将发动机转速提高到 2500 r/min，保持一定时间；
② 发动机温度上升到正常值后，关闭发动机；
③ 确认真空压力表归零；
④ 拔下机油刻度尺，将真空压力表的测试探头插入机油刻度尺管座；
⑤ 起动发动机并怠速运转；
⑥ 观察此时真空压力表的刻度，如图 1-16 所示。

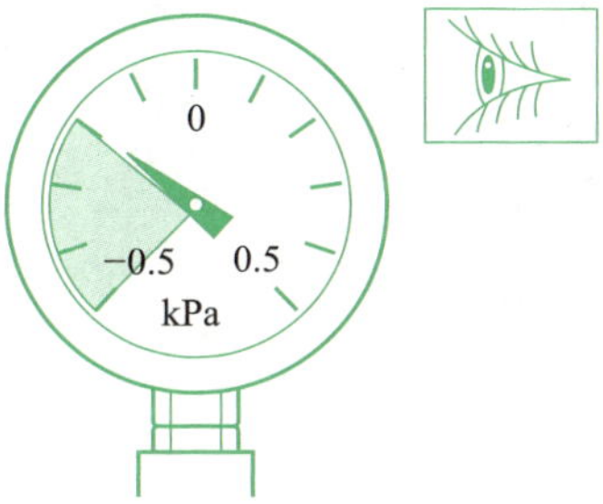

(a) 正常值范围（绿色区域）

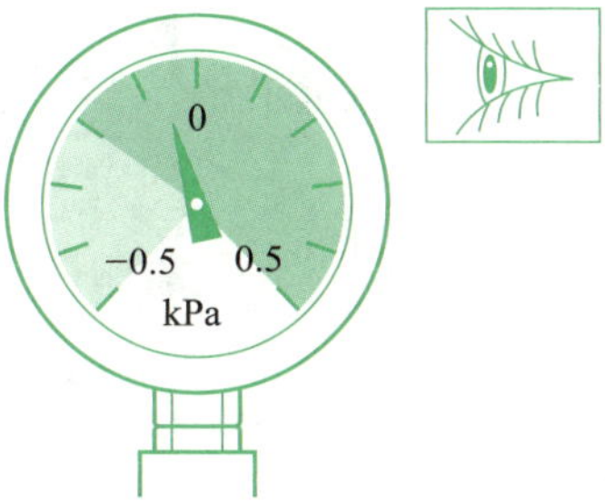

(b) 异常值范围（红色区域）

图 1-16 曲轴箱通风压力值区间

2. 技能操作

1）操作准备

准备技能操作所需的物料，见表 1-8。

表 1-8 物料准备

类别	所需的物料
整车 / 台架	混合动力汽车发动机实训台架
工具 / 设备 / 仪器	抹布、真空压力表

2）检测曲轴箱通风压力

检查曲轴箱通风压力，并将检查结果记录在表 1-9 中。

表 1-9 曲轴箱通风压力检查记录表

发动机转速	发动机温度	曲轴箱通风压力值	判定结果
			正常□ 异常□

四、检查评估

对本任务的学习情况进行检查，并将相关内容记录在表 1-10 中。

表 1-10　学习情况检查表

检查项目	检查结果	结果点评
混合动力系统部件认知		
是否在汽车上找到动力蓄电池并了解其主要作用	是□　否□	
是否在汽车上找到驱动电机并了解其主要作用	是□　否□	
是否在汽车上找到逆变器并了解其主要作用	是□　否□	
是否能通过发动机台架描述发动机的结构组成	是□　否□	
是否能准确说出实训车辆的电机架构	是□　否□	
发动机气缸压力检测		
气缸压力检测前准备工作是否到位	是□　否□	
气缸压力检测前是否检查了气缸压力表	是□　否□	
各个气缸是否都进行气缸压力检测	是□　否□	
气缸压力表数值是否读取正确并进行了平均值计算	是□　否□	
通过对气缸压力数据分析是否能明确下一步维修重点	是□　否□	
曲轴箱压力检测		
发动机温度是否在正常区间	是□　否□	
发动机转速是否在正常区间	是□　否□	
真空压力表安装是否正确	是□　否□	
读数是否正确	是□　否□	
整理恢复		
工具 / 设备是否整理恢复	是□　否□	
实训场地卫生是否打扫干净	是□　否□	
实操过程是否执行了“7S”管理	是□　否□	

五、任务小结

任务一小结如图 1–17 所示。

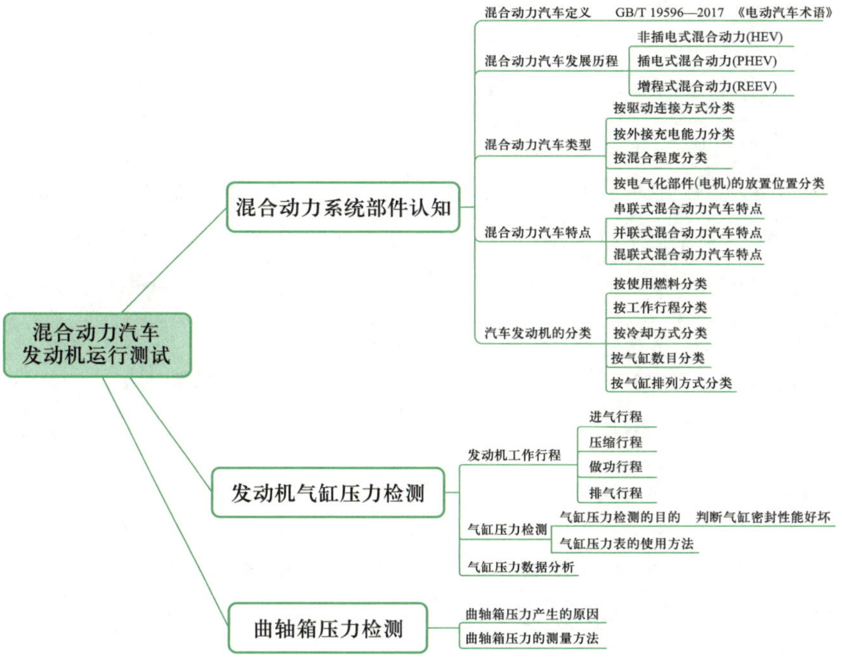

图 1–17　任务一小结

任务二 混合动力汽车发动机气门密封性能检查

一、任务导入

场景：某品牌新能源汽车售后维修车间。

人物：维修技师小李、客户王先生。

情节：王先生的某品牌新能源汽车，出现高速动力不足，发动机充电效率降低等现象。王先生把该车送到4S店维修，车间维修技师小李做初步检查，并未发现明显的部件异常，也未读出故障码。但是机油中有铁屑出现，而且异常污浊。小李怀疑发动机内部机械部件磨损，导致缸压不足，引起发动机动力不足。经检查，发现缸压确实异常，现在小李将对气门密封性做进一步检查，该怎么做呢？

二、任务目标

✧ 能按照维修手册的技术要求，使用适当的工具，测量气门并确定磨损情况。

✧ 能按照维修手册的技术要求，使用适当的工具，完成对气门弹簧的性能评估。

✧ 能按照正确的使用方法，使用适当的工具完成气门密封性能检查。

三、任务实施

（一）气门组的拆卸

1. 知识学习

发动机配气机构是控制气门开闭的机构，由气门组和气门传动组组成。

1）气门组的作用及构成

气门组在发动机工作时，与气门传动组接触并受其控制，定时地开启或关闭进、排气门。气门组主要由气门、气门座圈、气门弹簧座、气门锁片、气门油封、气门弹簧和气门导管等零件构成，如图2-1所示。气门组组件应保证气门与气门座圈在压缩、做功行程中实现气缸的密封。

气门在恶劣的条件下工作。首先，气门直接与高温燃气接触，受热严重，而散热困难，因此气门温度很高；其次，气门承受气体压力和气门弹簧力的作用，以及由于配气机构运动件的惯性力使气门落座时受到冲击；第三，气门在润滑条件很差的情况下，以极高的速度开闭并在气门导管内做高速往复运动。此外，气门由于与高温燃气中有腐蚀性的气体接触而受到腐蚀。

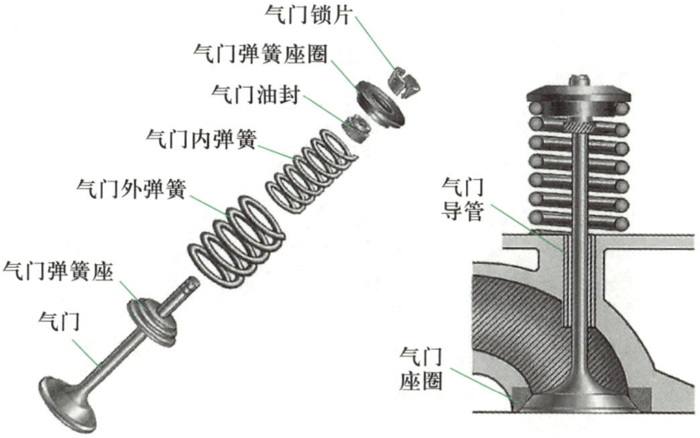

图 2-1 气门组的构成

（1）气门作用

气门是燃烧室的组成部分，是气体进、出燃烧室通道的开关。承受冲击力、高温冲击、高速气流冲击，在活塞压缩、做功过程中密封气缸，在进、排气行程中打开或关闭进、排气道。

动画

气门的作用及组成

（2）气门组成

气门由头部、杆部和尾部组成。气门头部与气门座接触的部位设计成锥面，便于气门落座时自行对正中心，以保证接触良好。气门边缘应保持一定的厚度，一般为 1 ~ 3 mm。气门杆部为圆柱形，在气门导管中不断做往复运动。气门尾部设计有锁片环槽，用于定位锁片。气门组成如图 2-2 所示。

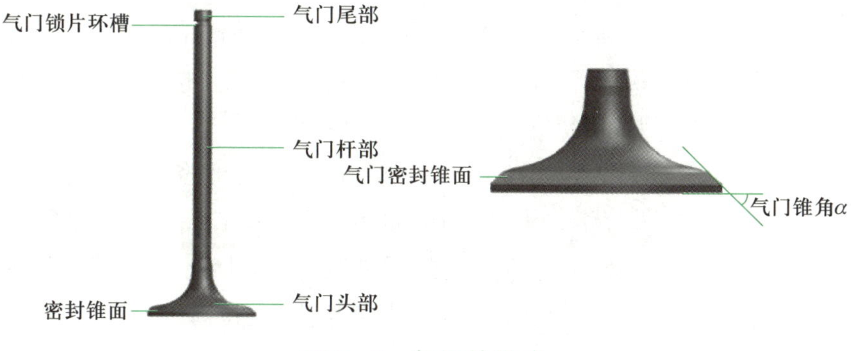

图 2-2 气门的组成

（3）气门头部结构形式

气门头部的结构形式有平顶式、凹顶式（喇叭顶）及凸顶式（球面顶），如图 2-3

所示。通常进气门头部直径大于排气门，排气门稍小些。三种结构形式的特点及应用场合见表 2-1。

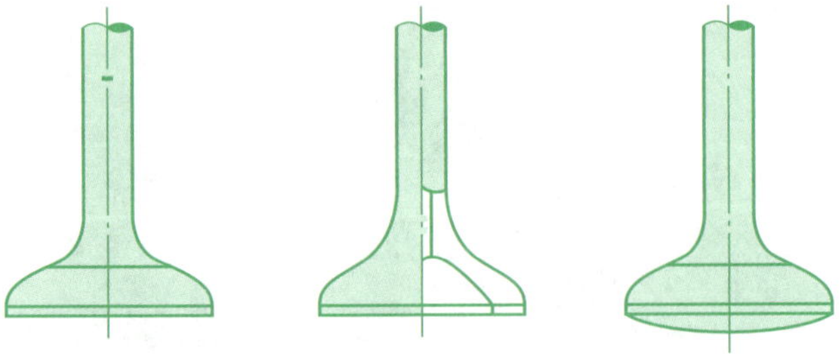

(a) 平顶式　　(b) 凹顶式　　(c) 凸顶式

图 2-3　气门头部结构形式

表 2-1　三种气门的特点及应用场合

气门头部结构形式	气门特点及应用
平顶式	结构简单，制造方便，吸热面积小，质量小，进、排气门都可采用
凸顶式（球面顶）	适用于排气门，因为其强度高，排气阻力小，废气的清除效果好，但球形的受热面积较大，质量和惯性力大，加工复杂
凹顶式（喇叭顶）	阻力减少，但其顶部受热面积大，故只适用于进气门

气门与气门座或气门座圈之间的夹角称为气门锥角。进、排气门的气门锥角一般均为 45°，只有少数发动机的进气门锥角为 30°。

一般发动机每个气缸有 2 个气门，即 1 个进气门和 1 个排气门。进气门头部直径比排气门大 15% ~ 30%，目的是增大进气门气体通过面积，减小进气阻力，增加进气量。发动机的进气门和排气门数量相同时，进气门头部直径总比排气门大。每缸 2 个气门的发动机称为两气门发动机。现代高性能汽车发动机普遍采用每缸 3 ~ 5 个气门，其中尤以四气门发动机数量最多。

微课

进气歧管压力传感器基本认知

四气门发动机每缸有 2 个进气门，2 个排气门。其突出的优点是气门气体通过面积大，进、排气充分，进气量较大，发动机的转矩和功率较高。其次是每缸 4 个气门，每个气门的头部直径较小，每个气门的质量较轻，运动惯性力较小，有利于提高发动机转速。最后，四气门发动机多采用篷形燃烧室，火花塞布置在燃烧室中央，有利于燃烧。

2）气门油封、导管、锁片

气门油封用于发动机气门导杆的密封，如图 2-4 所示。其可以防止机油进入进、排气管，造成机油流失，也防止燃油与空气的混合气体以及排放的废气泄漏，并防止发动机机油进入燃烧室。

图 2-4　气门油封

由于气门油封工作环境恶劣，随着车辆行驶里程的增加，气门油封也会老化、磨损以致泄漏，导致车辆加速乏力或烧机油。

气门导管的功用是给气门的运动提供导向，保证气门做直线往复运动，使气门与气门座或气门座圈能正确贴合。同时它还起到导热作用，将气门头部传给杆身的热量，通过气缸盖传出去。气门导管的作用如图 2-5 所示。

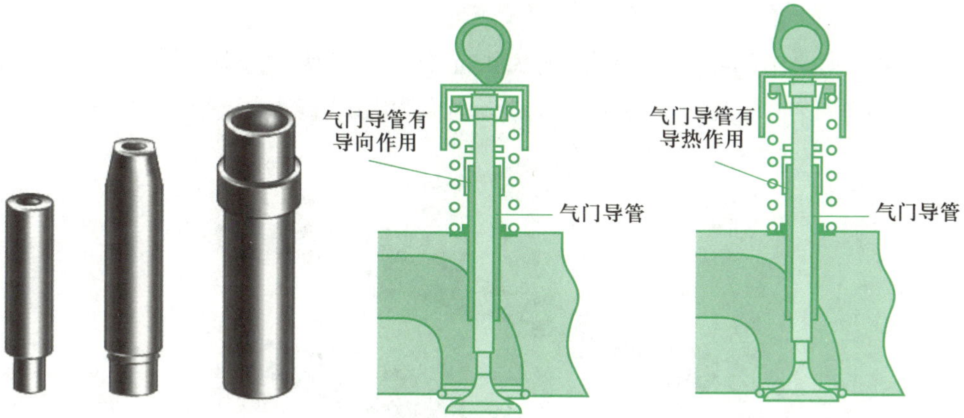

图 2-5　气门导管的作用

气门锁片的功用是使气门与气门弹簧座紧密贴合，防止气门在运动过程中脱落。如图 2-6 所示。

3）气门传动组的作用及组成

气门传动组的作用是使进、排气门能按配气相位规定的时刻定时开闭，并保证气门有足够的开度和适当的气门间隙。常见的有下置式气门传动组和上置式气门传动组。

下置式气门传动组由推杆、挺柱、摇臂和摇臂轴等组成；上置式气门传动组由摇臂和摇臂轴及液压挺杆等组成。

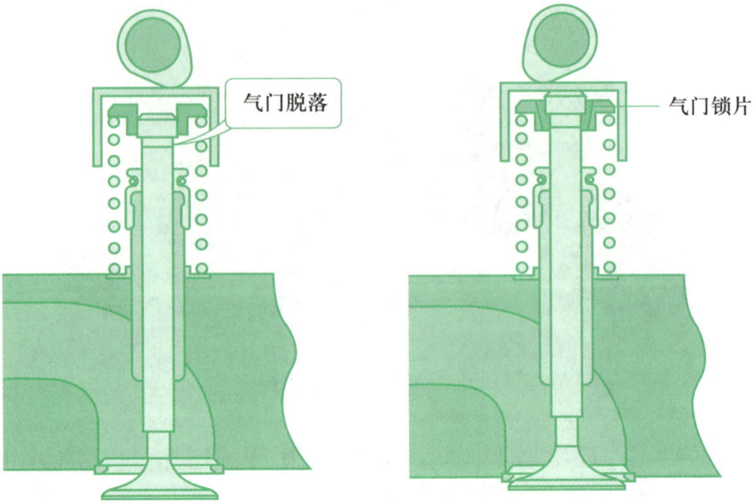

图 2-6　气门锁片的功用

4）凸轮轴的作用及组成

凸轮轴的作用是驱动和控制各缸气门的开启和关闭，使其符合发动机的工作顺序、配气相位和气门开度的变化规律等要求。

凸轮轴主要由凸轮、凸轮轴轴颈等组成，如图 2-7 所示。对于下置式凸轮轴的汽油机还有用以驱动机油泵、分电器的螺旋齿轮和用以驱动汽油泵的偏心轮。

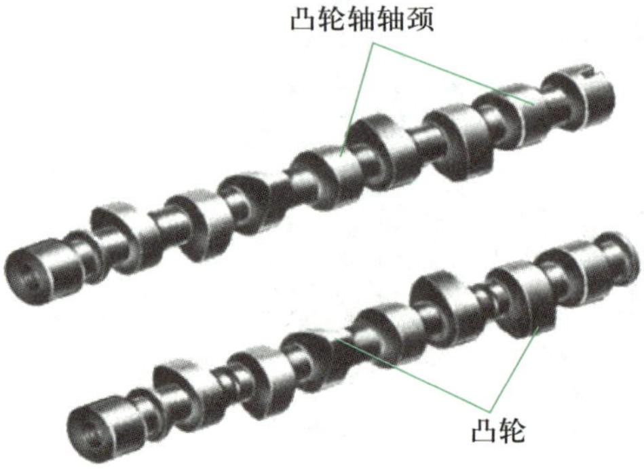

图 2-7　凸轮轴

凸轮的形状影响气门的开闭时刻及高度，凸轮的排列影响气门的开闭时刻和工作顺序。凸轮受到气门间歇性开启的周期性冲击载荷，因此要求凸轮表面要耐磨，凸轮轴要有足够的韧性和刚度。

凸轮轴一般用优质锻钢或特种铸铁制成。凸轮和轴颈的工作表面经热处理后还要精磨和抛光，以提高其硬度及耐磨性能。

为了确保进气门和排气门与活塞位置保持正确的关系，优化燃烧和发动机性能，保证凸轮轴和曲轴正时正确是关键。下置式凸轮轴与曲轴间用一对正时齿轮传动，安装时候必须对准正时齿轮上的正时记号，记号的种类有：点、字母、数字等。

顶置式凸轮轴与曲轴相距较远，用链条或同步带传动，配气正时较复杂，而且不同车型正时记号位置有所不同，凸轮轴正时记号如图 2–8 示。

图 2–8 顶置式凸轮轴正时记号

5）摇臂和挺柱

摇臂的功用是将挺杆（或凸轮）传来的力，改变方向后作用于气门端面，推开或关闭气门。同时利用摇臂两边臂的长度比来改变气门的升程。

如图 2–9 所示，当摇臂做摆动时，可沿气门端面滑动，这样可使两者之间的接触力尽可能沿气门轴线。摇臂内往往钻有油道或油孔，以便润滑。在摇臂与挺杆接触端钻有螺纹孔，用以安装调节气门间隙的调整螺钉，一般螺钉的下端做成外球头或内凹球坑，能够较好地与挺杆头配合。

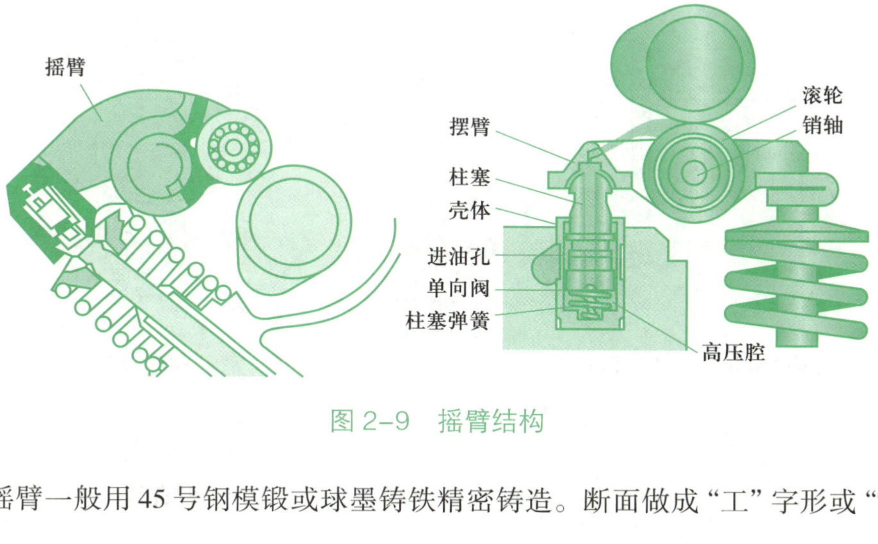

图 2–9 摇臂结构

摇臂一般用 45 号钢模锻或球墨铸铁精密铸造。断面做成“工”字形或“T”字形。很多轿车发动机上将摇臂与凸轮接触方式由滑动改为滚动，如图 2–10 所示。由于采用了滚动接触，其配气系统的驱动力矩可降低 1/3 左右。在中低速区，发动机的全体摩擦力最大可降低 14% 左右。

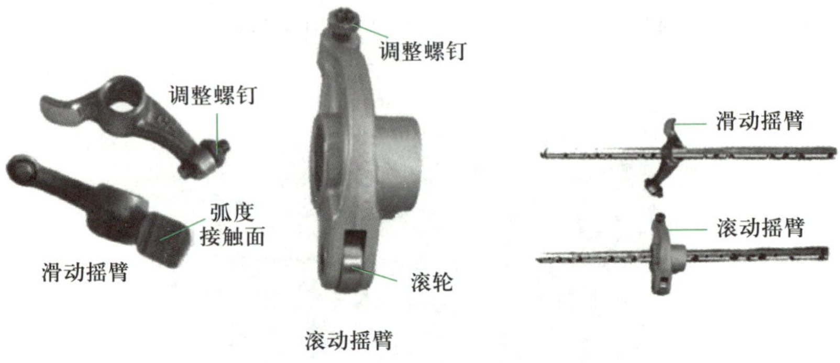

图 2–10　摇臂轴

摇臂轴安装在气缸盖上，而摇臂套在摇臂轴上，并用弹簧支在两个相邻摇臂的侧面，以保证摇臂的轴向位置。摇臂轴上有油道，以保证摇臂和摇臂轴的润滑。

挺柱是将凸轮轴的旋转运动转变为往复运动并将推力传给推杆或气门的部件。挺柱分为机械、液力两大类。机械挺柱有菌式挺柱、球面挺柱、平面挺柱、滚子挺柱等多种结构，如图 2–11 所示。平面挺柱由作为工作面的圆盘和起导向作用的圆柱体组成。在挺柱的内部有球窝，与推杆下端的球头相配合，挺柱的工作面与凸轮相接触。滚子挺柱结构比较复杂，质量也较大，一般用于缸径较大、转速较低或某些具有特殊要求的发动机上。随着汽车性能和控制技术的不断升级，现代乘用汽车广泛装配液力挺柱。

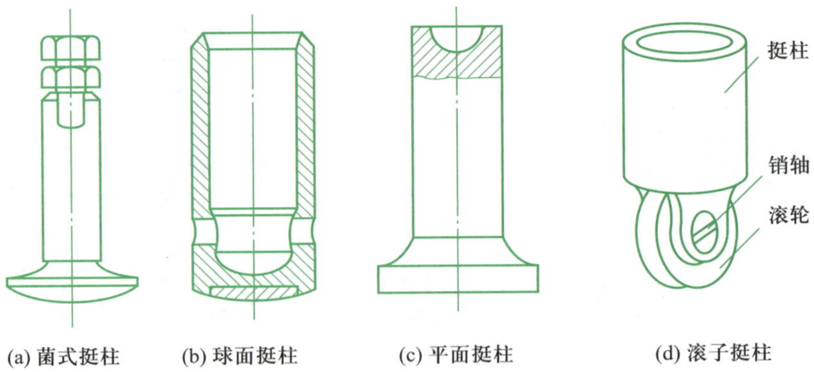

图 2–11　机械挺柱

液力挺柱如图 2–12 所示，由挺柱体、柱塞、高压油腔、供油孔、球阀、贮油腔、补偿弹簧等组成。采用液力挺柱消除了配气机构中的间隙(液力自动调节),减小了各零件的冲击和噪声,保证了发动机的正时精度,间接提高了发动机的机械强度。

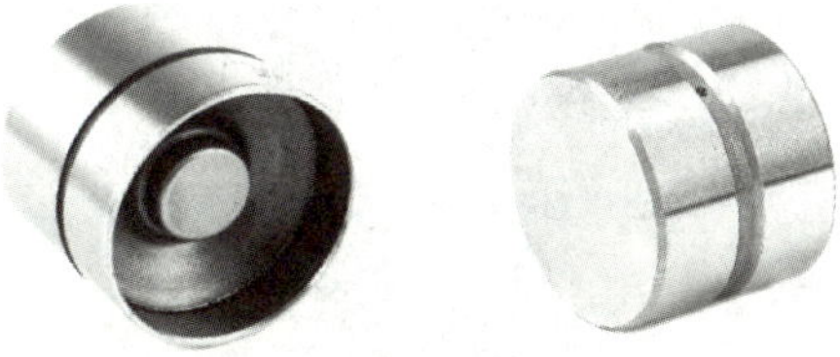

图 2-12　液力挺柱

挺柱体中装有可移动的液力缸和中空的柱塞,液力缸内、外壁经精加工研磨与柱塞和导向孔精密配合,柱塞下端装有补偿弹簧和球阀。补偿弹簧将球阀压靠在柱塞下端的阀座上。并使液力挺柱始终与凸轮保持接触。

发动机润滑系统中的机油经气缸盖上的供油孔、挺柱体上的环形油槽和键形槽进入低压油腔。当凸轮顶压液力挺柱时,挺柱体和柱塞下移,高压油腔容积减小,压力升高,加之补偿弹簧的作用,球阀关闭,将低压腔和高压腔隔开。因为液体具有不可压缩性,整个液力挺柱,如同一块钢柱一样向下移动,推动气门打开。此时挺柱体上的环形油槽也与供油孔错开,停止进油。

气门关闭时,补偿弹簧的作用使柱塞上移。高压油腔容积增大,压力下降。与此同时,压力油又经气缸盖供油孔进入低压油腔,并推开球阀,使高低压油腔连通,补充油液。整个过程中,机构中各零件保持接触,且柱塞在挺柱体中的移动抵消了受热膨胀的伸长。由此可见,液力挺柱具有气门间隙自动调整功能。液力挺柱结构如图 2-13 所示。

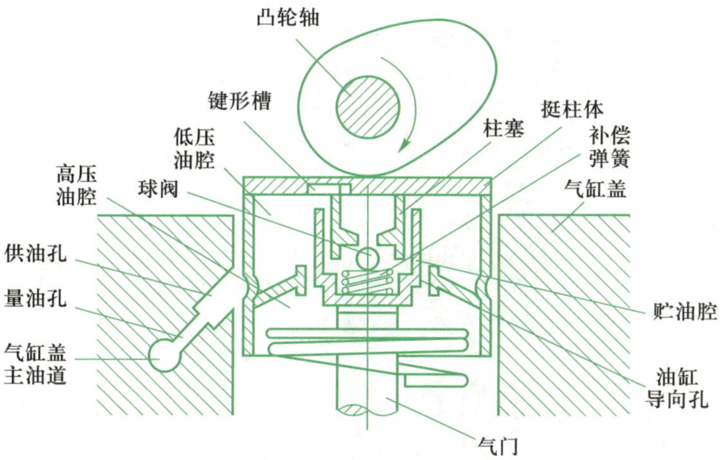

图 2-13　液力挺柱结构

6）气门组拆卸

气门组的拆卸步骤见表 2–2。

表 2–2　气门组拆卸步骤

拆卸流程	图示	拆卸步骤
工作准备	 	检查发动机台架和拆装工具，要求台架完好，零件齐全，工具摆放整齐、有序
拆卸凸轮轴及轴承盖、液力挺柱		使用专用快速摇把和专用套筒按两边向中间交叉对称的顺序，拆卸凸轮轴轴承盖螺栓，取下进、排气凸轮轴，使用磁力棒吸出所有液力挺杆，并摆放整齐
拆卸气门弹簧		① 使用气门拆装钳固定端顶住气门头，活动端顶住气门弹簧座，逐步压紧气门弹簧使气门锁片露出
		② 用尖嘴钳夹出气门锁片或使用磁力棒依次取出每个气门中的两个气门锁片
		③ 拆卸气门拆装钳，转动螺杆手柄，放松气门弹簧后，移出气门拆装夹具即可拿出气门弹簧、弹簧座、气门及气门油封，并依次取下气门弹簧座和气门弹簧
拆卸进、排气门	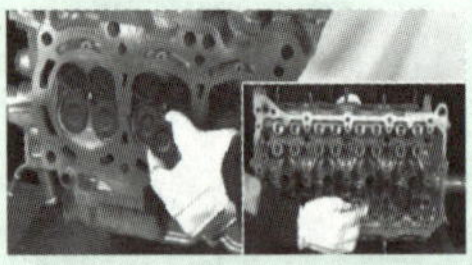	将气缸盖侧立放置在垫木上，取下进、排气门
拆卸气门油封		将气缸盖平放在垫木上，使用气门油封专用尖嘴钳拆下气门油封

续表

拆卸流程	图示	拆卸步骤
摆放气门组件		将拆卸的气门组件，按顺序摆放好（气门、气门弹簧、气门弹簧座平垫圈、锁片）

2. 技能操作

（1）操作准备

准备技能操作所需的物料，见表 2–3。

表 2–3 物料准备

类别	所需的物料
整车 / 台架	气缸盖总成、维修手册、操作台
工具 / 设备 / 仪器	扭力扳手、气门拆装专用工具、磁力棒、机油壶、润滑脂、吹尘枪、橡胶锤、常用工具、乳胶手套、抹布

（2）气门组拆卸

按照气门组的拆卸步骤，选用适合的工具，对气门组组件进行拆卸，并将操作情况记录在表 2–4 中。

表 2–4 气门组拆卸记录表

序号	气门组拆卸步骤	使用工具	注意事项	是否完成
1				是□ 否□
2				是□ 否□
3				是□ 否□
4				是□ 否□
5				是□ 否□
6				是□ 否□
7				是□ 否□
8				是□ 否□
9				是□ 否□
10				是□ 否□

（二）气门组组件的检查

1. 知识学习

1）气门的检查

使用软毛刷清洁气门头上的积炭，并将其擦干。检查气门头部到气门杆部是否有以下状况：气门座部位点蚀、气门余量厚度不足、气门杆部弯曲、气门杆部点蚀或严重磨损，气门锁片槽磨损，气门杆部顶端磨损。如果存在上述任一状况，则应更换气门。

如图 2-14 所示，使用游标卡尺测量气门头部和尾部端面之间的气门总长度，气门长度偏差不得超过维修手册指示的极限值。如果测量值超过极限值，则应更换新气门。

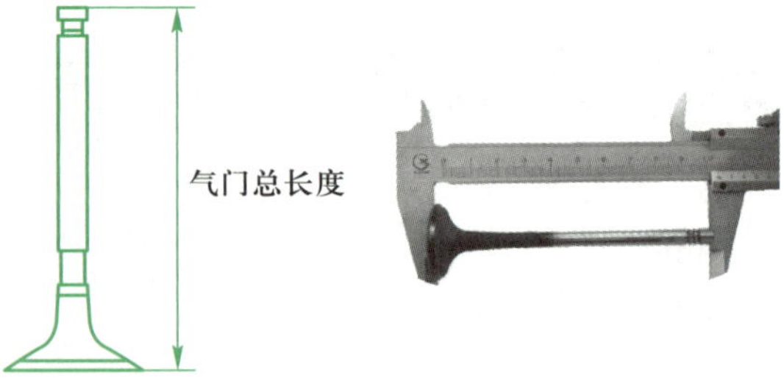

图 2-14　气门总长度测量

如图 2-15 所示，使用游标卡尺测量气门头部直径。气门头部磨损不得超过维修手册指示的极限值，如果测量值超过极限值，则更换新气门。使用适当的标尺测量气门边缘厚度，若测量值超过规定，则更换气门。

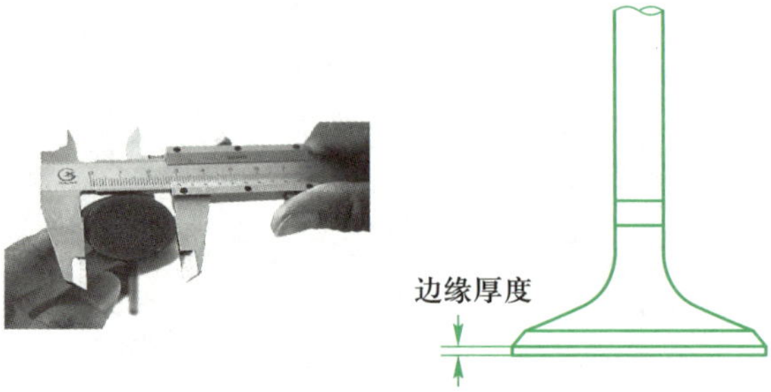

图 2-15　气门头部测量

如图 2-16 所示，使用外径千分尺在气门杆部的上、中、下三个截面进行气门杆部直径的测量，进气门、排气门的磨损量不得超过维修手册指示的极限值，否则应更换气门。

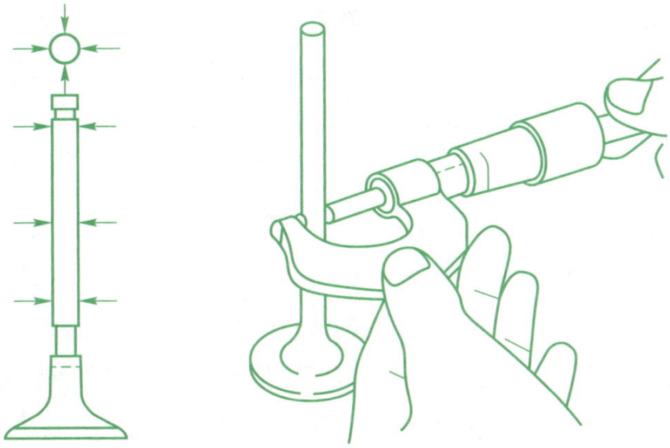

图 2–16　气门杆部直径测量

使用内径百分表和千分尺测量气门导管和气门杆部之间的间隙，如果测量值超过极限值，则更换气门导管或气门。

2）气门弹簧

气门弹簧的功用是保证气门关闭时能紧密地与气门座或气门座圈贴合，并克服在气门开启时配气机构产生的惯性力，使传动件始终受凸轮控制而不相互脱离。

气门弹簧使气门回位并与气门座或气门座圈压紧，同时使气门传动组组件紧密连接，防止因惯性力分离而产生异响。气门弹簧由气门锁片和气门弹簧座固定在气门和气缸盖间。

气门弹簧根据其结构形态不同分为圆柱形螺旋弹簧、双弹簧和变螺距弹簧，如图 2–17 所示。

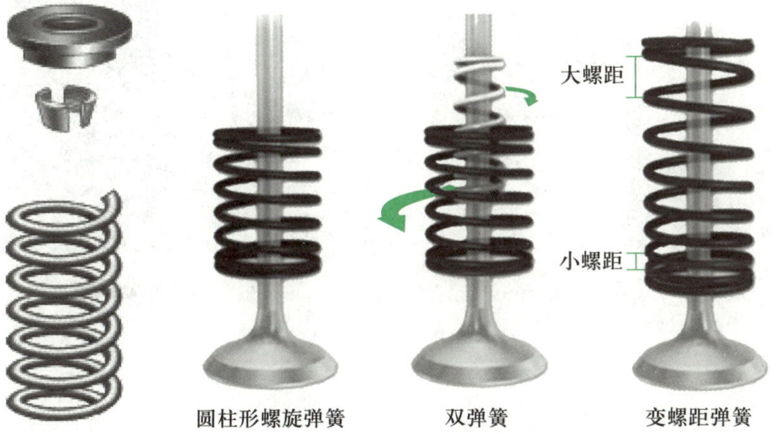

图 2–17　气门弹簧类型

气门弹簧一般为等螺距圆柱形螺旋弹簧。当气门弹簧的工作频率与其固有的振动频率相等或为整数倍时，气门弹簧就会发生共振。共振将使配气定时遭到破坏，使气门发生反跳和冲击，甚至使弹簧折断。为防止共振的发生，可采取下列措施。

① 采用双气门弹簧。在柴油机和高性能汽油机上广泛采用每个气门安装两个直径不同，旋向相反的内、外弹簧的方式。由于两个弹簧的固有振动频率不同，当一个弹簧发生共振时，另一个弹簧能起到阻尼减振作用。采用双气门弹簧可以减小气门弹簧的高度，而且当一个弹簧折断时，另一个弹簧仍可维持气门工作。弹簧旋向相反，可以防止折断的弹簧圈卡入另一个弹簧圈内使其不能工作或损坏。

② 采用可变螺距气门弹簧。某些高性能汽油机采用变螺距单气门弹簧。变螺距弹簧的固有振动频率不是定值，从而可以避免共振。

③ 采用锥形气门弹簧。锥形气门弹簧的刚度和固有振动频率沿弹簧轴线方向是变化的，因此可以消除发生共振的可能性。

3）气门弹簧检查

气门弹簧检查时可以用检视法观察洗净的气门弹簧外表有无变形、开裂、夹层、折叠、锈蚀、擦痕等缺陷，如有则应更换。也可以使用新旧对比法，将标准弹簧与被测弹簧置于同一平板上，比较其长度是否一致，如不一致，则应更换。

使用游标卡尺，测量气门弹簧的自由长度，一般自由长度的缩短不得超过维修手册指示的极限值，不符合规定尺寸，应予以更换。对于气门弹簧的弯曲和扭曲变形，可放在平板上用 90° 角度尺检查其偏斜量，一般垂直度误差不超过 2.0 mm，如果偏斜量大于最大值，更换气门弹簧，如图 2-18 所示。

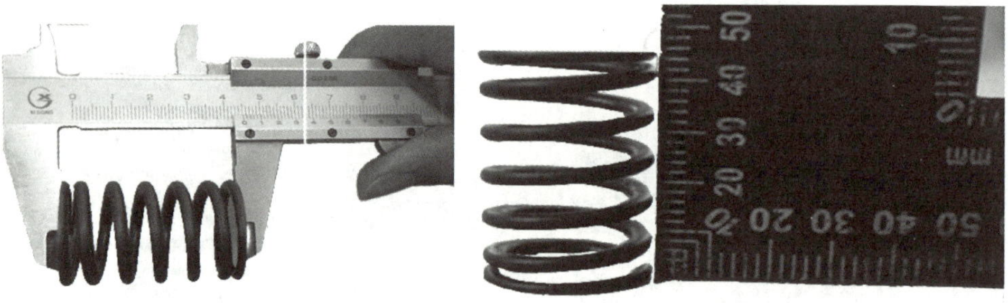

(a) 气门弹簧长度测量　　(b) 气门弹簧变形测量

图 2-18　气门弹簧测量

4）气门油封检查

用目视的方法检查气门油封是否老化漏油，如图 2-19 所示，一般老化的气门油封孔径变大硬化,没有密封性,新气门油封孔径小,密封性好。

图 2–19　气门油封检查

2. 技能操作

(1) 操作准备

准备技能操作所需的物料,见表 2–5。

表 2–5　物料准备

类别	所需的物料
整车 / 台架	气门组、维修手册
工具 / 设备 / 仪器	游标卡尺、抹布、汽油(清洁零件)、吹尘枪、外径千分尺

(2) 气门组组件检查

查询维修手册里发动机气门组组件的检查要求,对发动机气门组组件进行检查,并将检查结果记录在表 2–6 中。

表 2–6　气门组组件检查记录表

检查项目	测量值	标准值(参考值)	极限值	维修建议
气门长度	进气门:____mm 排气门:____mm	进气门:____mm 排气门:____mm	进气门:____mm 排气门:____mm	
气门头部直径	进气门:____mm 排气门:____mm	进气门:____mm 排气门:____mm	进气门:____mm 排气门:____mm	
气门杆部直径	进气门:____mm 排气门:____mm	进气门:____mm 排气门:____mm	进气门:____mm 排气门:____mm	
气门导管配合间隙	进气门导管:____mm 排气门导管:____mm	进气门导管:____mm 排气门导管:____mm	进气门导管:____mm 排气门导管:____mm	

续表

检查项目	测量值	标准值（参考值）	极限值	维修建议
气门油封是否老化损坏	是□ 否□			
气门弹簧自由长度	进气门：____mm 排气门：____mm	进气门弹簧：____mm 排气门弹簧：____mm	进气门弹簧：____mm 排气门弹簧：____mm	
气门弹簧变形量	进气门：____mm 排气门：____mm	进气门弹簧：____mm 排气门弹簧：____mm	进气门弹簧：____mm 排气门弹簧：____mm	

（三）气门密封性检查

1. 知识学习

气门密封性检查方法如下。

（1）画线法

检查前，将气门及气门座清洗干净，取出气门，在气门工作面上用软铅笔沿径向每隔 4 mm 画一条线，如图 2–20 所示。将相配的气门与气门座接触，并转动气门 1/8 ~ 1/4 圈后取出，查看铅笔线痕迹已全部中断，且接触面居中偏下，则表示密封良好；如果有的线未断，或接触位置不对，则说明密封不严或密封不合要求。

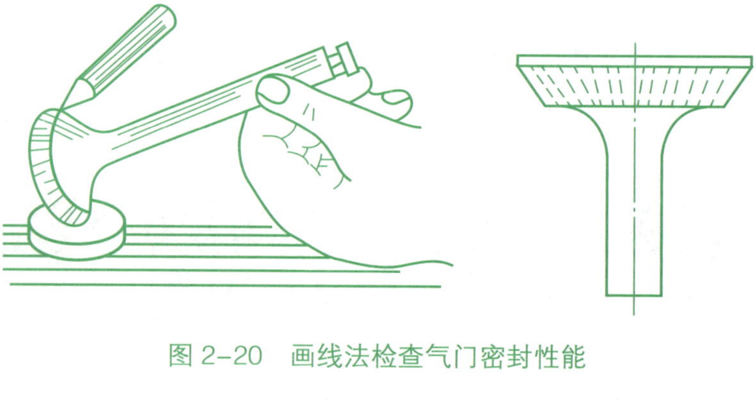

图 2–20 画线法检查气门密封性能

（2）涂色法

检查前将气门及气门座清洗干净，在气门密封锥面涂上一层红丹油，并把气门放入气门导管孔内，然后用力将气门压在气门座上旋转 1/8 ~ 1/4 圈后取出，检查气门座上的红丹油情况。如果气门座密封锥面上全部沾上红丹油，并且均匀整齐，则说明气门密封性能良好。

（3）渗油法

如图 2–21 所示，将气缸盖反过来放置在水平桌面，向燃烧室倒入煤油（或汽油），煤油液面与气缸盖下平面齐平，将与气门座配套使用的气门放入气门导管孔内，并使气门紧贴气门座的密封锥面，然后在气门上倒上足够的煤油或汽油，静置 3 ~ 5 min 后，检查气门和气门座密封处，若液面下降，则可判定气门漏气，如果没有出现漏油现象，则说明气门密封性良好。

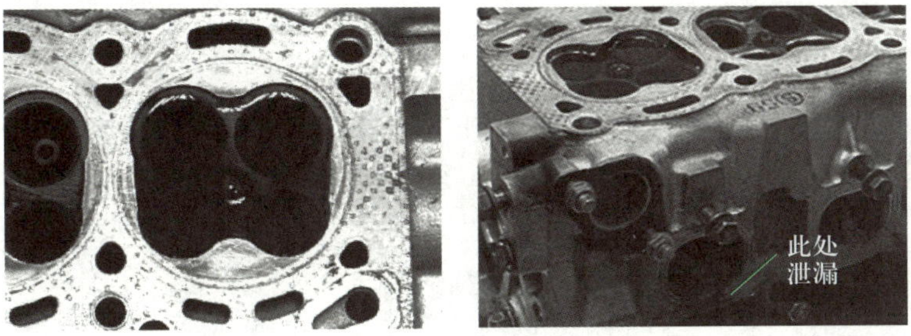

图 2–21　渗油法检查气门密封性

2. 技能操作

对各缸进、排气门密封性进行检查，并将检查结果记录在表 2–7 中。

表 2–7　气门密封性检查记录表

检查项目	检查方法	密封性	维修建议
一缸进、排气门	画线法□　涂色法□　渗油法□	进气门：良好□　需维修□ 排气门：良好□　需维修□	
二缸进、排气门	画线法□　涂色法□　渗油法□	进气门：良好□　需维修□ 排气门：良好□　需维修□	
三缸进、排气门	画线法□　涂色法□　渗油法□	进气门：良好□　需维修□ 排气门：良好□　需维修□	
四缸进、排气门	画线法□　涂色法□　渗油法□	进气门：良好□　需维修□ 排气门：良好□　需维修□	

四、检查评估

对本任务的学习情况进行检查，并将相关内容记录在表 2–8 中。

表 2-8 学习情况检查表

检查项目	检查结果	结果点评
气门组的拆卸		
气门组拆卸步骤是否规范正确	是□ 否□	
拆卸过程使用的工具是否正确	是□ 否□	
拆卸转矩是否符合维修手册要求	是□ 否□	
拆卸过程中零部件摆放是否整齐	是□ 否□	
气门组组件的检查		
进、排气门检查项目是否完成	是□ 否□	
气门弹簧检查项目是否完成	是□ 否□	
气门油封检查项目是否完成	是□ 否□	
气门导管检查项目是否完成	是□ 否□	
测量工具使用是否规范	是□ 否□	
测量数据读取是否准确	是□ 否□	
整理恢复		
工具 / 设备是否整理恢复	是□ 否□	
实训车辆及实训台架是否恢复原状	是□ 否□	
实训场地及工位是否清洁干净	是□ 否□	
实操过程是否执行了“7S”管理	是□ 否□	
气门密封性能检查		
是否完成用画线法检查气门密封性	是□ 否□	
是否完成用涂色法检查气门密封性	是□ 否□	
是否完成用渗油法检修气门密封性	是□ 否□	
整理恢复		
工具 / 设备是否整理恢复	是□ 否□	
发动机实训台架是否恢复原状	是□ 否□	
实训场地及工位是否清洁干净	是□ 否□	

五、任务小结

任务二小结如图 2-22 所示。

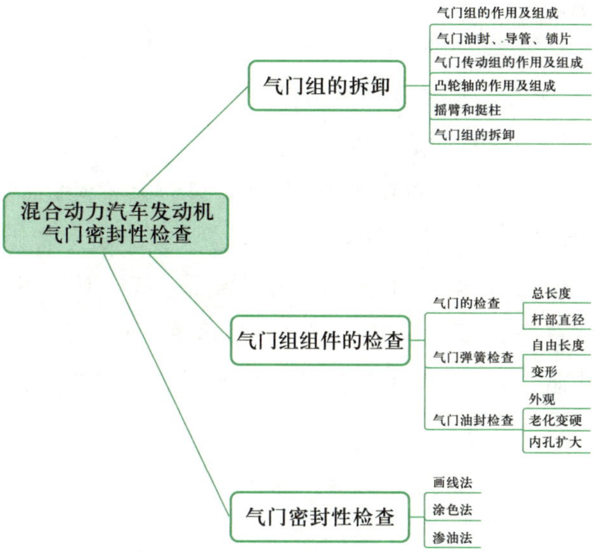

图 2-22 任务二小结

任务三　混合动力汽车发动机气缸密封性能检查

一、任务导入

场景：某品牌新能源汽车售后维修车间。

人物：维修技师小李、客户王先生。

情节：王先生的某品牌新能源汽车，出现高速动力不足，发动机充电效率降低等现象。王先生把该车送到4S店维修，车间维修技师小李做初步检查，并未发现明显的部件异常，也未读出故障码，但是机油中有铁屑出现，而且异常污浊。小李起初怀疑发动机内部机械磨损，测试发现缸压异常，然后测试气门密封性能，发现正常。目前气缸故障的可能性最大，现在需要对气缸的部件密封性能做检查，请问该如何进行？

二、任务目标

✧ 能按照维修手册的拆装步骤，使用合适的拆装工具，完成活塞连杆组的拆卸。

✧ 能按照维修手册的技术要求，正确使用工量具，完成活塞连杆组的检查。

✧ 能按照维修手册的技术要求，正确使用工量具，对气缸磨损程度进行评估。

三、任务实施

（一）活塞连杆组拆卸

1. 知识学习

1）机体组

（1）机体组的作用

机体组是发动机的装配基体，它支撑发动机的运动部件，安装各种附件，承受着发动机工作时产生的内、外作用力，因而机体组要有足够的强度，以承受在标定负荷甚至在一定超载负荷下的各种作用力；同时还要有足够的刚度，使发动机在工作时各部分的变形小，且对于冷却液、机油和燃烧气体有良好的耐腐蚀性。

（2）机体组的结构

发动机机体组主要由气缸体、气缸套、油底壳、气缸盖罩、气缸盖和曲轴箱等组成，这些零件接合面都有密封垫。

① 气缸体。

发动机的气缸体通常和上曲轴箱铸成一体，称为气缸体－曲轴箱。气缸体上部的圆柱形空腔称为气缸，下半部为支撑曲轴的曲轴箱，其内腔为曲轴运动的空间，如图 3–1 所示。

气缸体下部用来安装曲轴的部位称为曲轴箱，曲轴箱分上曲轴箱和下曲轴箱。上曲轴箱与气缸体铸成一体，下曲轴箱用来储存润滑油，并封闭上曲轴箱。

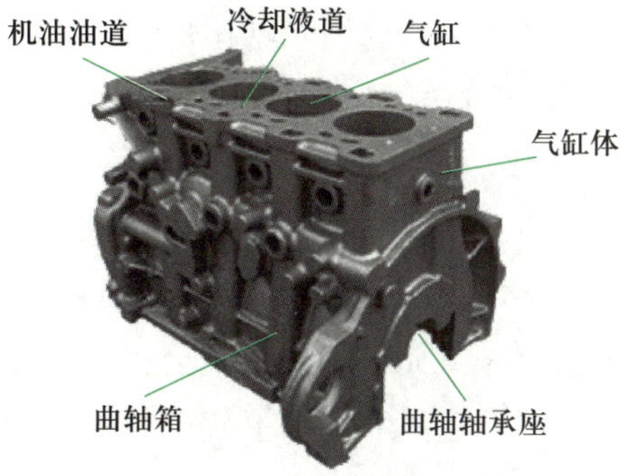

图 3–1　气缸体

根据气缸体曲轴轴承孔轴线与油底壳安装平面的位置不同，通常把气缸体分为三种形式：平分式（也称一般式）气缸体、龙门式气缸体和隧道式气缸体，如图 3–2 所示。

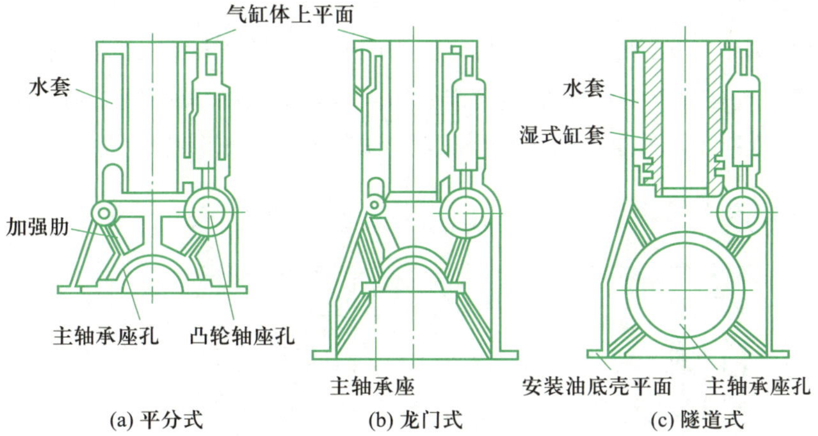

图 3–2　气缸体结构类型

混合动力汽车发动机的曲轴箱主要采用平分式结构，机体高度低，质量小，结构紧凑，便于加工及拆卸，但刚度和强度低。

气缸体的排列方式有：直列式、V 型、水平对置式，如图 3–3 所示。

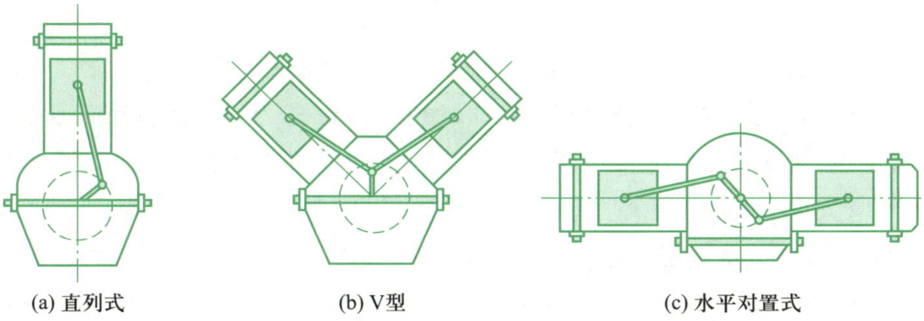

图 3–3　气缸的排列方式

直列式发动机多用于六缸以下，各气缸排成一列，所有气缸共用一根曲轴和一个气缸盖，气缸多采用垂直布置（极少也采用斜布置）。直列式发动机结构简单，易于制造，成本较低，但长度和高度都较大。

V 型发动机将气缸排成两列，其气缸中心线夹角 $\gamma<180°$，一般为 60° ~ 90°。V 型发动机通过一根曲轴驱动两列气缸中的活塞运动，曲轴的每个连杆轴颈上都连接两个连杆，所以发动机应至少有两个气缸盖。该类型发动机的优点是缩短了发动机的长度和高度，增加了气缸体的刚度及稳定性，运转平稳，结构紧凑。缺点是宽度有一定增大、形状复杂、加工困难。一般多用于缸数多的大功率发动机上。有的多缸发动机为了满足需要，气缸排列还采用了 W 型。

水平对置式发动机实际上可以看成是一种特殊的 V 型发动机，其夹角 $\gamma=180°$。该类型发动机高度最小，应用在一些垂直空间非常小的车辆上。

② 气缸套。

发动机采用冷却液进行冷却时，气缸周围和气缸盖中均有用以通过冷却液的空腔，气缸体和气缸盖上的水套是相互连通的。水套中的冷却液流过高温零部件的周围从而将热量带走。气缸套可分为干式与湿式两种，如图 3-4 所示。

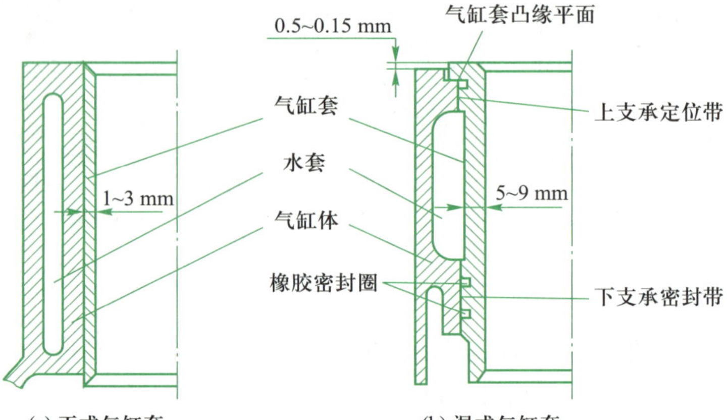

图 3-4　气缸套类型

干式气缸套的特点是气缸套装入气缸体后，其外壁不直接与冷却液接触，而和气缸体的壁面直接接触，其壁厚较薄，一般为 1 ~ 3 mm。干式气缸套具有整体式气缸体的优点，强度和刚度都较好，但加工比较复杂，内、外表面都需要进行精加工，拆装不方便，散热不良。

湿式气缸套的特点是气缸套装入气缸体后，其外壁直接与冷却液接触，气缸套仅在上、下各有一圆环地带和气缸体接触，其壁厚一般为 5 ~ 9 mm。湿式气缸套散热良好，冷却均匀，加工容易，通常只需要精加工内表面，而与冷却液接触的外表面不需要加工，拆装方便，缺点是强度、刚度都不如干式气缸套，而且容易发生漏液现象。

③ 油底壳。

油底壳受力很小，在上、下曲轴箱接合面之间装有衬垫，防止润滑油泄漏，一般采用薄钢板冲压而成，其形状取决于发动机的总体布置和机油的容量。油底壳内装有稳油挡板，以防止汽车颠动时油面波动过大，油底壳底部还装有放油螺塞，通常放油螺塞上装有永久磁铁，以吸附润滑油中的金属屑，减少发动机的磨损，如图 3–5 所示。

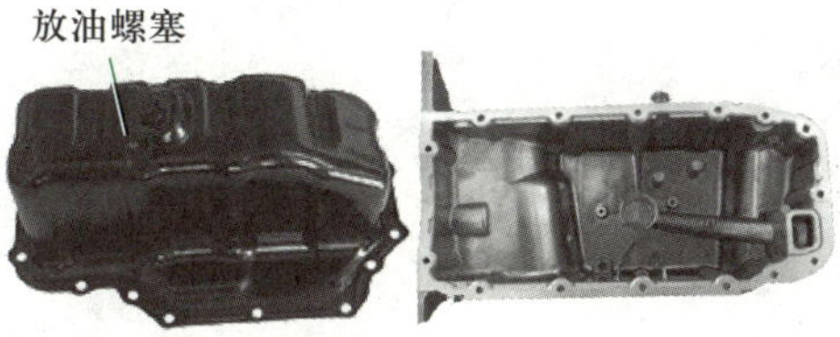

图 3–5　油底壳

2）活塞连杆组

（1）活塞连杆组的组成

活塞连杆组将活塞的往复直线运动转换为曲轴的旋转运动，同时将作用于活塞上的力转变为曲轴对外输出的转矩。活塞连杆组安装在发动机气缸体内，是曲柄连杆机构的重要的组成部分，主要由活塞、活塞环、活塞销及连杆等零部件构成，如图 3–6 所示。

动画 活塞连杆组的组成

动画 活塞连杆组作用

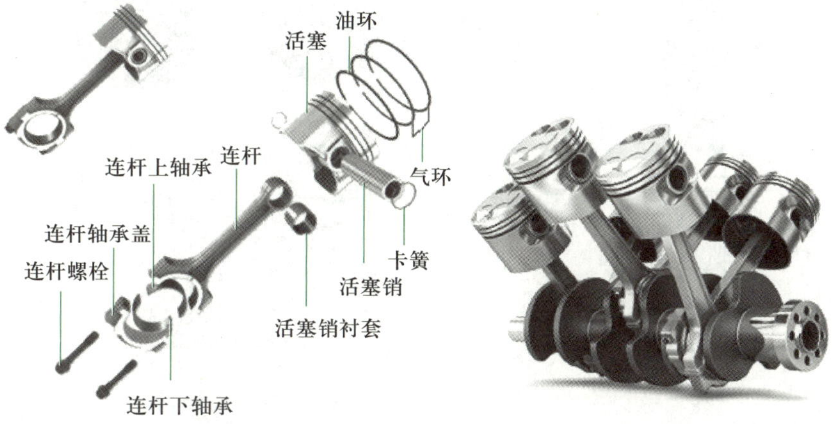

(a) 构成　　(b) 外形

图 3–6　活塞连杆组

（2）活塞构造

活塞承受气缸中气体的压力，并将此压力通过活塞销传递给连杆，以推动曲轴旋转。同时,活塞顶部与气缸盖、气缸壁共同组成燃烧室。

活塞可分为活塞顶部、活塞头部和活塞裙部三个部分,如图 3-7 所示。

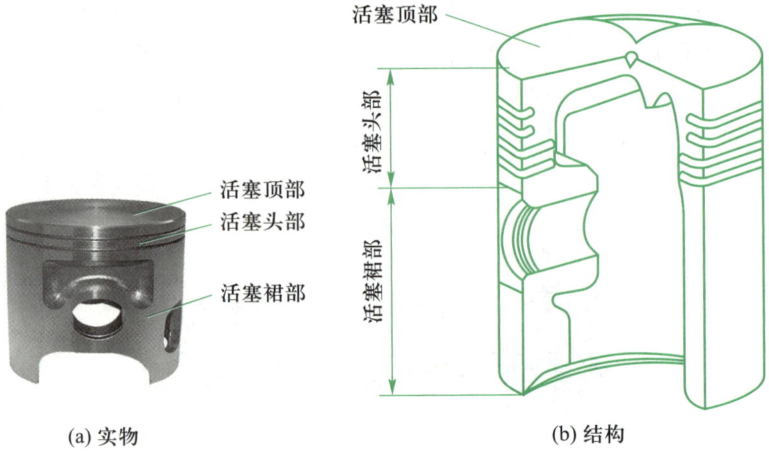

图 3-7　活塞的基本结构

① 活塞顶部。

活塞顶部是发动机燃烧室的组成部分,主要用于承受气体的压力,通常制成平顶、凸顶、凹顶或成型顶等不同形状,如图 3-8 所示。汽油机多采用平顶活塞,其优点是吸热面积小。柴油机活塞顶部通常有不同的凹状,以满足柴油机混合气形成与燃烧的要求。

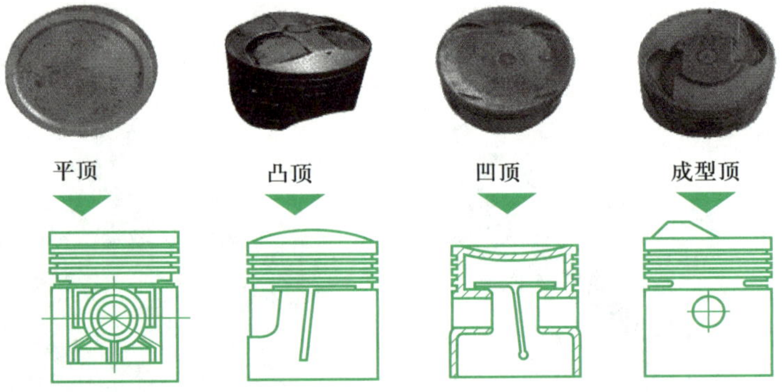

图 3-8　活塞顶部

② 活塞头部。

活塞头部有数道环槽,主要用来安装活塞环,对气缸起到密封作用,同时将活塞顶部所吸收的热量通过活塞环传递给气缸壁。

③ 活塞裙部。

活塞裙部是指从油环环槽至活塞最下端的部分,主要用于引导活塞在气缸内做往复运动，并承受侧压力。活塞裙部开有圆孔用来安装活塞销，圆孔上有卡环槽。

（3）活塞环作用及组成

活塞环是发动机内部的核心部件，按功能不同可分为气环和油环两种，活塞头部靠上 2 ~ 3 道槽安装气环，最下面一道槽安装油环，如图 3-9 所示。同时，在安装活塞环时要注意环开口相互错开，三道环之间相互错开 120°。

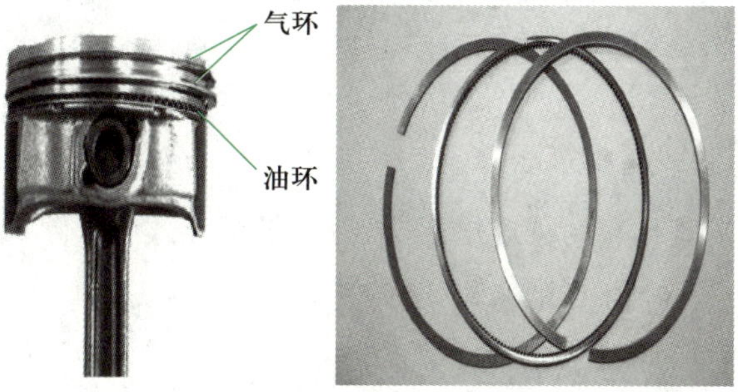

图 3-9　活塞环

① 气环。

气环安装在活塞头部的气环槽内，主要起到密封、防止气缸漏气的作用，同时防止润滑油进入燃烧室，还可以把活塞顶部吸收的大部分热量传给气缸壁，由冷却液带走。汽油机一般采用两道气环，柴油机一般多采用三道气环。

气环的类型如图 3-10 所示。气环根据其截面形状不同主要分为矩形环、锥面环、扭曲环（正、反）、梯形环、桶面环 5 种。

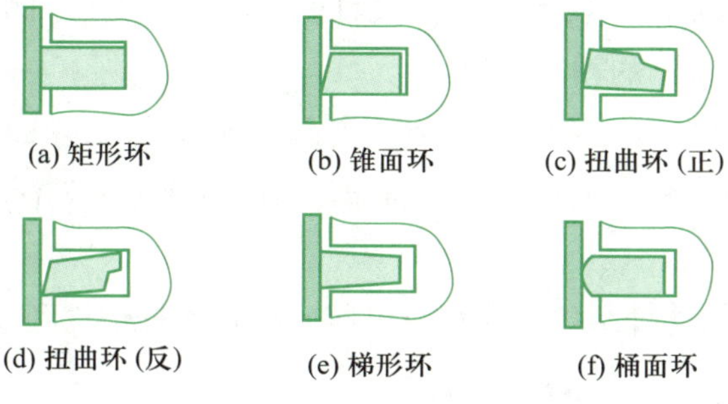

图 3-10　气环类型

② 油环。

油环安装在活塞头部最下面的油环槽内，起布油和刮油的作用。活塞下行时，油环刮掉气缸壁上多余的机油；活塞上行时，油环在气缸壁上铺涂一层均匀的油膜。这样既能防止机油参与燃烧，又能减少活塞、活塞环与气缸壁之间的摩擦阻力，此外，油环还能起到封气的辅助作用。

油环的类型如图 3–11 所示，目前汽车发动机主要采用整体式油环和组合式油环两种结构形式。

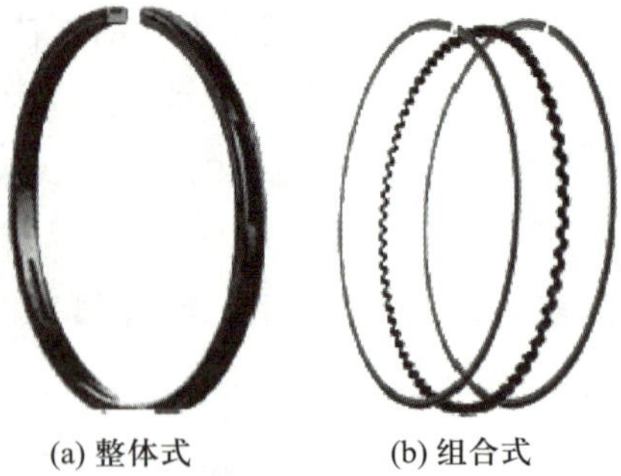

图 3–11 油环类型

（4）活塞销

① 活塞销的功用。

活塞销主要用于连接活塞和连杆小头，将活塞承受的气体作用力传递给连杆。其形状通常是低碳钢或低碳合金钢制成的厚壁空心圆柱体，如图 3–12 所示。

② 活塞销连接方式。

活塞销与活塞销座孔有两种连接方式，分别是全浮式和半浮式，如图 3–13 所示。

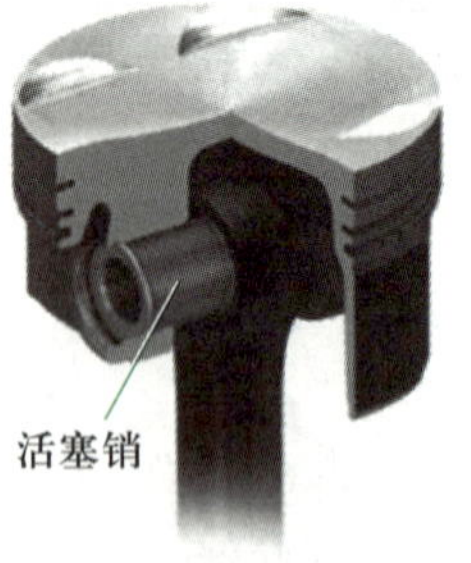

图 3–12 活塞销

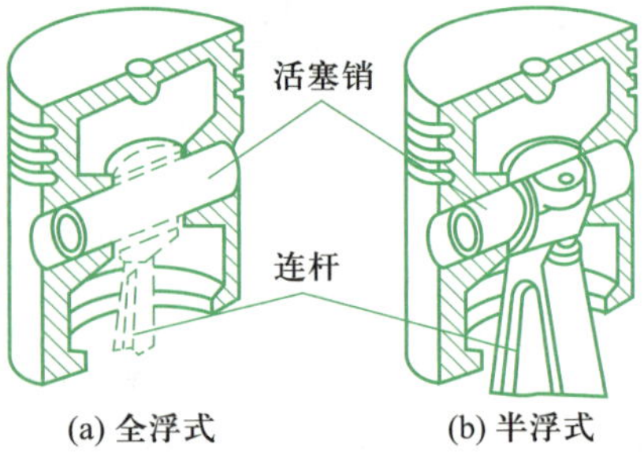

图 3–13 活塞销连接方式

全浮式活塞销：当发动机工作时，全浮式活塞销可以在连杆衬套和活塞销座孔中自由转动，从而增大了实际接触面积，减小了磨损并使活塞销沿圆周均匀磨损。同时，为防止活塞销轴向浮动导致刮伤气缸壁，在活塞销孔外侧一般装有活塞销挡圈或卡环，以保证活塞销的轴向定位。

半浮式活塞销：采用紧固螺栓将活塞中部与连杆小头连接在一起，活塞销只在活塞销孔内转动，在连杆小头孔内不转动，即一处固定，另一处浮动。

（5）连杆组件

如图 3–14 所示，连杆组件由连杆、连杆轴承盖、连杆螺栓和连杆轴承等构成。

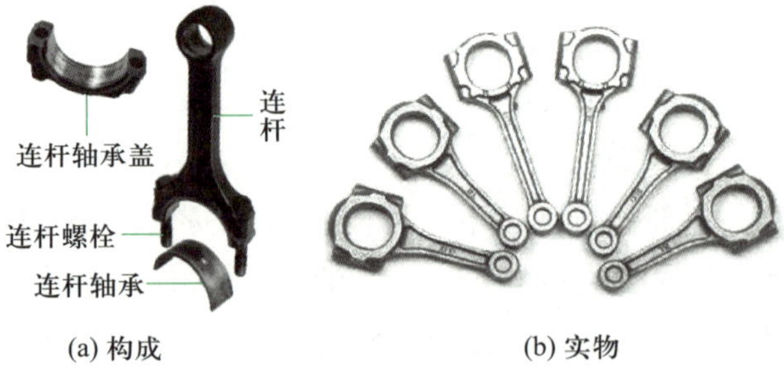

图 3–14 连杆组件

连杆组件的作用是将活塞承受的力传给曲轴，并将活塞的往复运动转变为曲轴的旋转运动，对外输出做功。由于连杆在工作中承受交变载荷的周期性作用，因此要求连杆有足够的刚度和强度，一般用中碳钢或中碳合金钢制成，也有少数用球墨铸铁制造。为了进一步提高强度，通常再进行表面喷丸处理。

① 连杆组成。

连杆主要由连杆大头、连杆杆身和连杆小头三部分组成，如图 3-15 所示。

② 连杆大头。

连杆大头与曲轴的连杆轴颈相连，少数小型汽油发动机的连杆采用整体式大头，多数汽车发动机的连杆大头一般均制成分开式，被分开的部分称为连杆盖，通过连杆螺栓紧固在连杆大头上。连杆盖与连杆大头是组合加工的，为避免装配时配对错误，在同一侧会刻有配对标记。

连杆大头的切口形式有平切口和斜切口两种。平切口连杆大头的剖开面与连杆的轴线方向相垂直，其结构简单，制造工艺好，大头外形尺寸小于气缸直径，通常多用于汽油机。斜切口连杆大头的剖开面与连杆杆身轴线之间约有 30° ~ 60° 夹角，柴油机多采用斜切口连杆大头。斜切口连杆大头常用的定位方法有锯齿定位、套筒定位、定位销定位和止口定位等，如图 3-16 所示。

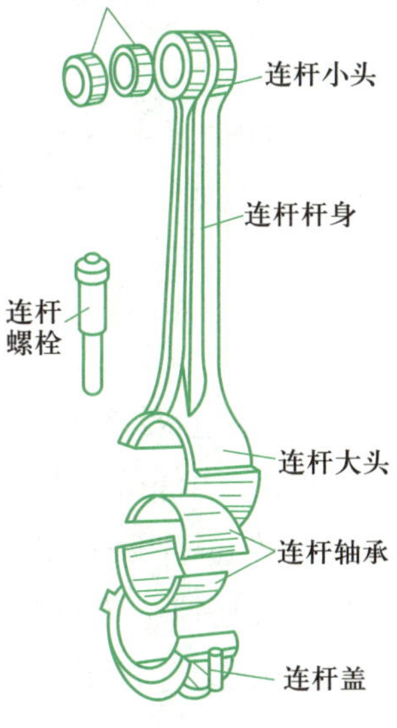

图 3-15 连杆的组成

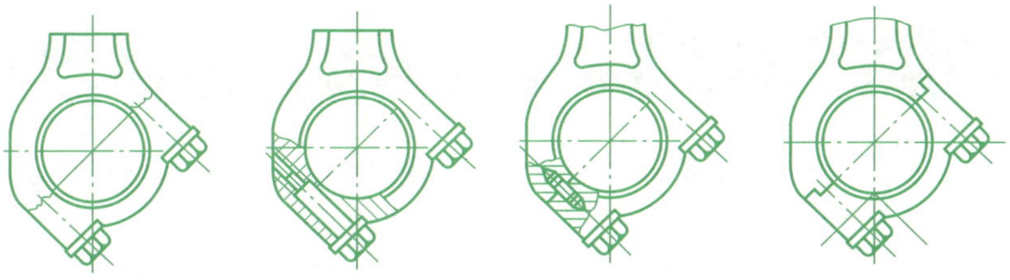

图 3-16 斜切口连杆大头定位方法

③ 连杆杆身。

为了满足在强度和刚度足够的前提下减小质量，连杆杆身一般制造成“工”字形断面。有的连杆在连杆杆身内部钻有纵向润滑油道，用于润滑连杆小头衬套并冷却活塞头部，如图 3-17 所示。

④ 连杆小头。

连杆小头与活塞销相连，工作时连杆小头与活塞销相对转动（全浮式），因此连杆小头孔内一般有减磨的青铜衬套或铁基粉末冶金衬套。为了润滑活塞销和衬套,在连杆小头和衬套上设有集油孔或铣出集油槽用来收集发动机运转时飞溅上来的机油,以便润滑。有的发动机连杆小头采用压力润滑,在连杆杆身内钻有纵向的压力油道。半浮式活塞销与连杆小头是紧配合,所以小头孔内不需要衬套,也不需要润滑。

⑤ 连杆轴承。

作用:连杆轴承也称连杆轴瓦,如图 3–18 所示,是安装在连杆大头孔内的瓦片式滑动轴承,主要用于保护连杆轴颈及连杆大头孔,防止其过度磨损。

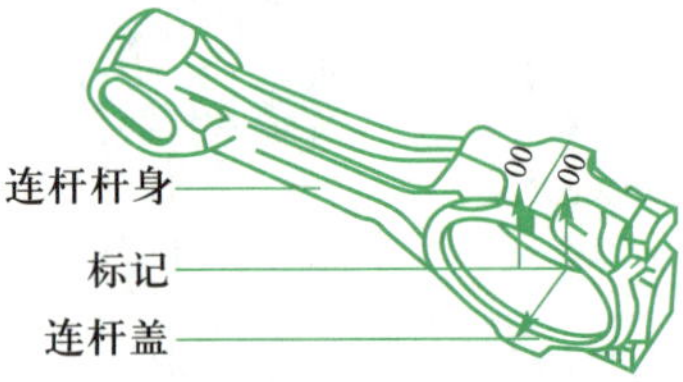

图 3–17　连杆杆身

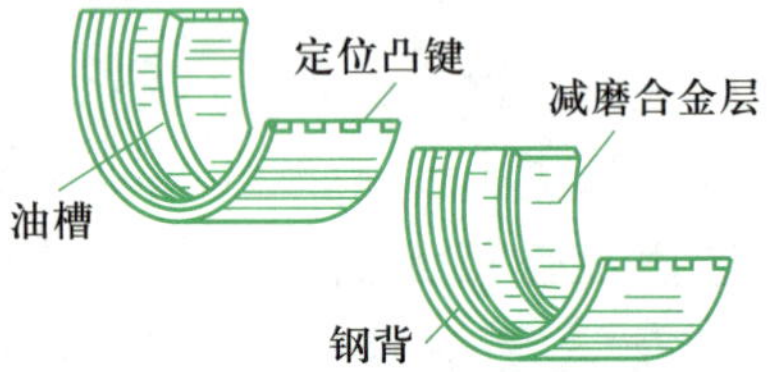

图 3–18　连杆轴承

结构:主要由钢背、减磨合金层、定位凸键和油槽组成,外表面的钢背一般由 1 ~ 3 mm 的低碳钢制成,内表面由 0.3 ~ 0.7 mm 的减磨合金制成,层质较软,具有保持油膜、减少摩擦阻力和易于磨合的作用。同时,为保证可靠的润滑,在连杆轴承的内表面还加工有润滑油孔和油槽,油孔用于润滑轴承,油槽用于储存润滑油。

3）活塞连杆组的拆装步骤

活塞连杆组的拆装步骤见表 3–1。

表 3–1　活塞连杆组的拆装

拆装流程	图示	拆装步骤
拆卸活塞连杆组总成		① 沿发动机旋转方向将活塞 1 和 4 设置为下止点,标记带连杆轴承盖的连杆; ② 用扭力扳手分两次拧松气缸 1 和气缸 4 的连杆轴承盖紧固螺母,拆下连杆轴承盖螺栓; ③ 用连杆盖螺栓左右摇动连杆盖,拆下连杆轴承盖和连杆轴承,并取下连杆轴承盖轴瓦; ④ 将活塞 1 和 4 轻轻推出气缸孔; ⑤ 用同样的方法拆下气缸 2 和气缸 3 的活塞连杆组件; ⑥ 拆下后,按正确的顺序摆放好活塞连杆组件

续表

拆装流程	图示	拆装步骤
分解活塞连杆组	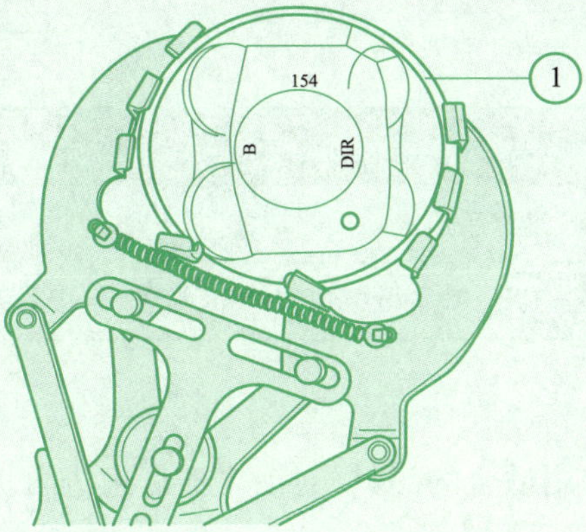	① 使用活塞环扩张器依次取下第一道气环、第二道气环； ② 用手拆下组合油环，要求先拆上刮片，再拆衬簧，再拆下刮片； ③ 使用尖嘴钳拆下活塞销两端的锁环，再用橡胶锤和专用棒敲出活塞销； ④ 活塞与连杆分离后，拆下连杆大头的螺栓螺母和连杆盖，依次摆放整齐
安装活塞连杆组	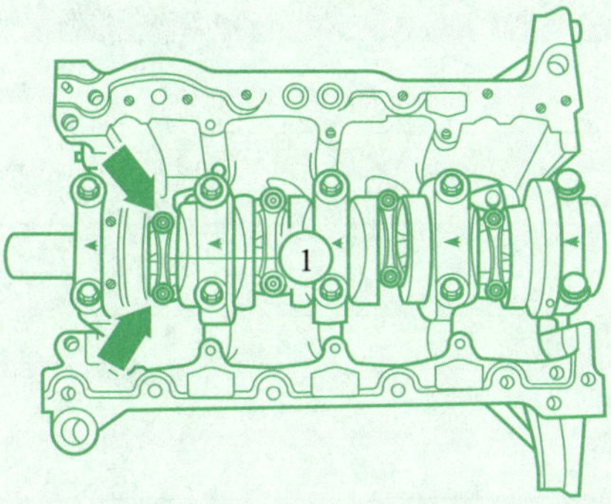	① 转动曲轴至最适合连杆螺栓安装的位置； ② 用手安装组合油环，先安装衬簧，再依次安装下刮片和上刮片； ③ 使用活塞环扩张器依次安装第二道气环，第一道气环，注意朝上标记； ④ 调节活塞环开口方向，第一道环开口与活塞销轴向错开约 45°，第二道环开口与第一道环错开约 180°，第三道环与第二道环错开约 90°； ⑤ 使用清洁的发动机机油，润滑活塞环、活塞、气缸孔内表面
	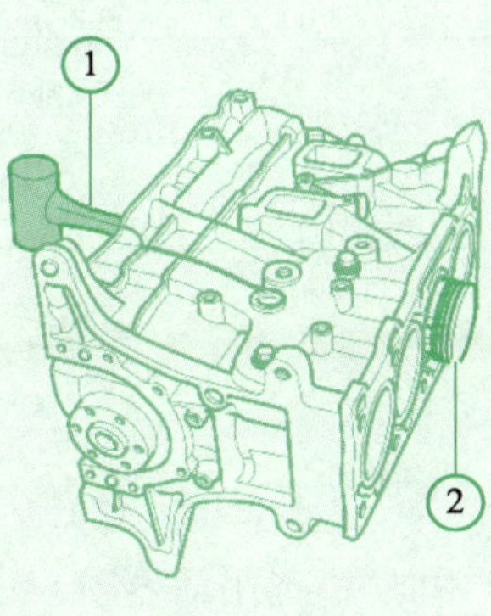	⑥ 观察活塞的朝前标记，箭头的方向指向发动机传动带轮一侧； ⑦ 安装活塞环压缩器，用于压缩活塞环； ⑧ 安装活塞和连杆总成，使用橡胶锤柄轻推活塞顶部，确认安装到位； ⑨ 翻转发动机气缸体，安装连杆盖及紧固螺母，使用扭力扳手分两次交替紧固螺母，转矩为：20 N·m； ⑩ 转动曲轴，再次检查活塞连杆组安装情况

2. 技能操作

（1）操作准备

准备技能操作所需的物料，见表 3–2。

表 3–2　物料准备

类别	所需的物料
整车 / 台架	发动机机体组、维修手册
工具 / 设备 / 仪器	扭力扳手、组合工具、吹尘枪、手套、抹布、接油盘、记号笔

（2）活塞连杆组拆装

按照活塞连杆组的拆装步骤，选用适合的工具，对活塞连杆组进行拆装，并将拆装过程记录在表 3–3 中。

表 3–3　活塞连杆组拆装记录表

序号	活塞连杆组拆装步骤	使用工具	注意事项	是否完成
1				是□　否□
2				是□　否□
3				是□　否□
4				是□　否□
5				是□　否□
6				是□　否□
7				是□　否□
8				是□　否□
9				是□　否□
10				是□　否□

（二）活塞连杆组检查

1. 知识学习

1）活塞的选用要求及磨损类型

当发动机经过大修或活塞发生异常损坏以后，选用活塞时应以气缸的修理尺寸为依据，选用同一修理尺寸和同一分组尺寸的活塞。另外，活塞属于成套选配，同一台发动机应选配同一厂商的活塞，从而保证活塞的尺寸、材料、质量及性能一致。活塞磨损如图 3-19 所示。

图 3-19　活塞磨损

活塞材料的选用要求如下：

① 合金具有低的热膨胀系数和冷热交替时体积稳定性；

② 合金的密度小，从而减小活塞做往复运动时的惯性力；

③ 合金具有足够的高温强度、高温热疲劳强度和延伸率；

④ 活塞在边界润滑条件下有较好的减磨性能，耐磨、耐蚀；

⑤ 活塞应具有良好的工艺性，即可铸性、易切削性和良好的热处理效果。

2）活塞的磨损程度检查

清洁活塞后，使用直观检视法观察活塞是否有刮伤、脱顶、烧顶，活塞环槽是否磨损变形。

然后，使用外径千分尺测量距离活塞底部约 10 mm 以内的活塞裙部直径，如图 3-20 所示，将测得数值进行记录，并与车辆维修手册的标准值对比，判断是否合格。

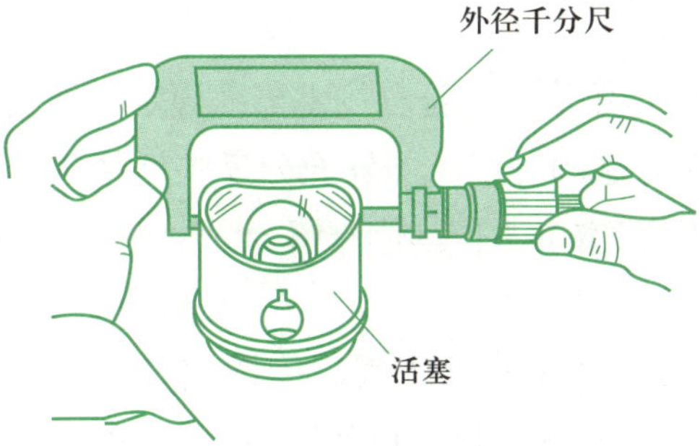

活塞等级	标准值(新)/mm	维修极限/mm
ClassA或1	74.965~74.975	74.96
ClassB或2	74.975~74.985	74.97
ClassC或3	74.985~74.995	74.98

图 3-20　活塞磨损检查

3）连杆的变形

连杆的杆身是长杆形部件，随着车辆行驶里程的增加，发动机在高转速区间运转会不断增加连杆的负担，最终导致连杆的变形，变形的形式主要分为弯曲和扭曲两种，如图 3–21、图 3–22 所示。连杆变形的检验需要通过连杆校验仪完成，连杆扭曲的校正需要用扭曲校正仪进行。

图 3–21　连杆弯曲

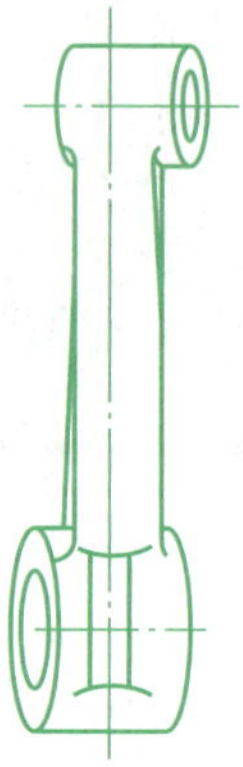

图 3–22　连杆扭曲

4）活塞环间隙检查

活塞环在发动机高速运转时会发生热膨胀现象，还会出现径向变形，为保证发动机正常工作，活塞环应具备一定的间隙，如图 3–23 所示。

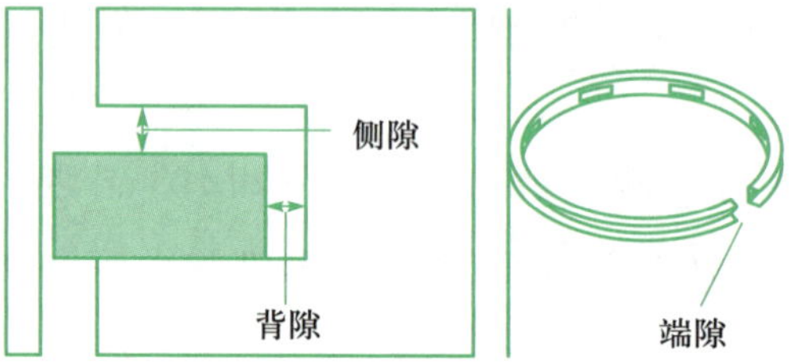

图 3–23　活塞环间隙

活塞环间隙主要有侧隙、端隙、背隙三种，且数值均应符合技术标准规定。但实际在检查时，主要检查侧隙和端隙两个值，因为这两种间隙能够充分反映活塞环的磨损情况，而背隙的测量难度较大且必要性不高，本书不作具体介绍。

（1）端隙检查

使用不带活塞环的活塞将活塞环沿着气缸壁垂直推入气缸内距离气缸底部 15 ~ 20 mm 处，如图 3–24 所示。使用厚薄规测量活塞环开口间隙，数值超过维修尺寸，应更换活塞环。

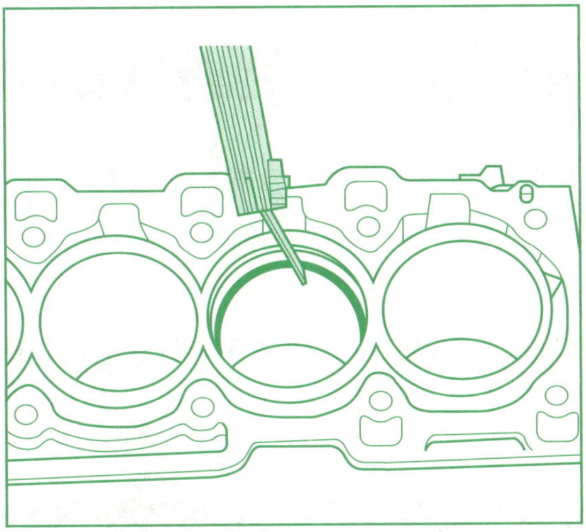

活塞环	标准值(新)/mm	维修极限/mm
第一道气环	0.15~0.3	0.5
第二道气环	0.4~0.6	0.8
油环	0.2~0.7	0.9

图 3–24　活塞环端隙检查

端隙过小,受热膨胀后会使活塞卡滞或损坏,可用锉刀进行修磨,或者更换;若端隙过大,发动机气缸会漏气严重。

（2）侧隙检查

清洁活塞环及环槽以后,将活塞环放入对应的环槽内。如图 3–25 所示,用厚薄规测量活塞环和环槽之间的间隙,如果测量数值超过极限值,则需更换活塞环或活塞。

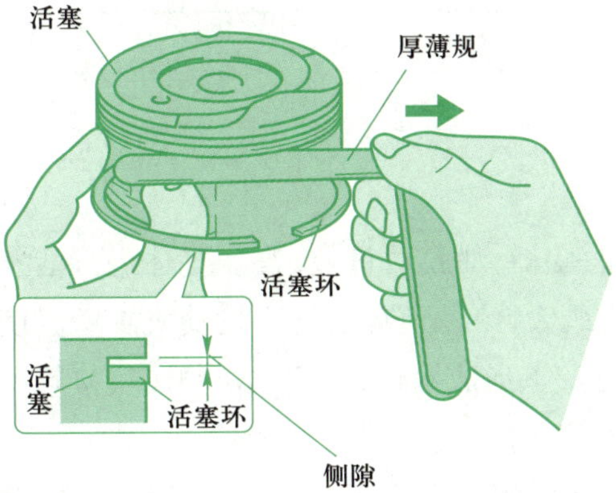

活塞环槽	标准值(新)/mm	维修极限/mm
第一道气环环槽	0.02~0.07	0.10
第二道气环环槽	0.02~0.06	0.09
油环环槽	0.01~0.18	0.40

图 3–25　活塞环侧隙检查

2. 技能操作

（1）操作准备

准备技能操作所需的物料,见表 3–4。

表 3–4　物料准备

类别	所需的物料
实训设备	活塞连杆组、维修手册
仪器、工具	厚薄规、活塞环卡钳、游标卡尺、外径千分尺、橡胶锤、润滑油、汽油（清洁用）、抹布、灭火器

（2）活塞连杆组检查

结合所学知识，根据维修手册指引，进行活塞连杆组的检查，并将检查数据记录在表 3–5 中。

表 3–5　活塞连杆组检查记录表

<table>
<tr><th colspan="3">检查项目</th><th>是否完成</th><th>维修建议</th></tr>
<tr><td rowspan="4">外观检查</td><td colspan="2">活塞：裙部磨损□　环槽磨损□　烧蚀□
刮伤□　无磨损□</td><td>是□　否□</td><td></td></tr>
<tr><td colspan="2">活塞环：磨损□　折断□　弹性减弱□　完好□</td><td>是□　否□</td><td></td></tr>
<tr><td colspan="2">活塞销：磨损□　配合松旷□　完好□</td><td>是□　否□</td><td></td></tr>
<tr><td colspan="2">连杆组件：磨损□　变形□　断裂□　完好□</td><td>是□　否□</td><td></td></tr>
<tr><td rowspan="2">活塞环
间隙检查</td><td>气环端隙：　mm
气环侧隙：　mm</td><td>是否超过极限值：
是□　否□</td><td>是□　否□</td><td></td></tr>
<tr><td>油环端隙：　mm
油环侧隙：　mm</td><td>是否超过极限值：
是□　否□</td><td>是□　否□</td><td></td></tr>
</table>

（三）气缸磨损检查

1. 知识学习

1）表具的装调

发动机工作时，气缸上部温度高，润滑油变稀，油膜质量差；高压气体进入活塞环槽将活塞环紧压在缸壁上，第一道环压力最大，第二道环次之。发动机缸壁温度低，而缸内压力大时，气缸内的水蒸气会在缸壁上形成水珠，这些水珠与废气接触生成酸性物质附着在缸壁上，对缸壁会产生腐蚀作用。

气缸与活塞环在润滑不良的情况下，相互之间有微小部分金属直接接触摩擦，形成局部高温而出现黏着、脱落，逐渐扩展而成为黏着磨损。

气缸磨损程度的测量是为了确定发动机是否需要大修，以及确定修理尺寸的级别。气缸磨损程度测量主要用内径百分表、外径千分尺、游标卡尺等测量工具。

内径百分表是将测头的直线位移变为指针的角位移的计量器具，用于不同孔径的尺寸及其形状误差的测量。百分表、固定量杆、绝热手柄、表杆、活动测杆、百分表紧固螺钉、百分表安装孔如图 3–26 所示。

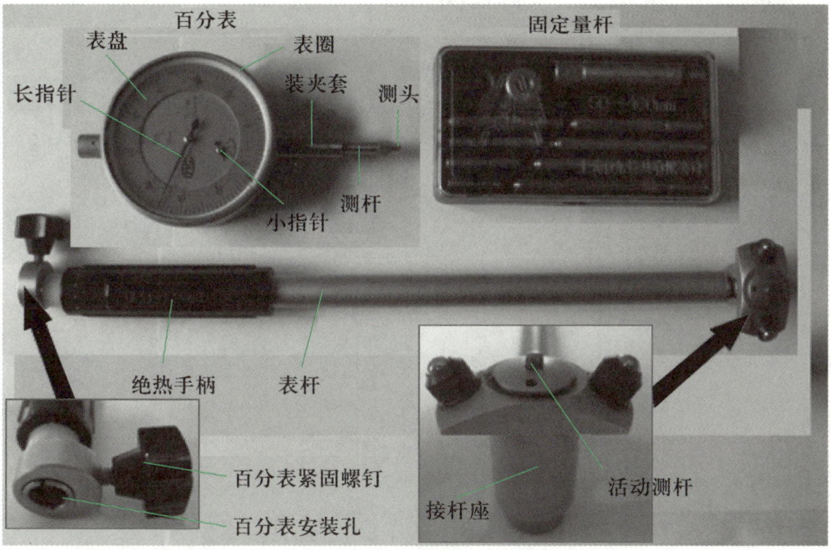

图 3–26　内径百分表

使用内径百分表前应读取维修手册给出的气缸内径标准值，并在外径千分尺上调出相应数值；在内径百分表的接杆座上安装好相应长度的固定量杆，安装后的接杆座和活动测杆的整体自然长度以大于缸筒直径约 2 mm 为宜。

测量时用手拿住表杆的绝热手柄，如图 3–27 所示。将活动测杆倾斜放入气缸的测量面，并使活动测杆与气缸轴线保持垂直。沿着活动测杆方向微微来回摆动表杆，找出长指针的拐点位置，此位置表示活动测杆与气缸轴线垂直。

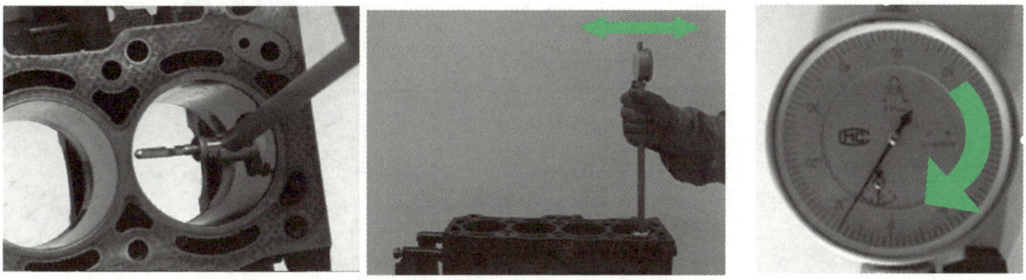

图 3–27　内径百分表使用方法

读数时以校正好的零位为基准，长指针顺时针转动则被测气缸直径值为标准值减去百分表读数值，长指针逆时针转动则被测气缸直径值为标准值加上百分表读数值。

2）气缸测量

（1）气缸圆度测量

使用内径百分表在每个气缸体上部，距气缸上平面 10 mm 处，气缸中部和气缸下部距气缸套下部 10 mm 处进行测量，按垂直和水平两个方向分别测量气缸的直径，如图 3–28 所示。记录 6 个气缸直径数据。

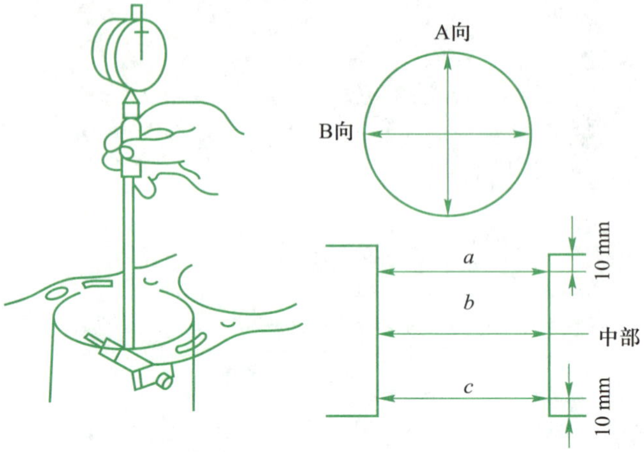

图 3–28　气缸圆度检测

气缸圆度误差为同一截面上的最大直径值减最小直径值除以 2，对三个截面所测得的圆度误差进行比较，最后取最大值作为被测气缸的圆度误差。

（2）气缸圆柱度测量

圆柱度误差是同一气缸不同截面上的最大直径值减最小直径值除以 2 得出的。测量的部位一般选在气缸的上、下部位，即气缸磨损的最大处和最小处，同一气缸中所测得的直径中的最大值与最小值之差的一半即为被测气缸的圆柱度误差，如图 3–29 所示。

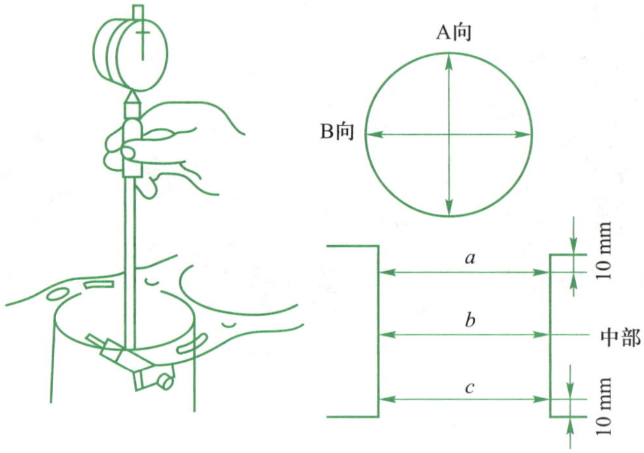

图 3–29　气缸圆柱度测量

（3）气缸磨损检测的注意事项

在测量缸径时应注意，内径百分表表杆应垂直于气缸截面方向，即同一测量点的最小直径。前后摆动内径百分表，当表盘指针指到最小数值时，即表明内径百分表表杆与气缸截面已经垂直，此时读数为标准读数。当大指针顺时针方向离开零位时，表示气缸直径小于标准缸径；当大指针逆时针方向离开零位时，表示气缸直径大于标准缸径，如图 3–30 所示。

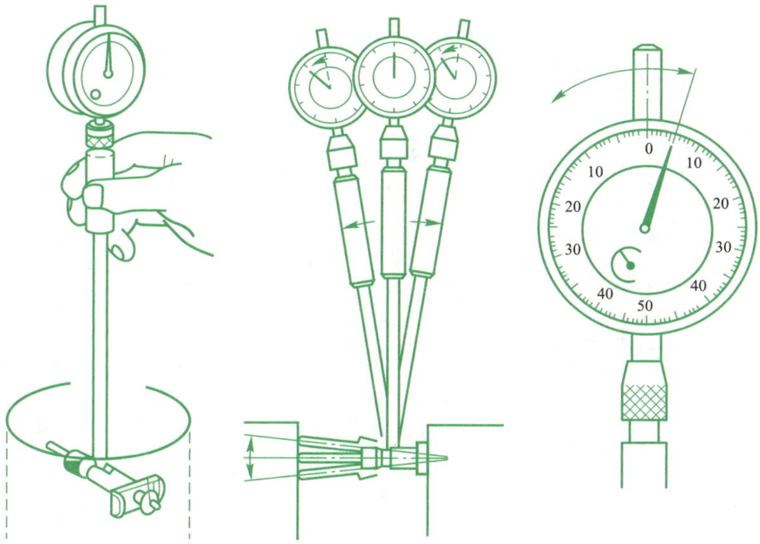

图 3–30　气缸圆柱度测量

2. 技能操作

（1）操作准备

准备技能操作所需的物料，见表 3–6。

表 3–6　物料准备

类别	所需的物料
实训设备	气缸体、维修手册
仪器、工具	外径千分尺、内径百分表、抹布

（2）气缸磨损检查

根据所学的知识，结合维修手册指引，进行气缸的磨损情况检查，并将检查数据记录在表 3–7 中。

表 3–7　气缸磨损检查记录表

项目	操作内容	结果记录	关键点
外径千分尺装调	确定标准缸径尺寸	mm	
	外径千分尺校准	调整误差：　mm	

续表

项目	操作内容	结果记录	关键点
内径百分表装调	内径百分表组装	选用固定量杆型号:	
	接杆和活动测杆的自然长度	mm	
气缸测量	气缸上部缸径(水平)	mm	
	气缸上部缸径(垂直)	mm	
	气缸中部缸径(水平)	mm	
	气缸中部缸径(垂直)	mm	
	气缸下部缸径(水平)	mm	
	气缸下部缸径(垂直)	mm	
	气缸圆度(最大值)	mm	
	气缸圆柱度	mm	

四、检查评估

对本任务的学习情况进行检查,并将相关内容记录在表 3–8 中。

表 3–8　检查评估表

检查项目	检查结果	结果点评
活塞连杆组的拆卸		
是否能正确选用检测量具及设备	是□　否□	
测量组件方法是否规范正确	是□　否□	
记录数值是否真实有效	是□　否□	
是否通过查阅维修手册对比数据	是□　否□	
活塞连杆组检查		
是否能正确选用检测量具及设备	是□　否□	
测量组件方法是否规范正确	是□　否□	
记录数值是否真实有效	是□　否□	
是否通过查阅维修手册对比数据	是□　否□	

续表

检查项目	检查结果	结果点评
气缸磨损检查		
是否能正确选用检测量具及设备	是□　否□	
测量组件方法是否规范正确	是□　否□	
记录数值是否真实有效	是□　否□	
是否通过查阅维修手册对比数据	是□　否□	
职业素养达成		
是否能够安全规范操作	是□　否□	
是否做到小组成员之间协作	是□　否□	
是否及时清理场地、整理工位	是□　否□	
是否具有较强的劳动意识	是□　否□	
实操过程是否执行了“7S”管理	是□　否□	

五、任务小结

任务三小结如图 3-31 所示。

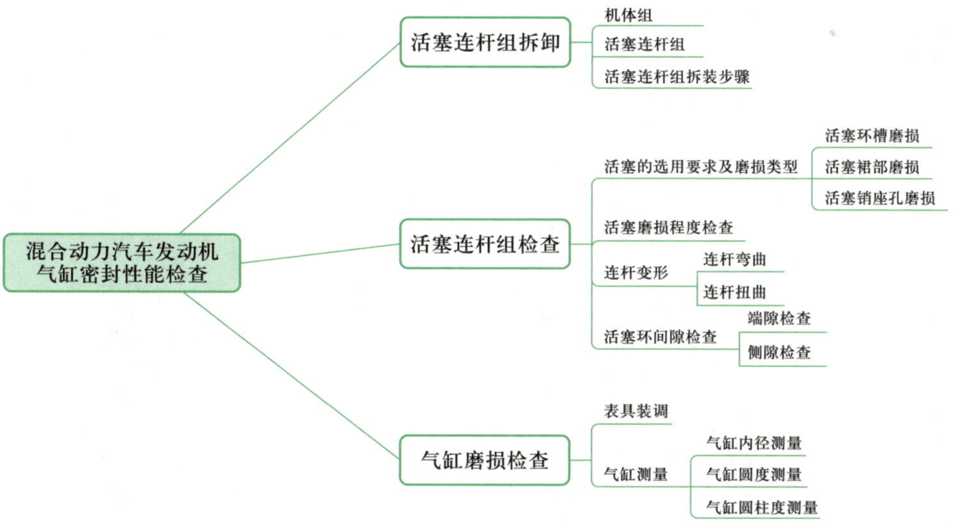

图 3-31　任务三小结

情境二
混合动力汽车发动机性能异常检修

一、情境介绍

混合动力汽车发动机工作强度大、工作环境恶劣、运行时间长、内部结构复杂，它是一个状态多变的系统，随着现代汽车控制技术的进一步提高，混合动力汽车发动机还受到各种传感器、执行器、电控系统的综合影响，系统中的很多部件的好坏，都关系到发动机性能的优劣。在车辆使用过程中，混合动力汽车发动机各个子系统难免会产生一些故障，从而影响整个发动机性能。本情境包含混合动力汽车发动机机油压力报警检查、混合动力汽车发动机不起动检修2个工作任务。内容包括：润滑系统原理、机油压力监控系统原理、机油泵拆装方法、机油泵原理、机油泵检测、冷却系统原理、散热器的检修流程、散热器的更换方法、节温器的更换方法、冷却液泵的更换方法、混合动力汽车起动系统工作原理、起动电路检测、起动电机拆装等。

二、情境目标

✧ 能够参照维修手册的技术规范，选择正确的操作流程和检修要求，规范完成混合动力汽车发动机温度异常的检修、测量和相关部件拆装。

✧ 能够依据混合动力汽车发动机各系统结构与工作原理，按照正确的操作流程，完成混合动力汽车发动机机油压力异常的检修、测量和相关部件拆装。

✧ 能根据混合动力汽车发动机起动系统工作逻辑，进行起动系统状态评估、部件拆装和电路检测。

[redacted]

任务四　混合动力汽车发动机机油压力报警检查

一、任务导入

场景：某品牌新能源汽车维修车间。

人物：维修技师小苏、车主陈先生。

情节：陈先生的某品牌混合动力汽车，行驶里程 120000 km，某日驾驶车辆在行驶途中，突然接到仪表上的机油警告灯提示，陈先生路边停车，招来拖车服务将该车送到维修车间检查。维修技师小苏初步检查发现，机油异常脏污黏稠，怀疑油道堵塞导致压力降低，接下来要对发动机机油压力开关和机油压力进行检查，若油压异常，再检查机油泵等部件，请问该如何进行这些工作？

二、任务目标

✧ 能使用合适的工具，结合维修手册的指示，正确完成混合动力汽车发动机机油压力检测。

✧ 能按照规范流程，进行机油泵内部机件测量。

✧ 能使用合适的工具，结合维修手册的指示，正确更换机油泵。

三、任务实施

（一）机油压力开关及油压检测

1. 知识学习

1）润滑系统的功用

润滑系统的功用就是在发动机工作时连续不断地把数量足够、温度适当的干净机油输送到发动机的全部传动件的摩擦表面，并在摩擦表面形成油膜，实现液体摩擦，减小摩擦阻力，降低功率消耗，减轻机件磨损，以提高发动机可靠性，延长发动机零部件的使用寿命。除了润滑作用，发动机润滑系统还具有冷却、密封、清洗、防锈、液力及减振缓冲的作用。

① 润滑作用：润滑运动零件表面，减小摩擦阻力和磨损，减少发动机的功率消耗；

② 冷却作用：机油在润滑系统内循环还可带走摩擦产生的热量，起冷却作用；

③ 密封作用：在运动零件之间形成油膜，提高它们的密封性，有利于防止漏气或漏油；

④ 清洗作用：机油在润滑系统内不断循环，清洗摩擦表面，带走磨屑和其他异物；

⑤ 防锈作用：在零件表面形成油膜，对零件表面起保护作用，防止腐蚀生锈；

⑥ 液力作用：润滑油还可用作液力油，如应用于液力挺柱、可变配气相位调节等；

⑦ 减振缓冲作用：在运动零件表面形成油膜，吸收冲击并减小振动，起减振缓冲作用。

2）发动机润滑方式

发动机的润滑方式主要有压力润滑、飞溅润滑和润滑脂润滑，如图 4-1 所示。

(a) 压力润滑　　(b) 飞溅润滑　　(c) 润滑脂润滑

图 4-1　发动机润滑方式

（1）压力润滑

压力润滑是利用机油泵，将具有一定压力的润滑油源源不断地送到零件的摩擦面间，形成具有一定厚度并能承受一定机械负荷的油膜，尽量将两摩擦零件完全隔开，实现可靠的润滑。发动机上采用这种润滑方式的有：曲轴各轴颈与轴承之间、凸轮轴轴颈与轴承之间、摇臂轴与摇臂之间等部位。

（2）飞溅润滑

飞溅润滑是利用发动机工作时某些运动零件（主要是曲轴和凸轮轴）飞溅起来的油滴或油雾对摩擦表面进行润滑的一种方式。发动机上采用这种润滑方式的有：气缸壁、凸轮等；相对运动速度较低的零件，如活塞销等；机械负荷较轻的零件，如挺柱等。

（3）润滑脂润滑（定期润滑）

对于一些分散的、负荷较小的发动机辅助装置，如冷却液泵、发动机、起动机的轴承采用定期加注润滑脂的润滑方式。

3）润滑系统组成及工作原理

润滑系统一般由油底壳、机油泵、机油集滤器、机油滤清器、油道、回油孔等组成，如图 4-2 所示。

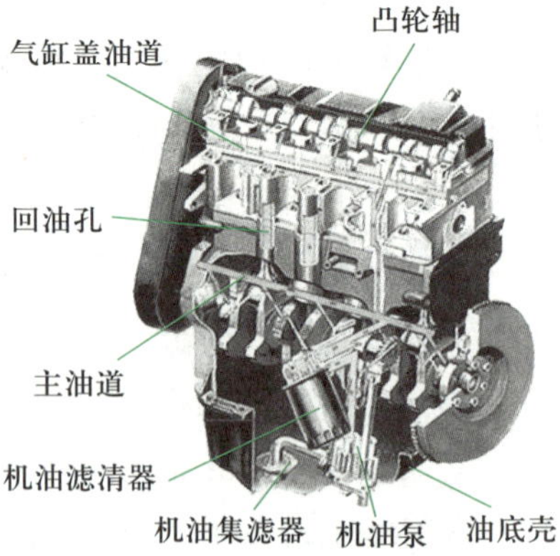

图 4-2　润滑系统的组成

机油泵在发动机的带动下工作，将机油从油底壳内吸出，经机油集滤器滤网过滤，去除较大的杂质后，经机油泵加压后进入机油滤清器。过滤后的干净机油进入主油道，主油道内的机油分两路，一路润滑曲轴轴颈、连杆轴颈及活塞和气缸；另一路润滑凸轮轴承、摇臂轴，供给液力挺柱来自动调节气门间隙，并润滑挺柱、摇臂、气门杆部等。润滑后的机油在重力的作用下重新流回油底壳，油底壳内的机油在机油泵的作用下循环往复地对发动机零部件进行润滑。

如图 4-3 所示，润滑系统中必须装配旁通阀。旁通阀安装在机油滤清器的出口处，与主油道并联，功用是当机油滤清器发生严重堵塞，阻碍了机油的流通时，旁通阀自动开启，保证仍有足够的润滑油能流向发动机的润滑部位，为重要零件提供应急润滑。限压阀安装在机油泵出油口，与机油泵油道并联，限压阀功用是防止润滑油路中的油压过高，当油压过高时，阀门开启，让机油泄回油底壳。

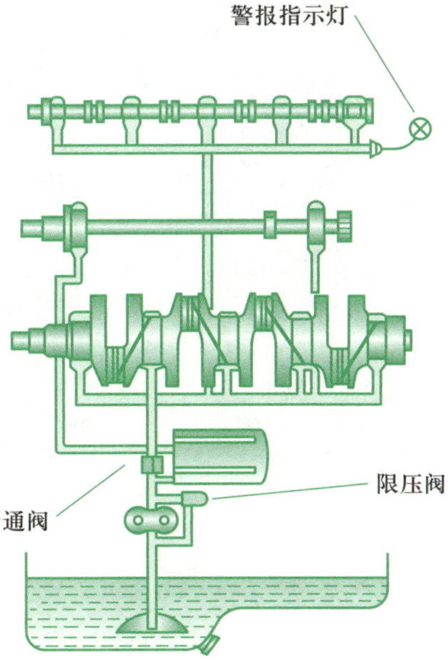

图 4-3　润滑油路

4）机油压力报警装置

（1）机油压力开关

润滑系统装有两个机油压力开关，分别是低压开关和高压开关，但也有一些车型只装一个机油压力开关。机油压力开关如图 4-4 所示。

微课

机油压力传感器作用与工作原理

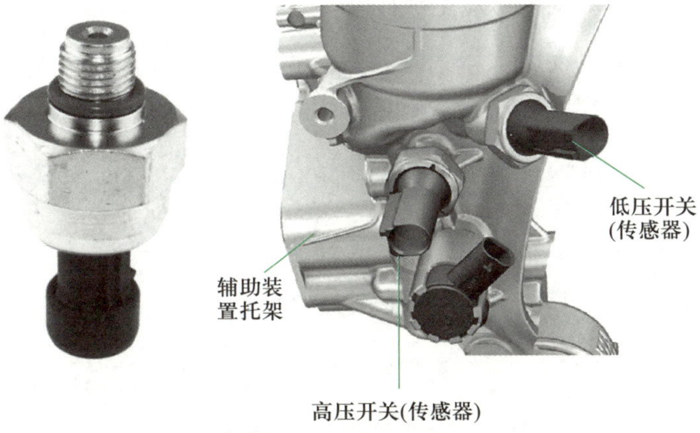

图 4-4　机油压力开关

机油压力开关通过自弹性膜片动作，该膜片的位置是由施加在其上的压力决定的。当油压低于临界值时，机油压力开关内的膜片会移动到一个状态位，通过导线激活仪表警告灯。警告灯会通知驾驶人立即检查车辆或进行维修。

（2）机油压力开关工作原理

某型号机油压力开关结构如图 4–5 所示。

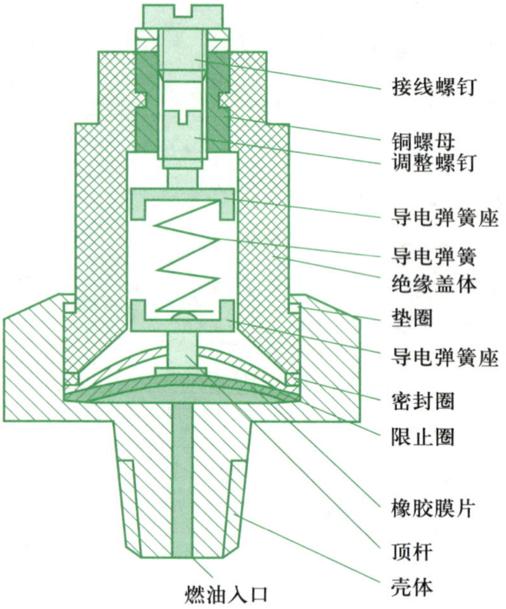

图 4–5 机油压力开关结构

某型号机油压力开关电路原理如图 4–6 所示。

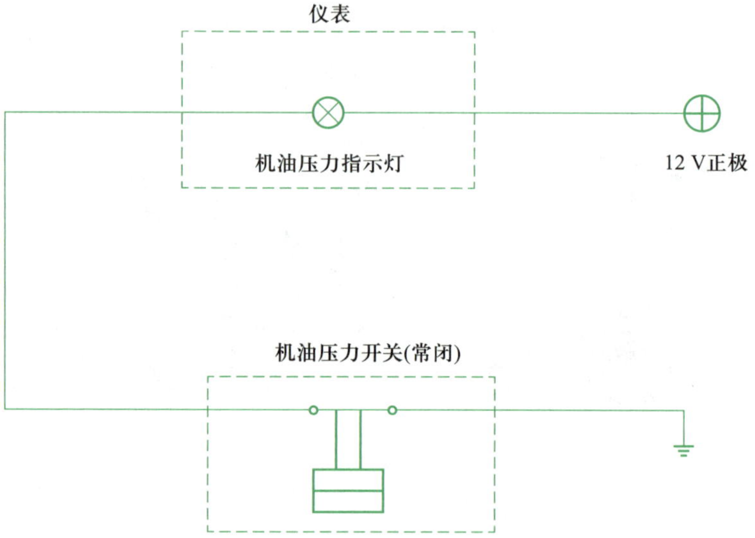

图 4–6 机油压力开关电路原理

机油压力低压开关一般是常闭的，当起动发动机，慢慢提高转速，机油压力达到 15 ~ 45 kPa（0.15 ~ 0.45 bar）时，机油压力指示灯应该熄灭。继续提高转速，当转速达到 2000 r/min 且机油温度达 80 ℃时，油压至少应达到 200 kPa（2.0 bar）。当转速再进一步提高时，机油压力不可超过 700 kPa（7.0 bar），如果超过这一限值，应更换机油滤清器支架上的限压阀。

（3）机油压力开关的检查方法

检查机油压力开关的步骤如下。

① 拆下机油压力开关并将其放入检测设备中，如图 4-7 所示。

图 4-7　检测设备连接示意图

② 将检测设备取代机油压力开关旋入机油滤清器支架中。

③ 将检测设备的棕色导线接地。

④ 将发光二极管测试笔连同测量工具中的导线从蓄电池正极连接至机油压力开关。此时，发光二极管不得亮起，如果发光二极管亮起，应更换机油压力低压开关。

5）机油压力检测

机油压力可以使用专用的机油压力表来测量。机油压力表由表头、高压软管和螺纹接头组成。具体检测方法如下。

① 准备机油压力表、机油压力表螺纹接头，如图 4-8 所示。

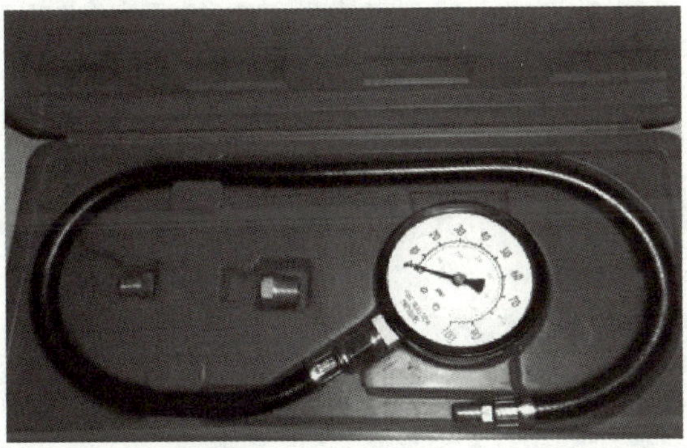
图 4-8　机油压力表

② 检查机油油位应在正常区间内，热车使发动机冷却液温度应达到 90 ℃以上，在电子控制冷却风扇运转的情况下检测机油压力。

③ 车辆熄火，断开机油压力开关导线插头，使用工具旋出机油压力开关。

④ 将机油压力表的软管接头拧入到机油压力开关的螺纹孔内，并拧紧接头，再将机油压力开关放置在不会接触到发动机旋转部件及高温部件的位置，如图 4–9 所示。

图 4–9　连接机油压力表

⑤ 起动发动机并预热到正常工作温度（80 ℃），检查机油压力表接头处有无漏油现象，若有漏油，应熄火并重新拧紧接头。

⑥ 运转发动机，在不同工况下，读取压力值，查询维修手册，并进行比较和判断。对于部分车型，标准机油压力参考值见表 4–1。

表 4–1　部分车型的标准机油压力参考值

发动机转速 /（r/min）	标准机油压力 /kPa
怠速	不小于 65
2000	不小于 200
5500	不小于 370

2. 技能操作

（1）操作准备

准备技能操作所需的物料，见表 4–2。

表 4–2　物料准备

类别	所需的物料
整车 / 台架	混合动力实训整车或混合动力汽车发动机实训台架
工具 / 设备 / 仪器	维修手册、抹布、扳手套件、手套、常用工具、机油压力表、万用表

（2）检查机油压力开关及机油压力

根据所学的知识，结合维修手册指引，对混合动力实训整车或混合动力汽车发动机实训台架的机油压力开关和机油压力进行检查，并将检查过程记录在表4–3中，将检查结果记录在表4–4中。

表4–3　机油压力开关和机油压力检查过程记录表

序号	步骤	工具 / 设备	关键点 / 注意事项
1			
2			
3			
4			
5			
6			
7			
8			
9			
10			
11			
12			

表4–4　机油压力开关和机油压力检查结果记录表

序号	检查项	前提条件	检查结果
1	仪表机油压力指示灯（静态）		亮起□　熄灭□
2	仪表机油压力指示灯（怠速）		亮起□　熄灭□
3	机油压力开关对地电阻（静态）		Ω
4	机油压力开关对地电阻（着车）		Ω
5	机油压力值（静态）		kPa
6	机油压力值（怠速）		kPa
7	机油压力值（定转速）		kPa

（二）机油泵更换

1. 知识学习

1）机油泵

（1）机油泵作用

机油泵的主要作用是提高润滑系统机油压力，它将一定量的润滑油从油底壳中抽出加压后，将润滑油送到各运动件的摩擦表面，维持润滑油在润滑系统中的循环，以保证发动机的良好润滑。机油泵大多装在曲轴箱内，也有些柴油机将机油泵安装在曲轴箱外面。

（2）机油泵类型

机油泵是发动机润滑系统的重要组成部分，它维持了润滑油在润滑管路中的循环流动，根据其结构和工作原理的不同，机油泵可分为齿轮式、转子式和可调式等类型，如图 4-10 所示。

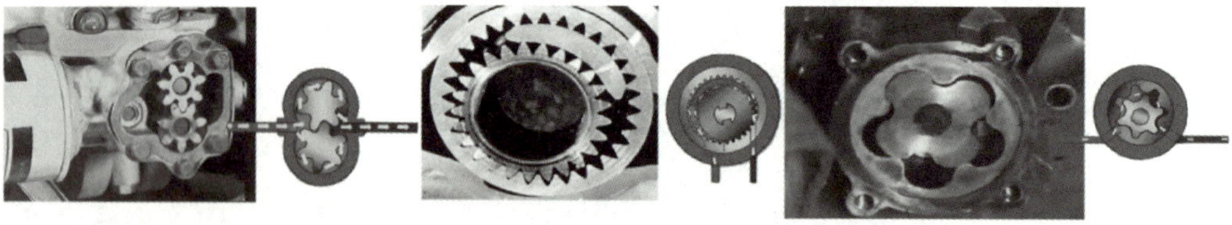

(a) 外齿轮式　　(b) 内齿轮式　　(c) 转子式

图 4-10　常见的机油泵

① 外齿轮式机油泵。

外齿轮式机油泵如图 4-11 所示。这种机油泵主要由泵体、泵盖、主动齿轮、从动齿轮、驱动轴等零件组成。

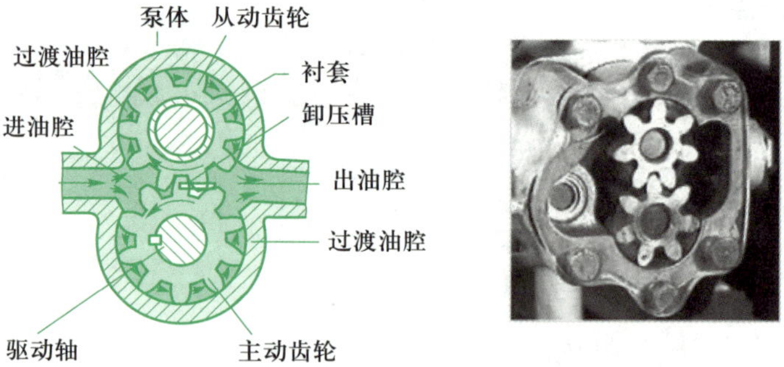

图 4-11　外齿轮式机油泵

当发动机工作时，机油泵主动齿轮由曲轴带动，并带动从动齿轮旋转，当齿轮按图 4-11 所示方向旋转时，进油腔的容积由于轮齿向脱离啮合方向运动而增大，腔内产生一定的真空度，润滑油便从进油口被吸入并充满进油腔。旋转的齿轮将齿间的润滑油带到出油腔。出油腔的容积则由于轮齿进入啮合而减小，导致油压升高，润滑油经出油口被输出，输出的油量与发动机转速成正比。当机油泵的出油压力超过规定的供油压力时，限压阀打开，一部分机油经限压阀流回油底壳，从而保持一定的供油压力。

② 内齿轮式机油泵。

内齿轮式机油泵如图 4-12 所示。这种机油泵主要由主动齿轮、从动齿轮、泵盖及泵体组成。主动齿轮为一较小的外齿轮，一般由曲轴直接驱动，从动齿轮为一较大的内齿圈。

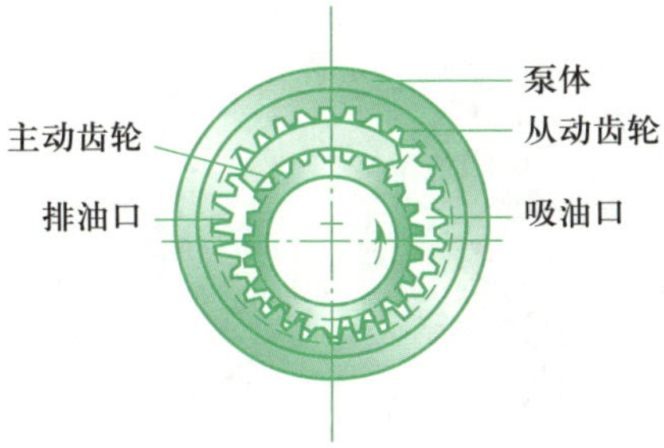

图 4-12　内齿轮式机油泵

发动机工作时，曲轴带动主动齿轮转动，并带动从动齿轮以相同方向一起旋转。内、外齿轮在进油口处开始逐渐脱离啮合，进油腔的容积由于内外齿轮逐渐脱离啮合而增大，腔内产生一定的真空，将机油从进油口吸入。随着齿轮的继续旋转，机油又被齿轮带到出油腔。出油腔的容积由于轮齿逐渐进入啮合而减小，齿轮间的机油被挤出，油压升高，机油经出油口被压入发动机机体上的润滑油道，在发动机工作时，机油泵齿轮不停地旋转，机油便连续不断地进入润滑油道，经过过滤之后被送到各润滑部位。

③ 转子式机油泵。

转子式机油泵如图 4-13 所示，主要由内外转子、泵体、泵盖、限压阀等零件组成。转子式机油泵一般安装在发动机前端，由曲轴通过一根单独的链条驱动，主动内转子和外转子一起安装在机油泵壳体内，内转子比外转子少一个齿，外转子可在机油泵壳体内自由转动。

内转子在转动过程中，每个腔室的容积都会变化，某一腔室在容积逐步变大的半周内产生真空，将机油从进油口吸入腔室，另一腔室在容积逐渐变小的半周内油压升高，机油从出油口流出，如此循环往复，机油不断从进油口进入机油泵，从出油口流出。

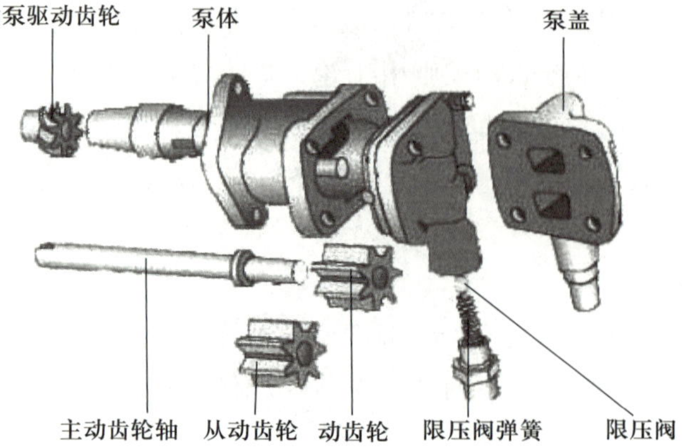

(a) 组成

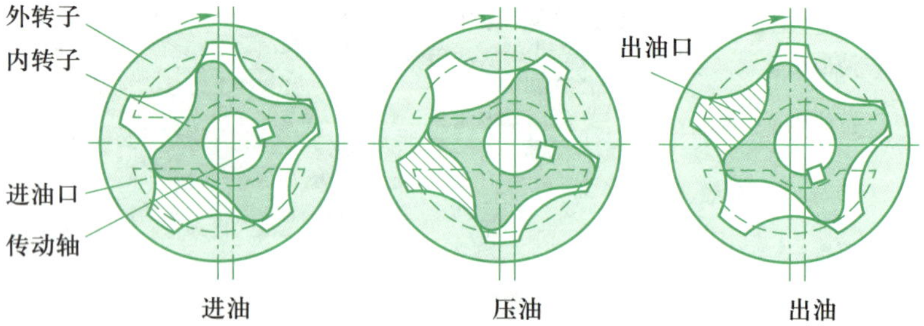

(b) 工作原理

图 4–13　转子式机油泵

④ 可调式机油泵。

为了提高运行效率，进一步提升燃油经济性，发动机开始装配可调式机油泵，它们的控制更加精确，运行效率更高，图 4–14 为其润滑系统示意图。

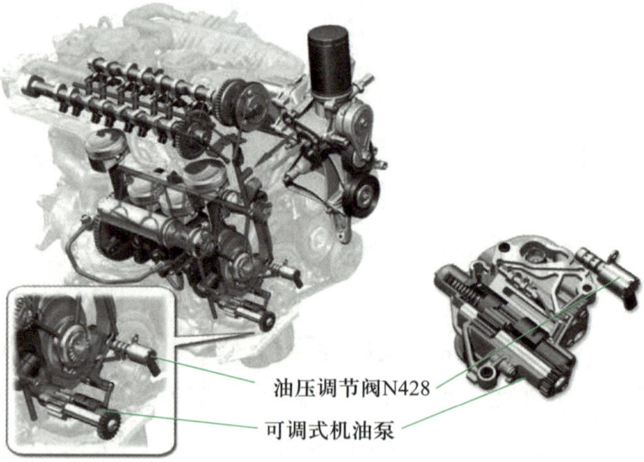

图 4–14　可调式机油泵润滑系统示意图

可调式机油泵在首个1000 km运行里程内总是以高压力设定值运行的。这使得磨合过程中发动机被允许以更大的热应力负载作用在部件上，使部件更充分地润滑。

传统的机油泵在发动机转速增加时，其泵油压力也增加，靠机油泵内部的限压阀限制压力，但是此时，机油泵仍然运行在最大输出量下，需要消耗发动机的动力，而且输入的能量都转化为热能，加速了机油老化。新的机油泵控制系统使用了新的概念：采用两种不同的压力，低压约为180 kPa（1.8 bar），当发动机转速达到约3500 r/min时就切换到高压，这时压力约为330 kPa（3.3 bar）。

压力调节是通过调节泵齿轮的供油量来实现的。这样就可以按机油冷却器和机油滤清器下游所需要的机油压力来精确地供给机油。供油量是通过移动单元的轴向移动（就是主、从动齿轮的相对移动）来实现的。如果主、从动齿轮正好对齐，那么这时的供油能力是最大的。如果机油泵的从动齿轮在轴向产生最大移动，那么这时的供油能力是最小的（输送的只是齿间挤出的机油）。也就是说，齿轮的位移越大，供油能力越低。

这个位移过程是通过将过滤完的机油的压力引到移动单元的前部活塞面上实现的。实现这个过程是需要油压调节阀执行动作和完成控制。移动单元的这个前部活塞面上还作用有弹簧力。移动单元的后部活塞面上一直加载着过滤完的机油的压力。可调式机油泵结构如图4-15所示。

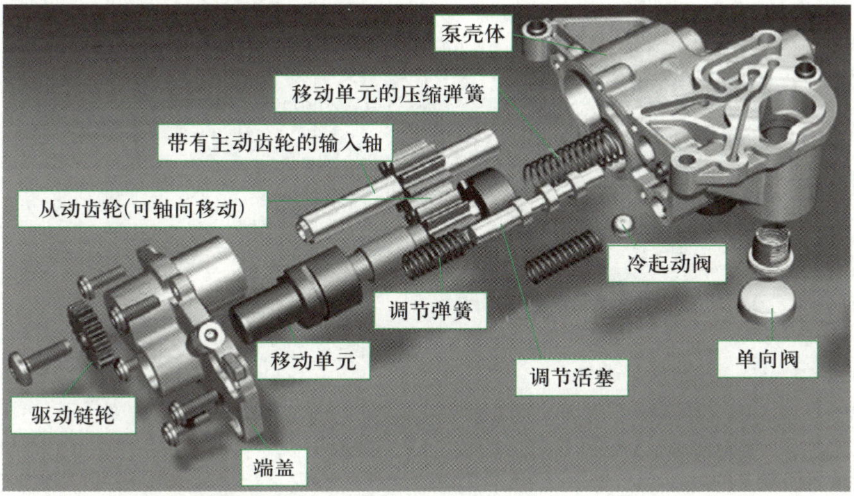

图4-15　可调式机油泵结构

2）润滑系统的润滑油路

（1）混合动力汽车发动机润滑油路

混合动力汽车发动机润滑系统油路布置方案大致相似，只是由于润滑系统的工作条件和某些具体结构的不同而稍有差别，发动机基本润滑油路布置如图 4–16 所示。

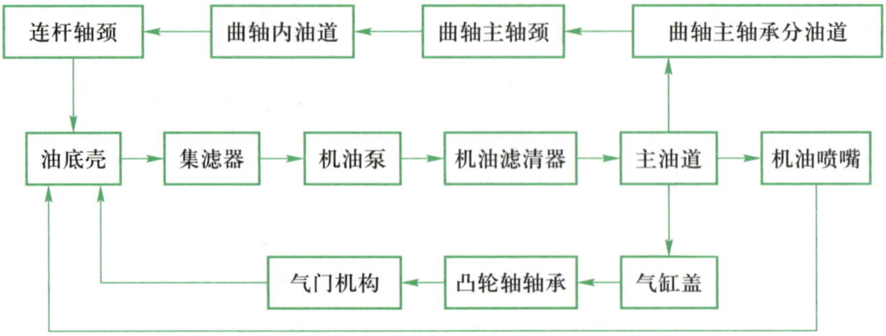

图 4–16　发动机基本润滑系统油路

（2）部分柴油发动机润滑油路

部分柴油发动机采用综合润滑方式，如图 4–17 所示。其中，曲轴主轴颈、连杆轴颈、凸轮轴轴颈、凸轮轴止推凸缘、正时齿轮、分电器传动轴等均采用压力润滑；活塞、活塞环、活塞销、气缸壁、气门、挺杆、凸轮等采用飞溅润滑。

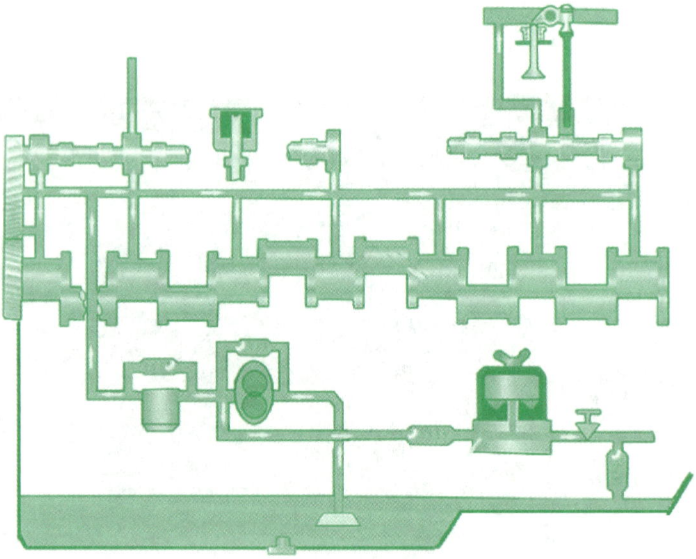

图 4–17　部分柴油发动机润滑油路

发动机工作时，机油经集滤器使大部分机油经粗滤器滤去较大的机械杂质，流入纵向主油道执行压力润滑任务；使小部分机油（10% ～ 15%）经机油细滤器滤去较细的杂质和胶质后流回油底壳。

① 进入主油道的机油，通过七条并联的横向油道分别润滑主轴颈和凸轮轴颈。经主轴颈机油从曲轴中的斜向油道润滑连杆轴颈。

② 机油从凸轮轴的第二、四轴颈处，经两个上油道通向摇臂支座，润滑摇臂轴、推杆球头和气门端部。

③ 第三横向油道通向燃油泵传动轴；第一横向油道通往机油喷嘴，喷射出去的机油用来润滑正时齿轮副。

④ 在第一、二横向油道之间接出的油管通往空气压缩机曲轴中心的油道，对其连杆润滑后的机油由回油管回到油底壳中。

3）机油泵的拆卸

拆卸机油泵的大致步骤如下。

① 关闭点火开关，铺设翼子板布，取出维修开关，拆下蓄电池负极，做好高压电的安全防护。

② 拆下机油泵前，要先拆除一些覆盖件、附件，具体应参照维修手册，如拆除传动带轮、变速箱、发动机支承座等。

③ 拆卸机油泵链条罩盖，将曲轴转动至正时标记处，标记的形式和位置根据维修手册确定，图 4-18 所示是某车型的正时标记点。

图 4-18　某车型的正时标记点

④ 使用记号笔记录机油泵链条和链轮的相对位置，拆下凸轮轴正时链条张紧器，取下凸轮轴正时链条。

⑤ 拆下机油泵链条的张紧器，如图 4-19 所示。

图 4-19　拆下机油泵链条的张紧器

⑥ 取出机油泵链条，拧下机油泵链轮紧固螺栓，取下机油泵链轮。

⑦ 拆下机油泵紧固螺栓，如图 4-20 所示。

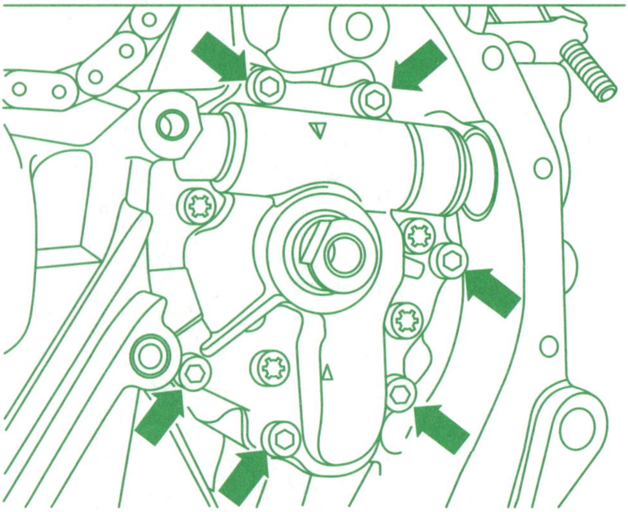

图 4-20　拆下机油泵紧固螺栓

⑧ 取出新机油泵，并重新安装。以与拆卸相反的顺序安装零部件。

注意：安装链条张紧器时，应使用工具预先松开张紧器内的止动齿，如图 4-21 所示，并将张紧轨道压向链条张紧器；安装链条时，一定要对好正时标记，反复转动曲轴确认正时无误后才可进行下一步。

4）机油泵检查（以转子式机油泵为例）

机油泵的检查步骤如下。

① 准备工作：检查测量平台，应干净、整洁，测量工具摆放整齐，机油泵总成已从发动机上取下。准备抹布、常用工具、厚薄规（又称塞尺）、刀型尺等工具。

② 测量机油泵壳体至转子之间的轴向间隙：如图 4-22 所示，使用刀型尺 1 和塞尺 2 测量转子 A 和机油泵壳体 B 之间的轴向间隙，标准轴向间隙参考维修手册。若机油泵壳体和转子之间的轴向间隙超出维修极限，则更换机油泵总成。

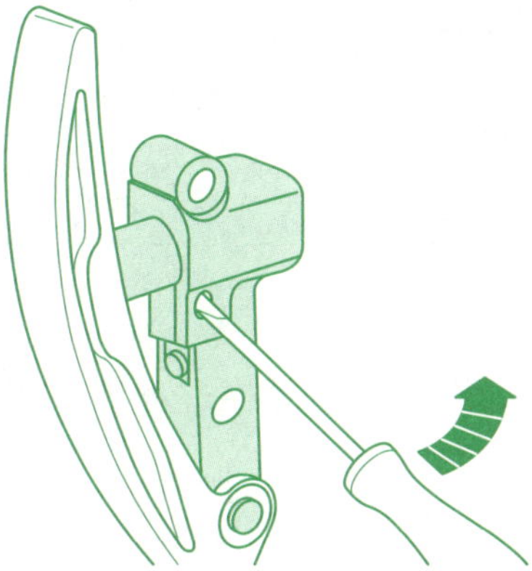

图 4-21　松开张紧器的止动齿

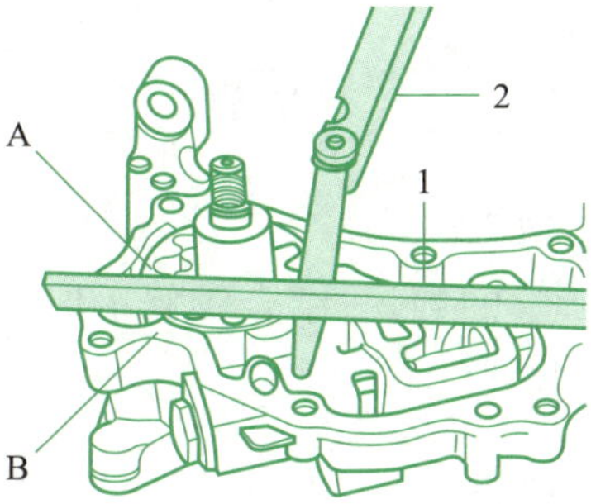

图 4-22　测量机油泵壳体和转子之间的轴向间隙

③ 测量内转子与外转子之间的径向间隙：如图 4-23 所示，使用塞尺测量内转子 A 和外转子 B 之间的径向间隙。标准径向间隙参考维修手册。若内转子和外转子的径向间隙超出维修极限，则更换机油泵总成。

④ 测量外转子与机油泵壳体之间的径向间隙：如图 4-24 所示，使用塞尺测量外转子 A 和泵壳体 B 之间的径向间隙，标准径向间隙参考维修手册。若机油泵壳体至外转子的径向间隙超出维修极限，更换机油泵总成。

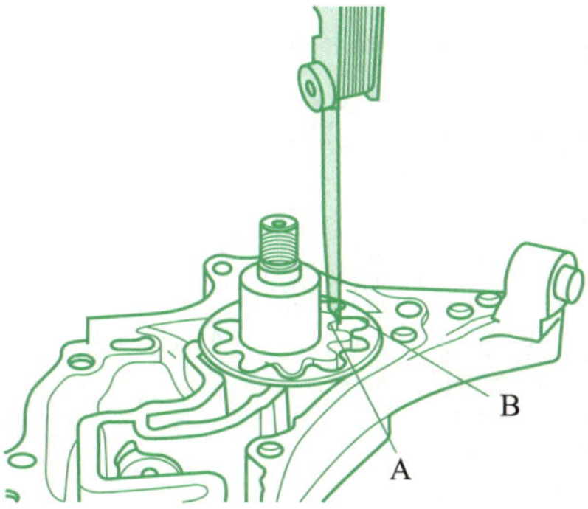

图 4-23　测量内转子与外转子之间的径向间隙

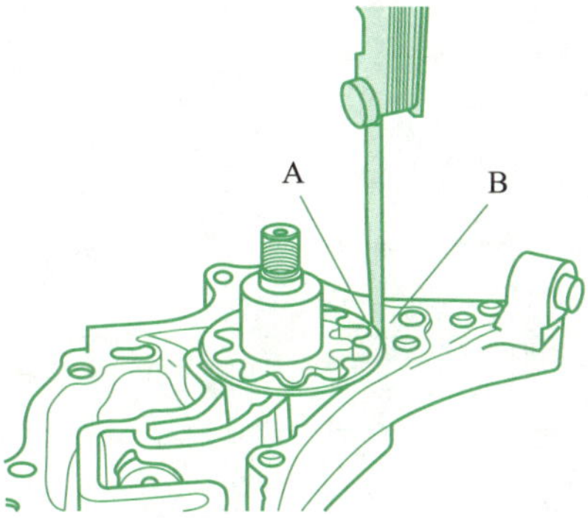

图 4-24　测量外转子与机油泵壳体之间的径向间隙

2. 技能操作

（1）准备工作

准备技能操作所需的物料，见表 4–5。

表 4–5　物料准备

类别	所需的物料
整车 / 台架	混合动力实训整车或混合动力汽车发动机实训台架
工具 / 设备 / 仪器	维修手册、抹布、手套、常用工具、专用工具、照明灯、绝缘工具、安全防护用品

（2）更换机油泵

根据所学的知识，结合维修手册指引，进行机油泵更换，并将更换过程记录在表 4–6 中。

表 4–6　机油泵更换过程记录表

序号	步骤	工具 / 设备	关键点 / 注意事项
1			
2			
3			
4			
5			
6			
7			
8			
9			
10			
11			
12			

将更换过程中所有的螺栓的名称、转矩值等记录在表 4–7 中，并记录完成情况。

表 4-7 操作步骤

螺栓名称	转矩值	是否完成	螺栓名称	转矩值	是否完成
		是□ 否□			是□ 否□
		是□ 否□			是□ 否□
		是□ 否□			是□ 否□
		是□ 否□			是□ 否□
		是□ 否□			是□ 否□

四、检查评估

对本任务的学习情况进行检查,并将相关内容记录在表 4-8 中。

表 4-8 检查评估表

检查项目	检查结果	结果点评
机油压力开关及油压检测		
是否能正确选用检测量具及设备	是□ 否□	
测量机件方法是否规范正确	是□ 否□	
记录数值是否真实有效	是□ 否□	
是否通过查阅维修手册对比数据	是□ 否□	
机油泵更换		
是否能正确选用检测量具及设备	是□ 否□	
测量机件方法是否规范正确	是□ 否□	
记录数值是否真实有效	是□ 否□	
是否通过查阅维修手册对比数据	是□ 否□	
职业素养达成		
是否能够安全规范操作	是□ 否□	
是否做到小组成员之间协作	是□ 否□	
是否及时清理场地、整理工位	是□ 否□	
是否具有较强的劳动意识	是□ 否□	
实操过程是否执行了“7S”管理	是□ 否□	

五、任务小结

任务四小结如图 4–25 所示。

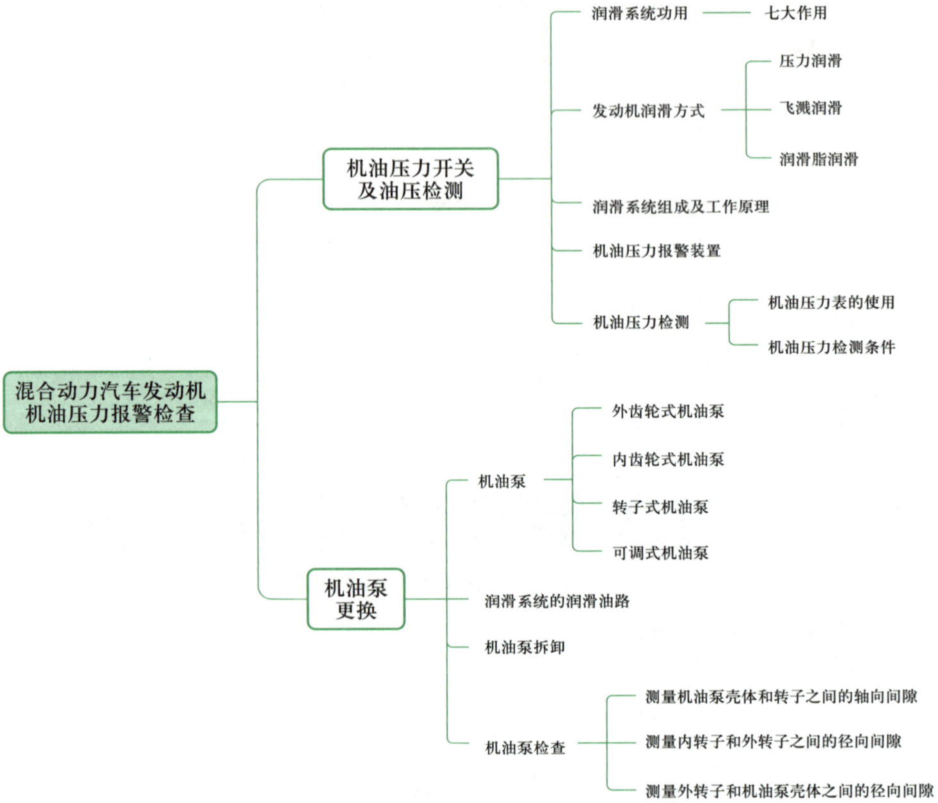

图 4–25　任务四小结

任务五　混合动力汽车发动机温度异常检修

一、任务导入

场景：某品牌新能源汽车售后维修中心。

人物：维修技师小王、客户路先生。

情节：路先生的某品牌插电式混合动力汽车在行驶 60000 km 后，某天在高速行驶时，仪表上的冷却液温度指示灯亮起，路先生将车辆送到售后维修中心。经维修技师小王初检后，判断为冷却系统可能存在故障，需要进行针对冷却系统的检测，请问该如何进行？

二、任务目标

✧ 能根据所学知识，使用合适的测量手段，完成散热风扇的检修。

✧ 能够根据维修手册，使用合适的工具，完成散热风扇的更换作业。

✧ 能根据所学知识，使用合适的工具，完成节温器的更换作业。

✧ 能根据所学知识，使用合适的工具，完成冷却液泵的更换作业。

三、任务实施

（一）散热器检修和更换

1. 知识学习

1）冷却系统组成

发动机冷却系统的作用是使发动机在任何工况下都保持在适当的温度范围内，防止发动机过冷、过热；保证发动机起动后迅速升温，尽快达到正常工作温度。

汽车发动机常见的冷却方式有两种，即风冷式和水冷式。大多数发动机都采用水冷系统。水冷系统主要由散热器、冷却风扇、冷却液泵、节温器、储液罐、冷却液管路等组成。如图 5-1 所示。

把发动机中高温零件的热量直接扩散到大气中的冷却方式称为风冷系统，如图 5-2 所示。

把热量先传给冷却液，然后再将热量散发到大气中的冷却方式称为水冷系统。风冷与水冷系统的比较见表 5-1。

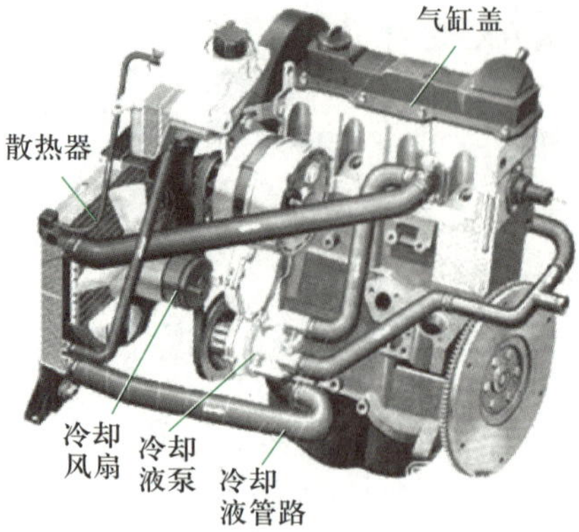

(a) 外形

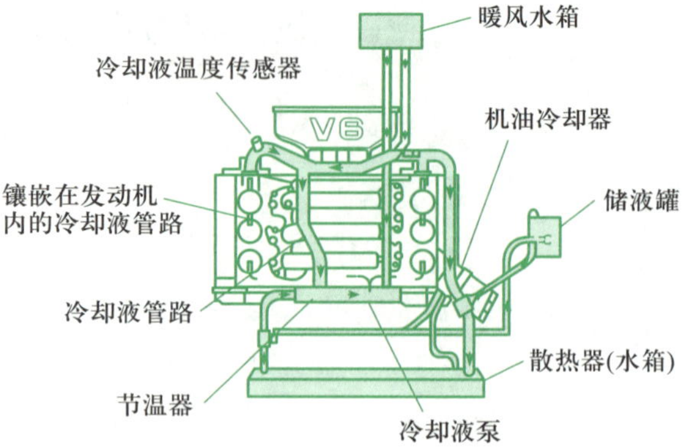

(b) 示意图

图 5-1　水冷系统的组成

图 5-2　风冷发动机

表 5-1　风冷与水冷系统的比较

冷却系统	优、缺点比较	适用范围
风冷系统	结构简单、工作可靠、冷却效果差、噪声大	小型发动机（如摩托车）
水冷系统	冷却效果好，易调节，便于冬季起动发动机	广泛用于汽车发动机

2）冷却风扇的检查

（1）冷却风扇的作用和原理

冷却风扇通常安装在散热器后方，配合散热器散热，当冷却风扇旋转时，吸入空气，使空气通过散热器，加速冷却液的冷却，以增强散热能力，达到散热目的。传统汽车冷却风扇旋转强度由发动机转速控制，无法实现冷却液低温时，风扇停止转动；冷却液高温时，风扇高速转动。冷却风扇不能进行自动控制，无法将冷却液温度控制在最佳范围内。

在现代汽车上，冷却系统普遍采用电子控制冷却风扇，如图 5-3 所示。电子控制冷却风扇由散热器上的温控热敏开关控制，当发动机负荷减小，温度下降或空调关闭时，风扇电动机会自动关闭，风扇停止工作；当发动机温度达到限定值（如 102 ℃）以上时，风扇电动机会自动变为高速转动。

图 5-3　电子控制冷却风扇

（2）冷却风扇叶片的检查

冷却风扇位于散热器后面，检查时需将散热器及冷却风扇拆下后，检查风扇传动带及叶片，操作步骤如下。

① 断开散热器连接水管、线束连接插头，拆卸下散热器的两颗固定螺栓后，向上取出带冷却风扇的散热器总成，如图 5-4 所示。注意：取出散热器总成时，注意不要损坏散热器片。

图 5-4　取出带冷却风扇的散热器总成

② 将带冷却风扇的散热器总成放置在平整的操作台上，将套筒、接杆、棘轮扳手配合使用，拆下风扇集风罩上的固定螺栓，然后分离集风罩，取下冷却风扇，如图 5-5

所示。注意：拆卸螺栓时，注意螺栓的旋转方向。

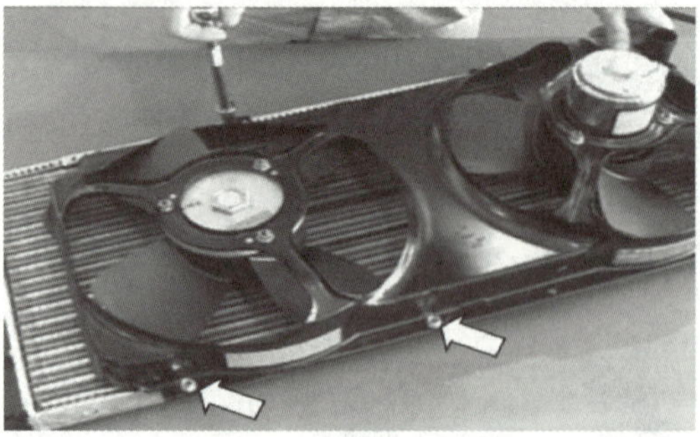

图 5–5　拆下冷却风扇

③ 手指捏压检查风扇传动带，应无老化、破裂；否则应予以更换。注意：检查风扇传动带时，注意手指安全。

④ 转动风扇叶片进行检查，风扇叶片应完好无损，被动叶轮应转动灵活，无松旷；否则应予以更换。注意：检查叶片时，避免划伤。

3）储液罐

（1）储液罐作用

储液罐如图 5–6 所示。储液罐可对散热器内的冷却液起到自动补偿作用，将冷却系统变成永久封闭系统，减少了冷却液的损失，同时还具备将冷却系统内的水汽分离，避免“穴蚀”产生的功能。储液罐能保持系统内压力稳定，提高冷却液泵的泵液量。

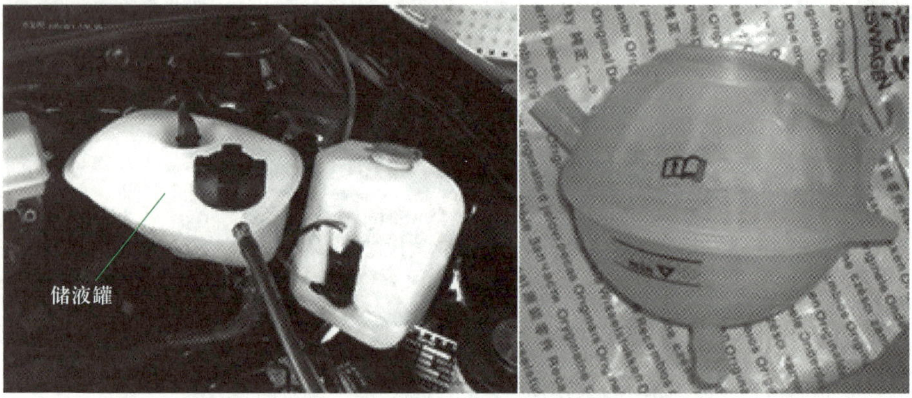

图 5–6　储液罐

（2）储液罐盖

常见冷却系统的储液罐盖有自动阀门，如图 5–7 所示，发动机热状态正常时，自动阀门在压力阀弹簧的作用下紧紧压住加液口，密封整个冷却系统，使冷却系统内部保持一定的压力，从而提高冷却液的沸点，防止冷却系发生“开锅”现象。当散热器内部压力大于规定值时，自动阀门打开，高压气体及冷却液进入储液罐，高压气体可能导致散热器破裂，因此必须在储液罐盖处设置排出高压气体的通道，从而在冷却系统内压力过高或过低时，通过自动阀门使冷却系统与大气相通。

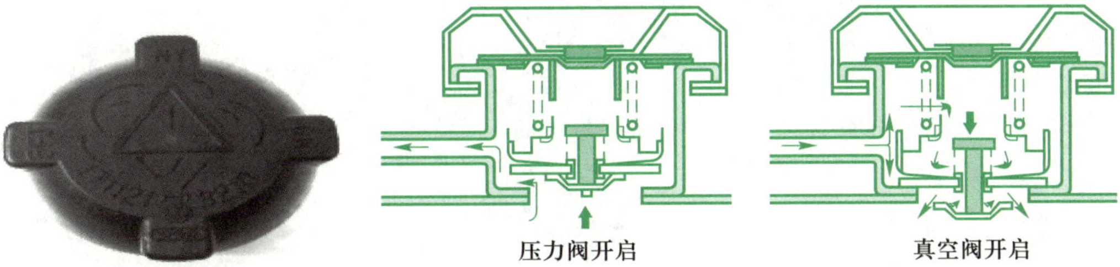

图 5-7　储液罐盖

冷却系内压力过高或过低时，自动阀门则开启以使冷却系统与大气相通。当冷却系统温度上升时，冷却系内冷却液的压力高于大气压，这样可以提高冷却液的沸点，加大冷却液温度与外界大气温度的差值，提高散热能力。

不允许在发动机热机状态下开启储液罐盖，因为系统内在高压状态时，沸点相对较高，而一旦突然打开储液罐盖，系统内压力骤降，沸点也随着骤降，防冻液瞬间变成沸腾状态喷出，喷出的液体和蒸汽极易造成烫伤。

（3）冷却液液位检查

储液罐上印有两条液面高度标记线："MIN"（低）线；"MAX"（高）线。补充冷却液时可从储液罐加注口加入，在添加冷却液时，储液罐内液面高度不应超过"MAX"线，给系统中的冷却液留有足够的膨胀空间。

微课

冷却液传感器认知

4）散热器的作用和类型

（1）散热器的作用

散热器由上水室、下水室、散热器芯组成，其主要作用是将水套中流出的热的冷却液分成许多股液流，增大冷却液散热面积，加速冷却液的冷却。流过散热器的冷却液温度可降低 10 ~ 15 ℃。为了能更好地散热，散热器一般用铜和铝制成，另外在散热器后面加装冷却风扇与之配合。

（2）散热器的类型

散热器按散热器芯结构形式分为管带式和管片式两种。

① 管带式。

管带式散热器芯是冷却液流过的细金属管，其断面一般为扁圆形，如图 5-8（a）所示。相比圆形断面的散热管，扁圆形管散热面积大。

② 管片式。

管片式散热器芯呈波纹状，沿纵向间隔排列，有利于提高散热能力，如图 5-8（b）所示。

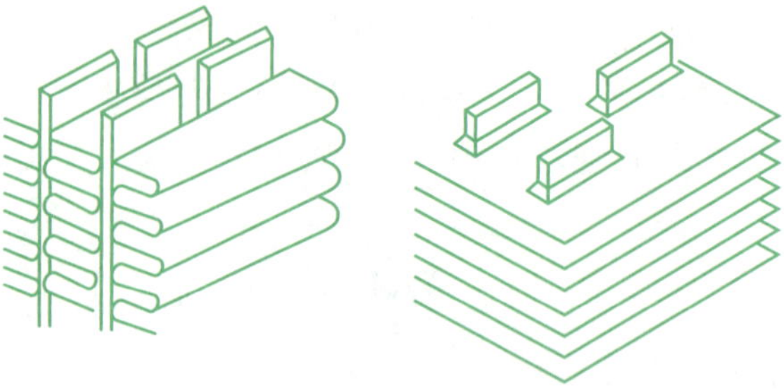

(a) 管带式　　(b) 管片式

图 5–8　散热器

5）散热器的检查

汽车散热器损坏、失效，会出现冷却液堵塞或冷却液泄漏等故障，造成发动机散热不良，冷却液温度过高，有可能引起发动机“开锅”。可使用红外线测温仪检测发动机散热器的进水管与出水管温度差，判断散热器内部管道是否发生堵塞。发动机散热器进水管温度为发动机冷却液温度，出水管温度为冷却后的冷却液温度，发动机正常工作时，温度差为 30 ℃左右。

具体检查以下方面。

① 检查散热器上、下水箱及散热器芯、散热管接口处，不得有渗漏。如图 5–9 所示。

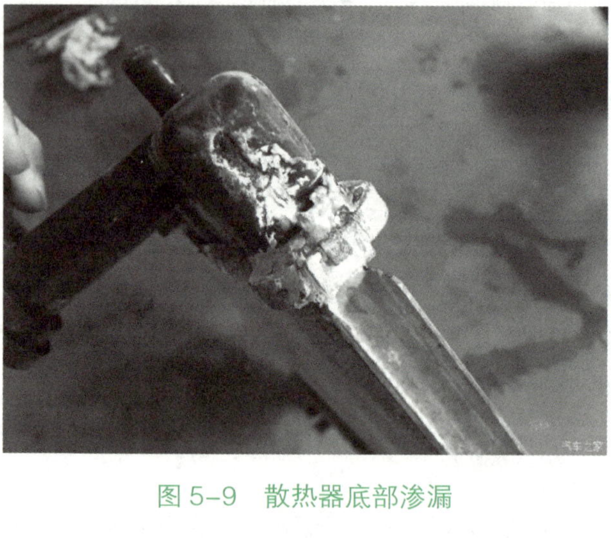

图 5–9　散热器底部渗漏

② 检查散热片是否有倾斜现象，若有倾斜现象发生则应予以矫正。

③ 散热器框架不得有断裂和脱焊现象，散热器应当固定牢靠，前后应无松动现象。

④ 散热器与风扇叶片间应保持适当距离。

⑤ 检查进、出冷却液软管有无老化，接头卡箍处有无渗漏等故障现象。发现软管老化，软管接头卡箍处有渗漏现象时，应拧紧卡箍或予以更换。

⑥ 在汽车行驶后，检查散热器工作温度，正常情况下上、下方温度应均匀变化，如果出现半边凉半边热的情况，应该是散热器内部出现了堵塞。

⑦ 检查散热器表面是否脏污，若发现大面积脏污，应立即清洗，避免因散热能效降低导致的冷却液温度过高，如图 5-10 所示。

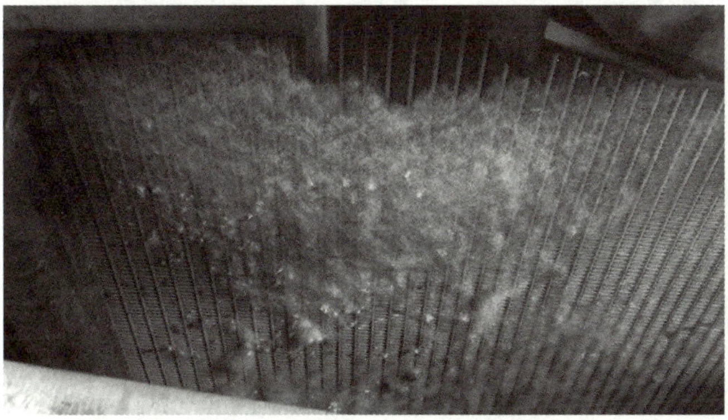

图 5-10　散热器表面严重脏污

6）散热器更换步骤

散热器更换步骤如下。

① 排出冷却液。

② 拆卸冷却风扇护罩。

③ 拆下中冷器软管、转向油散热器管、变速器油散热器管等覆盖件。

④ 将散热器上部的冷却液管拆下，如图 5-11 所示。

图 5-11　拆卸上部冷却液管

⑤ 松开卡箍，将图 5-12 所示冷却液管 1 和分配管 2 从散热器上拆下来。

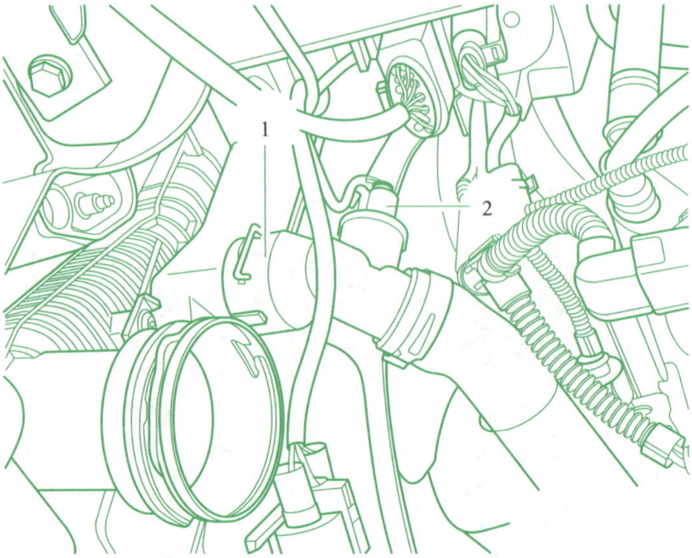

图 5-12　拆下冷却液管和分配管

⑥ 取出如图 5-13 所示散热器固定螺栓 1 和螺栓 2，取出散热器总成。

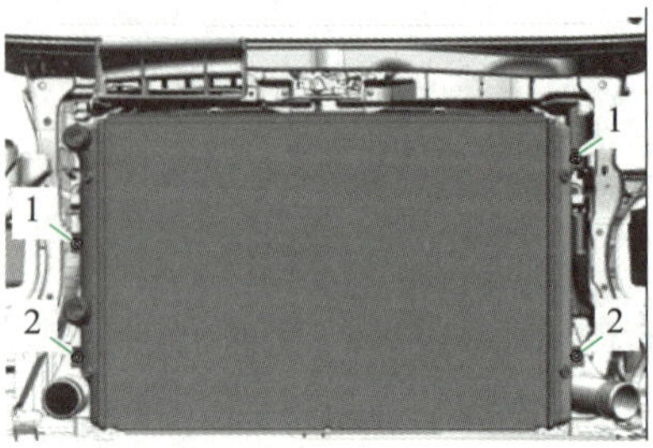

图 5-13　取出散热器

2. 技能操作

（1）准备工作

准备技能操作所需的物料，见表 5-2。

表 5-2　物料准备

类别	所需的物料
整车 / 台架	混合动力实训整车或混合动力汽车发动机实训台架
工具 / 设备 / 仪器	维修手册、抹布、手套、常用工具、专用工具、照明灯、绝缘工具、安全防护用品、接油盘

（2）更换散热器

根据所学的知识，结合维修手册指引，进行散热器更换，并将更换过程记录在表 5-3 中。

表 5-3　散热器更换过程记录表

序号	步骤	工具 / 设备	关键点 / 注意事项
1			
2			
3			
4			
5			
6			
7			
8			

对本次更换过程进行检查，并将检查结果记录在表 5-4 中。

表 5-4　散热器更换过程检查记录表

检查项	检查结果	检查项	检查结果
螺栓是否执行标准转矩	是□　否□	冷却液管是否插入到底	是□　否□
是否加入防冻液	是□　否□	冷却液管卡箍是否拧紧	是□　否□
是否着车进入大循环并检查温度有无异常	是□　否□	防冻液液位是否正常	是□　否□

（二）更换节温器

1. 知识学习

（1）节温器的作用

冷却液泵促使冷却液进行循环，而节温器是控制冷却液流动路径的阀门。它能根据冷却液温度的高低打开或关闭冷却液通向散热器的通道，使冷却液在散热器和水套之间进行大循环或小循环，调节冷却强度，保持发动机在最适宜的温度下工作。发动机上常见的节温器为蜡式节温器，其结构如图 5-14 所示。

动画

节温器原理

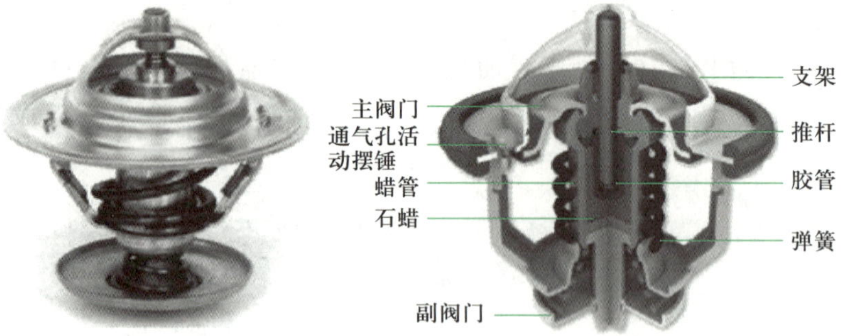

(a) 外形　　(b) 示意图

图 5-14　蜡式节温器

动画
节温器的检查

（2）节温器的检查

节温器检查方法如下。

① 检查节温器的外观应无变形，无异物附着、无锈蚀，密封圈无老化断裂，机械结构完好，节温器密封部件失效如图 5-15 所示。

图 5-15　节温器密封部件失效

② 检查节温器主阀门与阀座是否黏接异物，必要时进行清理或更换新节温器。

③ 检查节温器主阀门开始开启和完全开启的温度：将清洁后的节温器放置于加水的容器中，温度计测量端悬置于容器内，然后加热容器，检测节温器主阀门开始开启和完全开启时的温度值，检查主阀门完全开启的升程，如图 5-16 所示。当节温器主阀门完全开启时，其最大升程值应不小于 8.0 mm；否则应更换节温器。

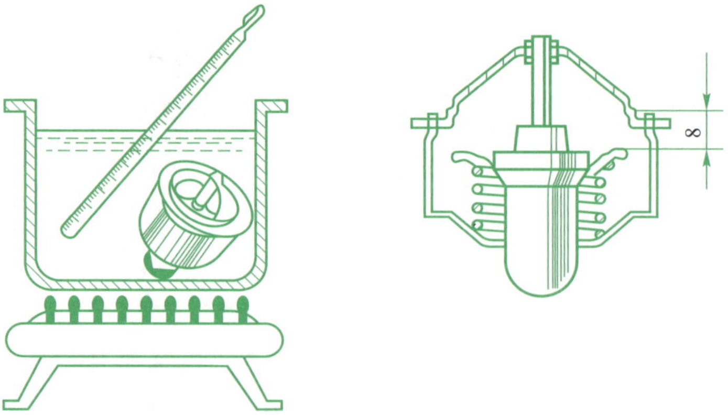

(a) 检测温度　　(b) 主阀门最大升程值

图 5-16　节温器检查

(3) 节温器更换步骤

节温器更换步骤如下。

① 排出冷却液。

② 将如图 5–17 所示的电气插头连接 A 并置于一侧，拔下机油冷却器的冷却液软管（图 5–17 中箭头处）头并置于一侧。

图 5–17　拆卸机油冷却器冷却液软管

③ 拧下固定螺栓（图 5–18 箭头处），并拆卸节温器罩盖。如图 5–18 所示。

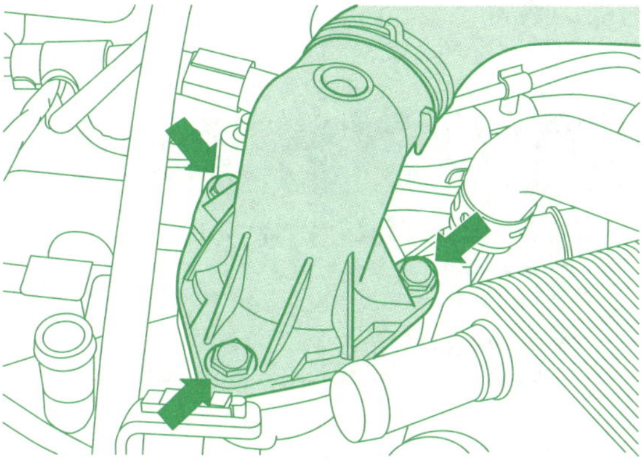

图 5–18　拆卸节温器罩盖

④ 清洁密封环的密封面，将节温器装入节温器座腔。节温器和壳体上的棱边必须对齐（图 5–19 所示箭头处），用冷却液润滑新的密封环，并置于冷却液管接头上，装上冷却液管接头和密封环，并沿对角交替拧紧螺栓，如图 5–19 所示。

⑤ 将图 5–17 中所示的机油冷却器冷却液软管和电气插头复位，加注冷却液，着车，观察冷却系统是否正常。

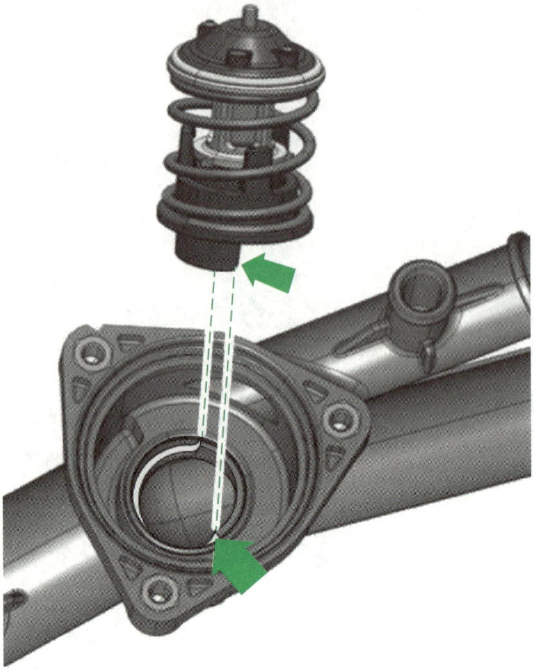

图 5-19　安装节温器

2. 技能操作

（1）准备工作

准备技能操作所需的物料，见表 5-5。

表 5-5　物料准备

类别	所需的物料
整车 / 台架	混合动力实训整车或混合动力汽车发动机实训台架
工具 / 设备 / 仪器	维修手册、抹布、手套、常用工具、专用工具、照明灯、绝缘工具、安全防护用品、接油盘

（2）更换节温器

根据所学的知识，结合维修手册指引，进行节温器更换，并将更换过程记录在表 5-6 中。

表 5-6　节温器更换过程记录表

序号	步骤	工具 / 设备	关键点 / 注意事项
1			

续表

序号	步骤	工具 / 设备	关键点 / 注意事项
2			
3			
4			
5			
6			
7			
8			
9			
10			

对本次更换过程进行检查，并将检查结果记录在表 5-7 中。

表 5-7　节温器更换过程检查记录表

检查项	检查结果	检查项	检查结果
螺栓是否执行标准转矩	是□　否□	节温器位置是否正确	是□　否□
是否加入防冻液	是□　否□	节温器密封件是否涂抹冷却液	是□　否□
是否着车进入大循环并检查温度有无异常	是□　否□	防冻液液位是否正常	是□　否□

（三）更换冷却液泵

1. 知识学习

（1）冷却液泵的作用

冷却液泵的作用是将冷却液加压后输送到发动机气缸体水套中，加速冷却液在管路中的循环流动，保证冷却系统可靠工作。发动机常用的冷却液泵是离心式的，主要由叶轮、冷却液泵盖、冷却液泵轴承、冷却液泵轴和带轮等组成，如图 5-20 所示。

冷却液泵由曲轴通过正时带或传动带带动叶轮旋转。当叶轮旋转时，冷却液泵中的冷却液被叶轮带动一起旋转，并在离心力的作用下，向叶轮的边缘甩出，然后经冷却液泵壳体上与叶轮成切线方向的出水口，被压送到气缸体水套内。

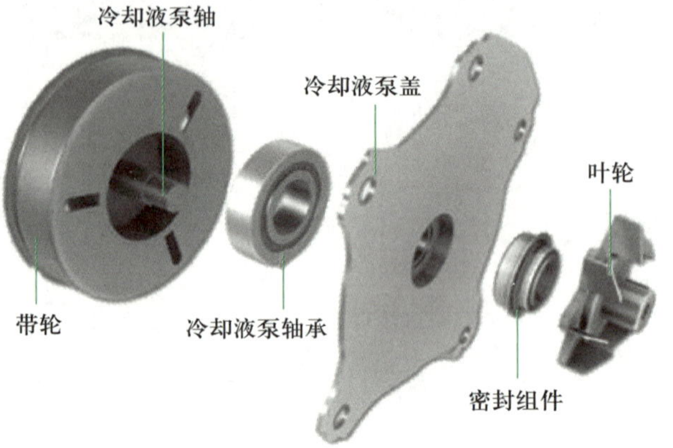

图 5-20　离心式冷却液泵

如果冷却液泵工作不正常，冷却液在发动机内无法流动进行热交换，发动机热量无法排出，会使发动机温度上升，发动机温度过高会使机油润滑能力下降，导致机件磨损加剧，甚至导致发动机拉缸或烧瓦等严重故障出现，最终导致发动机报废。

常见的冷却液泵故障有：冷却液泵密封件老化泄漏、冷却液泵轴体卡涩抱死、冷却液泵轴承异响或跳动、冷却液泵锈蚀、冷却液泵腔体锈蚀等。

（2）冷却液泵更换步骤

冷却液泵更换步骤如下。

① 关闭所有用电器，关闭车辆点火开关。断开蓄电池负极接线柱。拆下手动维护开关。

② 排放冷却液。拆卸多楔传动带，拆卸进气温度传感器，如图 5-21、图 5-22 所示。

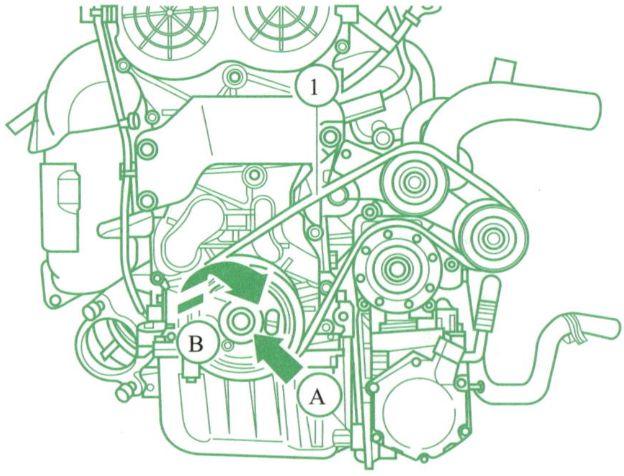

图 5-21　拆卸多楔传动带

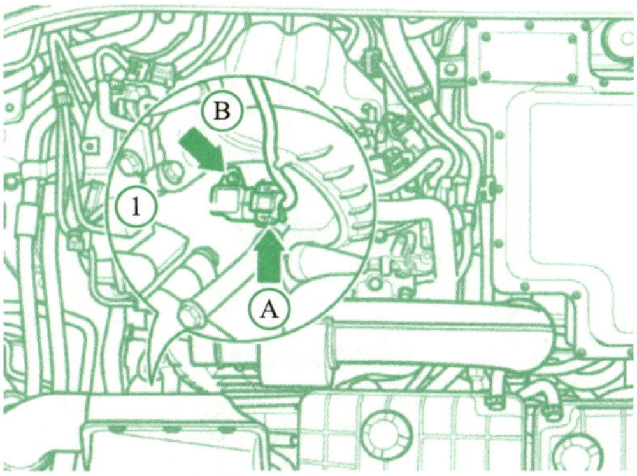

图 5-22　拆卸进气温度传感器

③ 旋出槽惰轮及支架总成固定螺栓 A、B、C，取出槽惰轮及支架总成①，注意按照固定的拧紧力矩拆卸，如图 5-23 所示。

图 5-23　拆卸附件轮系构件

④ 旋出冷却液泵总成固定螺栓（图 5-24 箭头处），取出冷却液泵总成①，如图 5-24 所示。

⑤ 安装冷却液泵步骤大体以拆卸步骤的倒序进行，同时注意下列事项：更换如图 5-25（a）所示冷却液泵密封圈①；安装冷却液泵前，在冷却液泵密封圈①上涂抹一层冷却液，防止冷却液泵密封圈破裂。按照图 5-25（b）所示①～⑥的顺序安装冷却液泵的固定螺栓。

图 5-24　拆卸冷却液泵总成

(a) 冷却液泵密封圈（加粗部分）

(b) 冷却液泵固定螺栓分布

图 5-25　安装冷却液泵

2. 技能操作

（1）准备工作

准备技能操作所需的物料，见表 5-8。

表 5-8　物料准备

类别	所需的物料
整车 / 台架	混合动力实训整车或混合动力汽车发动机实训台架
工具 / 设备 / 仪器	维修手册、扭力扳手、抹布、手套、常用工具、专用工具、照明灯、绝缘工具、安全防护用品、接油盘

（2）更换冷却液

根据所学的知识，结合维修手册指引，进行冷却液泵更换，并将更换过程记录在表 5-9 中。

表 5-9　冷却液泵更换过程记录表

序号	步骤	工具 / 设备	关键点 / 注意事项
1			
2			
3			
4			
5			
6			
7			
8			
9			
10			

对本次更换过程进行检查，并将检查结果记录在表 5-10 中。

表 5-10　冷却液泵更换过程检查记录表

检查项	检查结果	检查项	检查结果
螺栓是否执行标准转矩	是□　否□	冷却液泵驱动传动带装配是否正确	是□　否□
是否加入防冻液	是□　否□	冷却液泵密封件是否涂抹冷却液	是□　否□
是否着车进入大循环并检查温度有无异常	是□　否□	防冻液液位是否正常	是□　否□

四、检查评估

对本任务的学习情况进行检查，并将相关内容填写在表 5-11 中。

表 5-11 检查评估表

检查项目	检查结果	结果点评
	散热器检修和更换	
是否能正确选用工具及设备	是□ 否□	
拆装工序是否规范正确	是□ 否□	
查询的数据是否准确有效	是□ 否□	
是否正确完成了更换	是□ 否□	
	更换节温器	
是否能正确选用工具及设备	是□ 否□	
拆装工序是否规范正确	是□ 否□	
查询的数据是否准确有效	是□ 否□	
是否正确完成了更换	是□ 否□	
	更换冷却液泵	
是否能正确选用工具及设备	是□ 否□	
拆装工序是否规范正确	是□ 否□	
查询的数据是否准确有效	是□ 否□	
是否正确完成了更换	是□ 否□	
	职业素养达成	
是否能够安全规范操作	是□ 否□	
是否做到小组成员之间协作	是□ 否□	
是否及时清理场地、整理工位	是□ 否□	
是否具有较强的设备设施保护意识	是□ 否□	
实操过程是否执行了“7S”管理	是□ 否□	

五、任务小结

任务五小结如图 5-26 所示。

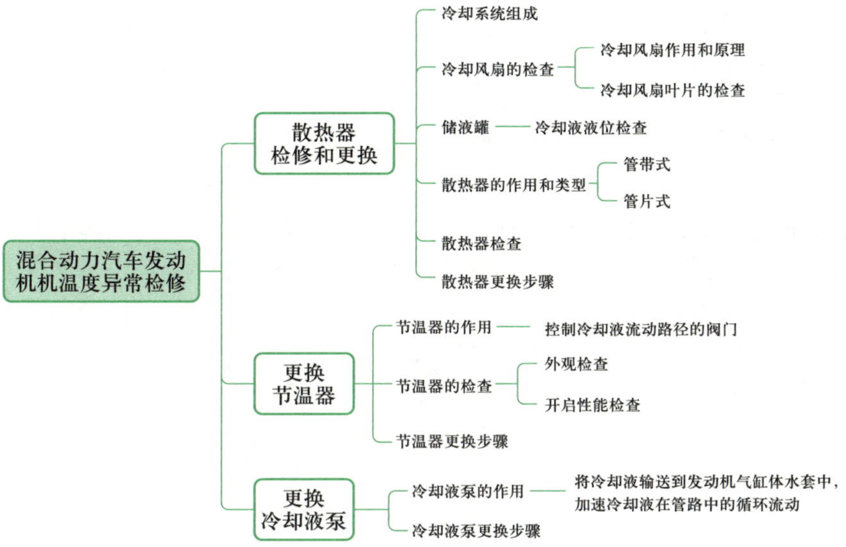

图 5-26 任务五小结

任务六　混合动力汽车发动机不起动检修

一、任务导入

场景：某品牌新能源汽车售后维修中心。

人物：维修技师小王、客户路先生。

情节：路先生的某品牌插电式混合动力汽车在行驶 60000 km 后，某天出门时发现无法起动。经维修技师小王初检后，判断为起动系统控制线路故障，需要对起动系统进行检查。

二、任务目标

✧ 能根据混合动力汽车电机的结构原理，规范完成电机的检测作业。

✧ 能根据起动系统的结构原理，规范完成 MG1 的拆卸和检测作业。

✧ 能根据起动系统的控制原理，规范完成起动系统的故障码数据流分析和电路检测。

三、任务实施

（一）混合动力汽车起动电机拆卸与检修

1. 知识学习

动画

混合动力汽车分类

1）混合动力汽车起动系统的作用和构成

（1）起动系统的作用

在混合动力汽车中，从曲轴在外力作用下开始转动到发动机开始自动怠速运转的全过程，称为发动机的起动，完成起动过程所需的装置，称为发动机的起动系统。

（2）起动系统的构成

起动系统一般由高压蓄电池（HV 蓄电池）、电子控制单元（ECU）、1 号电机（MG1）、2 号电机（MG2）、变频器、高压线束等构成，如图 6-1 所示。

微课

混合动力汽车电机作用与分类

2）混合动力汽车电机作用及特点

（1）电机的作用

在混合动力汽车中 MG1 既是电动机也是发电机，既可以作为起动机来起动发动机，也可以为高压蓄电池充电并提供电能以驱动 MG2。

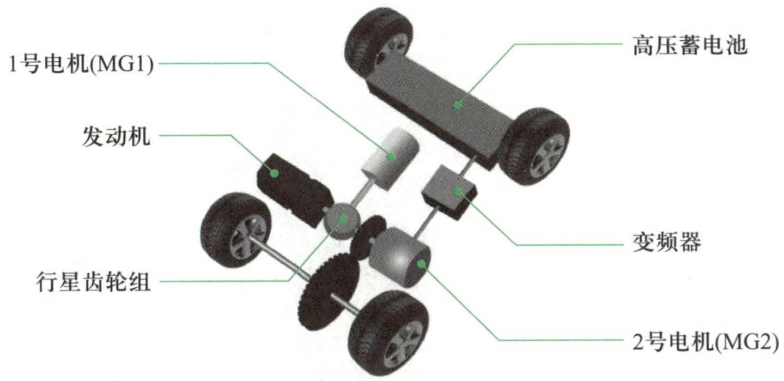

图 6-1　起动系统的构成

MG2 利用 MG1 或高压蓄电池的电能驱动汽车驱动轮，在减速时作为发电机为高压蓄电池充电。

（2）电机的结构

混合动力汽车的电机一般包含定子、转子、定子线圈、永久磁铁、转子位置传感器、温度传感器等。常见的 MG1，MG2 如图 6-2 所示。

(a) MG1　　(b) MG2

图 6-2　常见的 MG1、MG2

（3）电机的特点

混合动力汽车上的电机具有如下特点：

① 高响应性：可适应频繁起停、频繁加减速以及频繁切换工作模式；

② 比功率大：体积小、质量轻，使得比功率较大；

③ 容错能力强：对电压波动的接受能力强，抗干扰性强；

④ 高效工作范围宽：电机工况随车辆变化，其高效工作范围相对发动机更宽。

（4）MG1 转子位置传感器

转子位置传感器用于在混合动力汽车在纯电模式工作时，探测电机转子的准确位置、速度和旋转方向，并将信号传送给电子控制单元。电子控制单元用该信号判断 MG1 是否转动以及转速多少，从而操控 MG1 作为发电机、电动机或起动机使用，如图 6–3 所示。

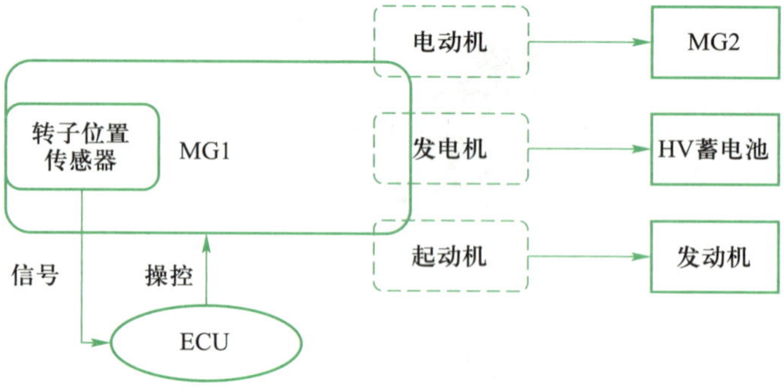

图 6–3　MG1 转子位置传感器的作用

3）混合动力汽车电机的分类和原理

混合动力汽车电机常见的分类如图 6–4 所示。因工作条件对电机的要求较为苛刻，混合动力汽车上所采用的电机种类较少，功率覆盖面也较窄。混合动力汽车在不同历史时期采用了不同的电机，最早是采用控制性能和成本较低的直流电机。随着电子技术、机械制造技术和自动控制技术的发展，三相异步感应电机、永磁电机和开关磁阻电机逐步取代直流电机。

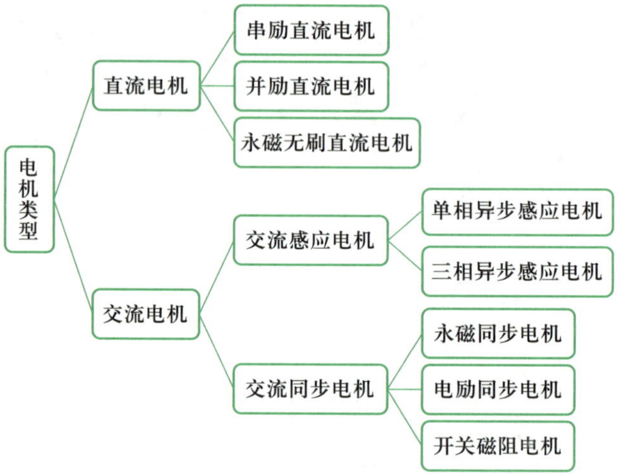

图 6–4　混合动力汽车电机常见的分类

（1）三相异步感应电机

① 三相异步感应电机的结构。

三相异步感应电机有笼型异步感应电机和绕线转子异步感应电机两种。笼型异步感应电机是目前应用较为广泛的电机。

三相异步感应电机的定子和转子由层叠且压紧的硅钢片组成，两端采用铝盖封装，在转子和定子之间没有相互接触的部件。三相异步感应电机因为结构简单，运行可靠，经久耐用，价格低廉，在混合动力汽车中被广泛采用。

② 三相异步感应电机的控制系统。

混合动力汽车一般采用高压蓄电池或发电机作为电源，而三相异步感应电机不能直接使用直流电源，且具有非线性输出特性。为此，在采用三相异步感应电机时需要增加逆变器，将直流电转换为交流电，以实现对三相异步感应电机的控制。

根据结构不同，混合动力汽车通常有 3 种功率电路，分别为交 – 交变频器系统；直 – 交逆变器系统；交 – 直 – 交逆变器系统。

交 – 交变频器系统：将恒压恒频的交流电转换为频率可调的交流电。

直 – 交逆变器系统：把直流电转换为交流电。

交 – 直 – 交变频器系统：由交 – 直变换器和直 – 交变换器两部分组成，交 – 直变换器属于整流器。交 – 直 – 交逆变系统即把工频交流电先通过整流器转换为直流，而后再通过变换器，把直流电转换为频率可调的交流电。

混合动力汽车中功率电路见表 6–1。一般交 – 交变频器系统、直 – 交逆变器系统应用在装有交流发电机的混合动力汽车上，交 – 直 – 交变频器系统普遍应用在电动汽车上。

表 6–1　混合动力汽车中功率电路

<table>
<tr><th>电路形式</th><th>示意图</th></tr>
<tr><td>交 – 交
变频器系统</td><td>
</td></tr>
<tr><td>直 – 交
逆变器系统</td><td>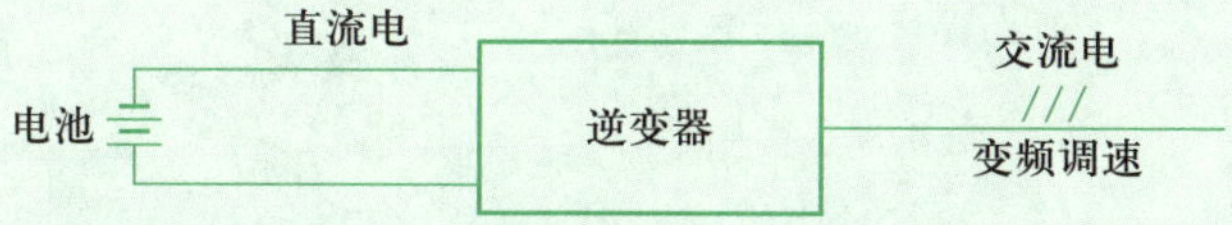
</td></tr>
<tr><td>交 – 直 –
交变频器系统</td><td>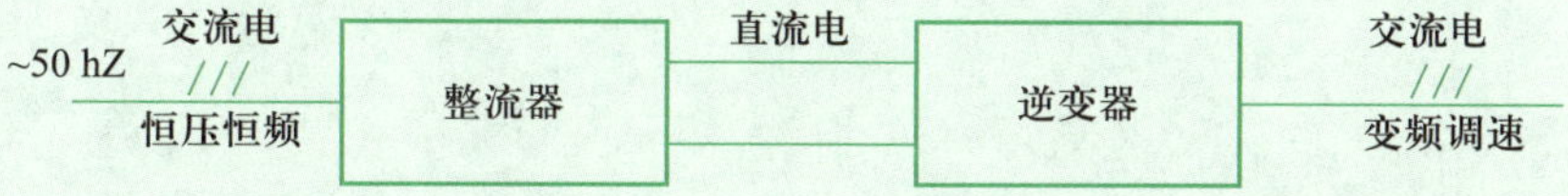
</td></tr>
</table>

（2）永磁电机

永磁电机是指定子是永磁体，只有转子是线圈的直流电机。由于转子上无绕组，无铜损，磁通量小，在低负荷时铁损很小，因此，永磁电机具有较高的功率 / 质量比，比其他类型的电机有更高的工作频率、更大的输出转矩。永磁电机转子电磁时间常数较小，电机的动态特性好，极限转速和制动性能都优于其他类型的电机。此外，永磁电机定子绕组是主要的发热源，其冷却系统比较简单。

① 永磁电机的分类。

永磁电机主要包括永磁同步电机和永磁无刷直流电机两类，其电机同步特性的区别表现在它们的电波曲线形状上。如图 6–5 所示，永磁同步电机具有正弦波电流，永磁无刷直流电机具有矩形脉冲波电流。

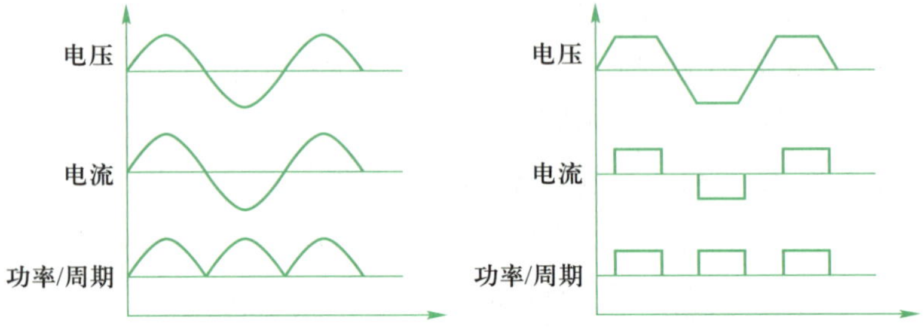

(a) 永磁同步电机　　(b) 永磁无刷直流电机

图 6–5　永磁电机的同步特性比较

② 永磁电机的结构。

按永久磁铁在永磁电机上布置不同，永磁电机可以分为内置永磁型（IPM）、表面永磁型（SPM）、镶嵌式永磁型（ISPM）等结构形式，将永磁磁极按 N 极和 S 极顺序排列组成永磁电机的磁性转子。

不同结构的永磁电机其磁性转子的结构也不同，见表 6–2 所示。其中，内部永磁型磁性转子的磁路结构可以分为：径向式磁路结构、切向式磁路结构和混合式磁路结构。

表 6–2　永磁电机磁性转子的结构

磁性转子的结构		示意图
内置永磁型（IPM）	径向式磁路结构	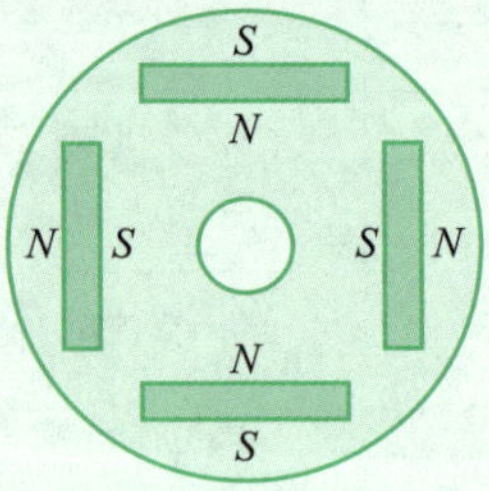
	切向式磁路结构	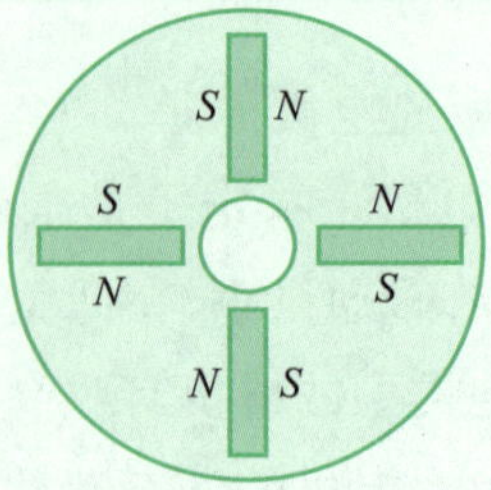

续表

磁性转子的结构		示意图
内置永磁型（IPM）	混合式磁路结构	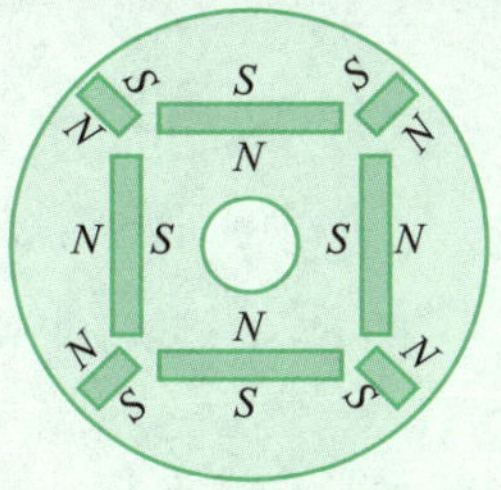
表面永磁型（SPM）		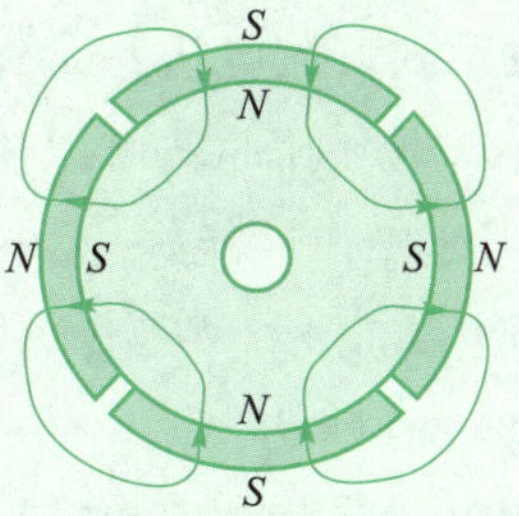
镶嵌式永磁型（ISPM）		

一般感应电机的磁极数量增多以后，电机在同样的转速下，工作频率随之增加，定子的铜损也相应增加，将导致功率因数急速下降。磁阻电机的磁极数量增多以后，会使电机输出的最大转矩和最小转矩彼此差距很大，对磁阻电机的性能影响较大。独立励磁电机的磁极数量增多以后，将无法达到额定的转矩。而永磁电机的磁极增加一定数量后，不仅对电机的性能没有明显的影响，还可以有效减小永磁电机的尺寸和质量。

永磁电机的气隙直径和有效长度，取决于电机的额定转矩、气隙磁通密度、定子绕组的线电流密度等参数。在气隙磁通密度相同的条件下，增加磁极的数量，可以减小电机磁极的横截面面积，从而使电机转子铁心的直径减小。如图 6–6 所示，十六极永磁转子铁心尺寸明显小于四极永磁转子铁心。增加磁通密度、改进磁路结构、减弱电枢反应和提高电机的转速，是提高永磁电动机性能和效率的主要途径。

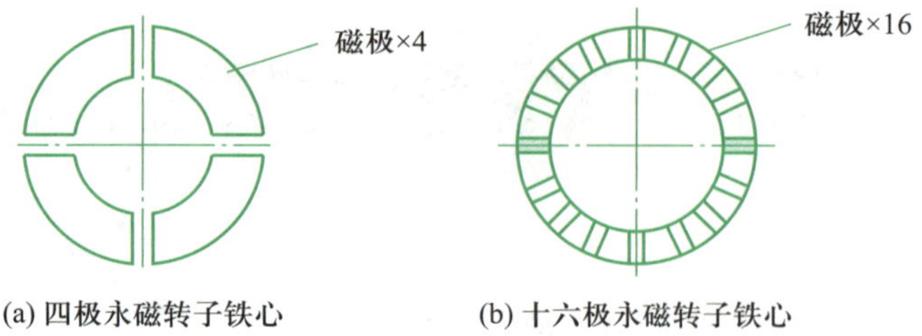

图 6-6　四极永磁转子铁心与十六极永磁转子铁心尺寸比较

③ 永磁无刷直流电机。

永磁无刷直流电机在工作时，直接将矩形脉冲波电流输入电机的定子中，控制电机运转。矩形脉冲波可以使电机获得较大的转矩，故永磁无刷直流电机效率高、出力大、高速操作性能好、无电刷、结构简单牢固、免维护或少维护、尺寸小、质量轻。但如果输出的波形不好，会产生较大的脉动转矩和冲击力，影响电机的低速性能，电流损耗大，工作噪声大。

④ 永磁磁阻同步电机。

永磁磁阻同步电机用永久磁铁取代他励同步电机的转子励磁绕组，转子采用径向永久磁铁制成的多层永磁磁极，形成可同步旋转的磁极。其具有高效率和高比功率的优点，输出转矩与转动惯量较大，在高速运转时具有良好的可靠性，平稳工作时电流损耗小。

（3）开关磁阻电机

开关磁阻电机是一种新型调速电机，其结构比其他任何一种电机都要简单，在电机的转子上，没有集电环、绕组等转子导体和永久磁铁等。开关磁阻电机主要包括开关磁阻电机本体、电力电子功率变流器、转子位置传感器及控制器四部分，如图 6-7 所示。

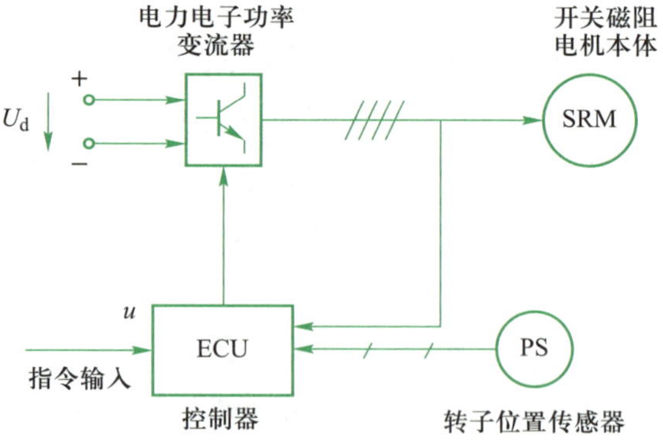

图 6-7　开关磁阻电机的组成

开关磁阻电机的定子和转子都是凸极结构，只在定子上安装有很简单的集中励磁绕组，励磁绕组的端部较短，没有相间跨接线，磁通量集中于磁极区，通过定子电流来励磁。开关磁阻电机可以在较宽的转速范围内运行，转矩、转速可灵活控制，调速控制较简单且能实现四象限运行。其具有较高的起动转矩和较低的起动功率，功率密度高，结构简单坚固，可靠性好。

如图 6–8 所示，如果按 A → B → C 的顺序向定子绕组轮流通电时，定子便产生按顺序变化的磁场，此时，电机的转子就会连续不断地逆时针转动，反之亦然。

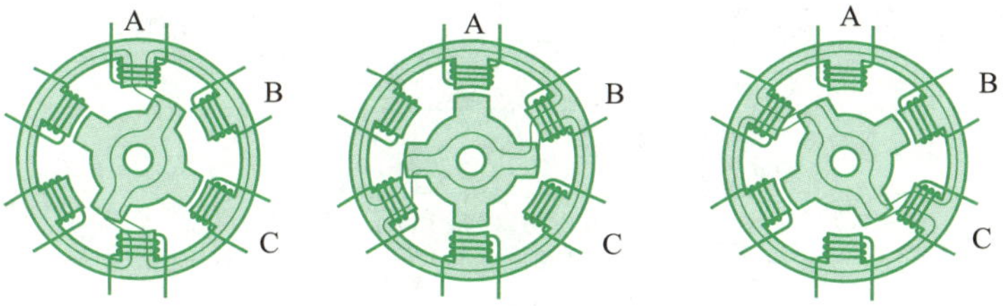

图 6–8　开关磁阻电机的工作原理

4）电机的检修思路

查阅相关手册可知，电机的检修主要有定子检修，转子检修，轴承检修等方面，如图 6–9 所示。

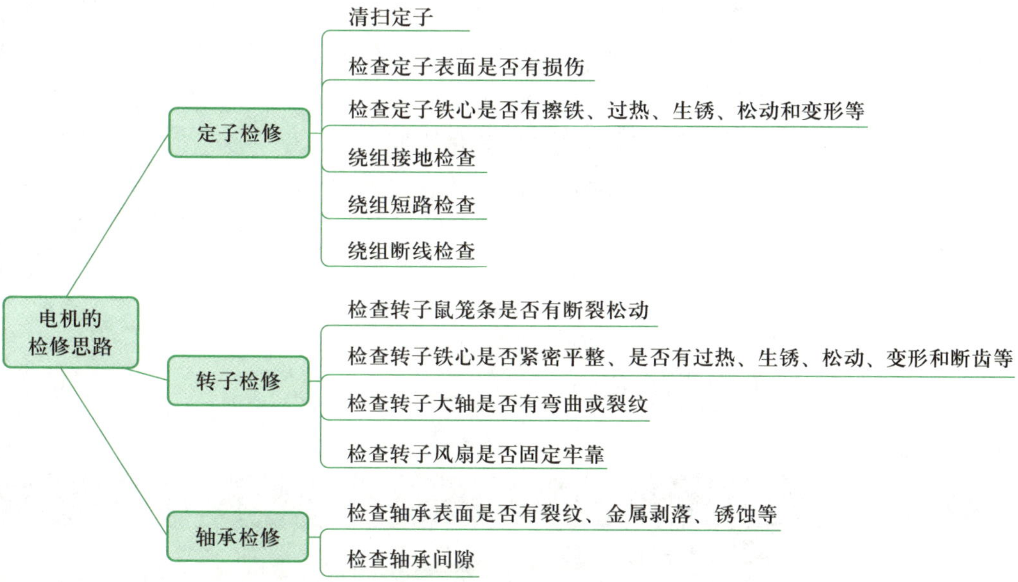

图 6–9　电机的思路

（1）MG1 的拆卸检测流程

以阿特金森循环发动机为例拆卸 MG1，包括拆卸 MG1 盖板、拆卸 MG1 总成、拆卸 MG1 转子位置传感器、MG1 检测等步骤，具体流程与内容如图 6–10 所示。

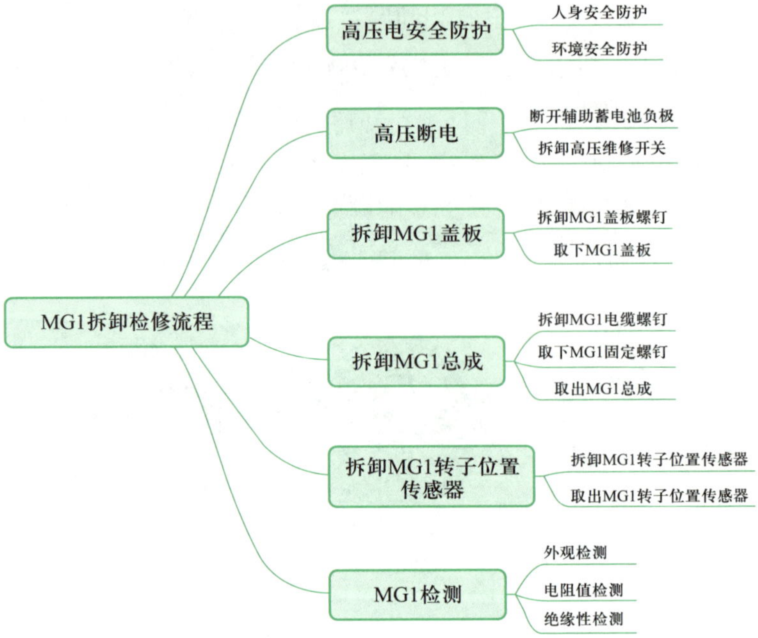

图 6–10　MG1 拆卸检测流程与内容

（2）MG1 速度传感器

MG1 速度传感器安装在 MG1 盖板上，主要作用是检测 MG1 转子的位置、速度和旋转方向，将信号发送给控制 ECU。图 6–11 所示为 MG1 速度传感器。

（3）MG1 温度传感器

MG1 温度传感器是一个负温度系数的热敏电阻，主要作用是检测 MG1 的温度，将信号发送给 ECU，避免因温度过高损坏 MG1。

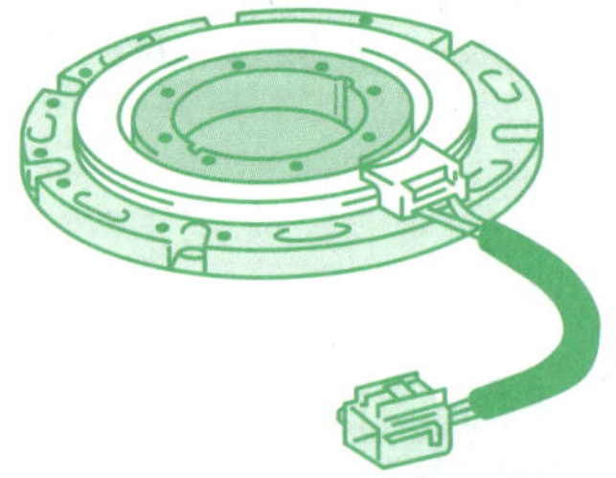

图 6–11　MG1 速度传感器

2. 技能操作

（1）操作准备

准备技能操作所需的物料，见表 6–3。

表 6–3　物料准备

类别	所需的物料
整车 / 台架	混合动力实训整车
工具 / 设备 / 仪器	高压安全防护用品、绝缘工具、绝缘扭力扳手、组合工具、万用表

（2）MG1 拆卸与检修

① MG1 拆卸。

参考维修手册，按照标准流程拆卸 MG1，并将拆卸所使用工具记录在表 6–4 中。

表 6-4　MG1 拆卸记录

序号	项目	内容	工具
1	高压电安全防护	人身安全防护	
		环境安全防护	
2	高压电断电	断开辅助蓄电池负极	
		拆卸高压维修开关	
3	拆卸 MG1 盖板	拆卸并取出 MG1 盖板螺钉	
		取下 MG1 盖板	
4	拆卸 MG1 总成	拆卸 MG1 电缆螺钉	
		拆卸 MG1 固定螺钉	
		取出 MG1 总成	
5	拆卸 MG1 转子位置传感器	拆卸 MG1 转子位置传感器	
		取出 MG1 转子位置传感器	

② MG1 检测。

参考维修手册，按照标准流程检测 MG1，并将检测所使用工具及检测结果记录在表 6-5 中。

表 6-5　MG1 检测记录

序号	项目	内容	工具	检测结果（是否正常）
1	检查外观	检查 MG1 外观是否有损坏		是□　否□
2	检测电阻值	U 相和 V 相电阻		是□　否□
		U 相和 W 相电阻		是□　否□
		V 相和 W 相电阻		是□　否□
3	检测绝缘性	U 相与绕组是否绝缘		是□　否□
		V 相与绕组是否绝缘		是□　否□
		W 相与绕组是否绝缘		是□　否□

（二）混合动力汽车起动系统拆检

1. 知识学习

1）MG1 作为电动机起动发动机

HV 蓄电池电荷量较低，MG2 无法在纯电模式下驱动车辆时，HV 蓄电池便向变频器总成输送电能，变频器将 HV 蓄电池的高压直流电转变为高压交流电，使 MG1

工作，此时 MG1 作为电动机使用，起动发动机，如图 6-12 所示。

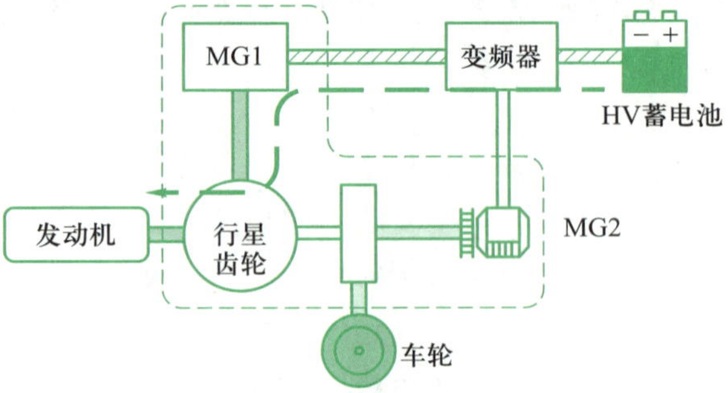

图 6-12　MG1 作为电动机起动发动机

2）MG1 作为起动机起动发动机

HV 蓄电池电荷量不足或汽车速度超出纯电模式下的速度范围或汽车需要较大动力时，MG1 作为起动机起动混合动力汽车发动机，如图 6-13 所示。

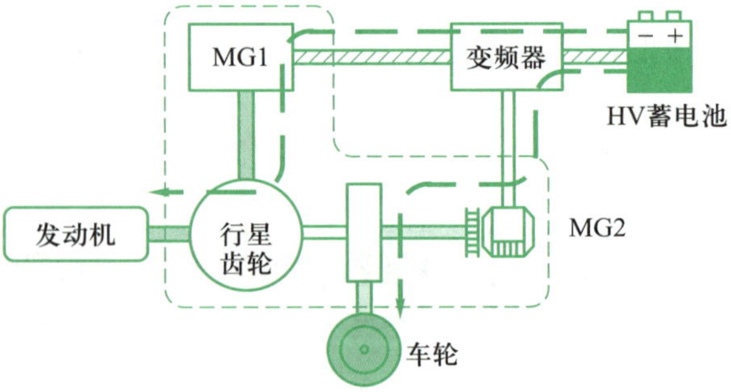

图 6-13　MG1 作为起动机起动发动机

3）MG1 作为发电机向 HV 蓄电池充电

当发动机起动后，MG1 便作为发电机进行发电，MG1 产生的高压交流电通过变频器转换成高压直流电，并向 HV 蓄电池充电，如图 6-14 所示。

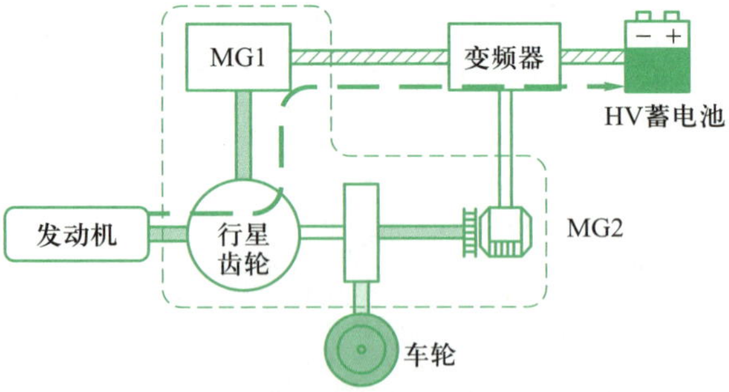

图 6-14　MG1 作为发电机向 HV 蓄电池充电

4）MG1、MG2 的电气图

MG1、MG2 的电气图如图 6-15 所示。

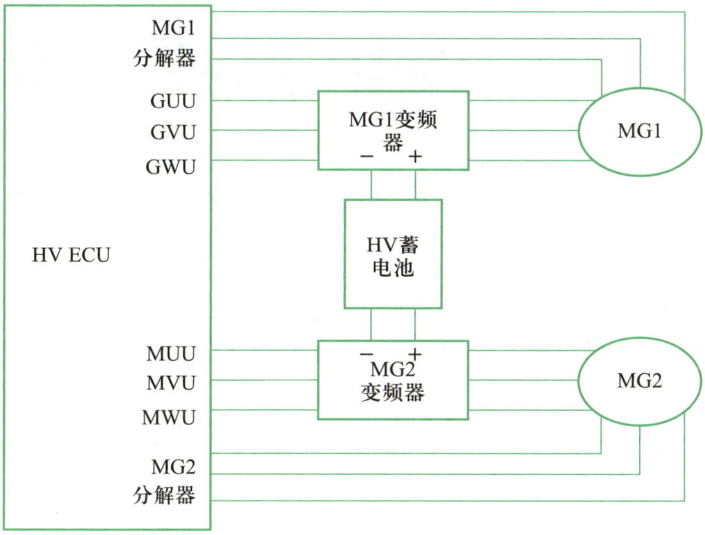

图 6-15　MG1、MG2 的电气图

2. 技能操作

（1）操作准备

准备技能操作所需的物料，见表 6-6。

表 6-6　物料准备

类别	所需的物料
整车 / 台架	混合动力实训整车
工具 / 设备 / 仪器	高压电安全防护用品、绝缘工具、绝缘扭力扳手、诊断仪、万用表

（2）起动系统的检测

① 读取故障码。

用诊断仪读取车辆故障码，将故障码填写在表 6-7 中，并根据故障码进行分析。

表 6-7　车辆故障码记录表

序号	故障码	故障码描述	是否正常	维修意见
1			是□　否□	
2			是□　否□	
3			是□　否□	

② 读取数据流。

将诊断仪上数据流填写在表 6-8 中，并根据数据流进行分析。

表 6-8 数据流记录表

序号	控制单元	名称	当前值 / 状态	标准值 / 状态	是否正常
1					是□ 否□
2					是□ 否□
3					是□ 否□

（3）起动系统的电路检测

参考维修手册，按照标准流程分别检测起动控制线路和起动供电线路。

① 起动控制线路的通断检测。

使用万用表电阻挡，依次检测控制线路的通断，并将检测结果记录在表 6-9 中。

表 6-9 起动控制线路的通断检测记录表

序号	项目	内容	检测结果
1	HV 蓄电池与 MG1 变频器的通断	HV 蓄电池正极与 MG1 变频器的通断	通□ 断□
2	MG1 与 MG1 变频器的通断	MG1 与 MG1 变频器的通断	通□ 断□
3	MG1 变频器与 HV ECU 的通断	MG1 变频器与 GUU 的通断	通□ 断□
		MG1 变频器与 GVU 的通断	通□ 断□
		MG1 变频器与 GWU 的通断	通□ 断□
4	MG2 变频器与 HV ECU 的通断	MG2 变频器与 MUU 的通断	通□ 断□
		MG2 变频器与 MVU 的通断	通□ 断□
		MG2 变频器与 MWU 的通断	通□ 断□

② 起动供电线路检测。

使用万用表电压挡，依次检测线路各节点的电压情况，并将检测结果记录在表 6-10 中。

表 6-10 起动供电线路的电压检测记录表

序号	项目	内容	检测结果（是否正常）
1	MG1 与 HV 蓄电池间的电压	MG1 V 相与 HV 蓄电池间的电压	是□ 否□
		MG1 U 相与 HV 蓄电池间的电压	是□ 否□
		MG1 W 相与 HV 蓄电池间的电压	是□ 否□

续表

序号	项目	内容	检测结果（是否正常）
2	MG1 与搭铁间的电压	MG1 V 相与搭铁间的电压	是□ 否□
		MG1 U 相与搭铁间的电压	是□ 否□
		MG1 W 相与搭铁间的电压	是□ 否□
3	MG2 与 HV 蓄电池间的电压	MG2 V 相与 HV 蓄电池间的电压	是□ 否□
		MG2 U 相与 HV 蓄电池间的电压	是□ 否□
		MG2 W 相与 HV 蓄电池间的电压	是□ 否□
4	MG2 与搭铁间的电压	MG2 V 相与搭铁间的电压	是□ 否□
		MG2 U 相与搭铁间的电压	是□ 否□
		MG2 W 相与搭铁间的电压	是□ 否□

四、检查评估

对本任务的学习情况进行检查，并将相关内容填写在表 6–11 中。

表 6–11　检查表

检查项目	检查结果	结果点评
混合动力汽车电机的结构		
是否正确完成电机的检修作业	是□ 否□	
起动系统的结构		
是否正确完成 MG1 的拆卸作业	是□ 否□	
是否正确完成 MG1 的检修作业	是□ 否□	
起动系统的控制原理		
是否正确完成数据流的读取分析作业	是□ 否□	
是否正确完成故障码的读取分析作业	是□ 否□	
是否正确完成起动控制线路的检测作业	是□ 否□	
是否正确完成起动供电线路的检测作业	是□ 否□	

续表

检查项目	检查结果	结果点评
整理恢复		
工具 / 设备是否整理恢复	是□　否□	
实训工位是否打扫干净	是□　否□	
工作页是否填写完整	是□　否□	

五、任务小结

任务六小结如图 6–16 所示。

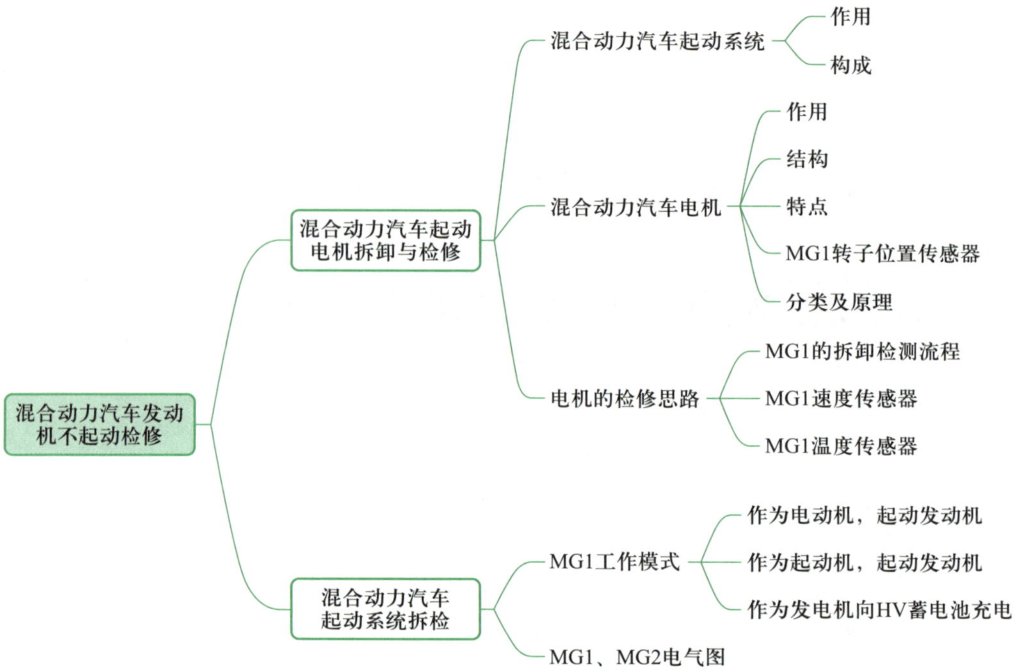

图 6–16　任务六小结

情境三
混合动力汽车发动机运行异常检修

一、情境介绍

混合动力汽车发动机在运行过程中，多个系统同时参与工作，多种零部件共同组成发动机运行的基础。然而，在发动机工作时，会因为不同的因素导致发动机出现运行故障，直接表现在发动机的加速、怠速、能耗、做功能力上。混合动力汽车发动机运行异常的原因，包括但不限于机械部件故障、电控系统故障等。作为一名专业的新能源汽车技术服务人员，必须掌握和精通排除混合动力汽车发动机运行故障的手段、工具运用、测量方法、排故思路等。本情境包含混合动力汽车发动机怠速偏高检修、混合动力汽车发动机加速无力检修、混合动力汽车发动机起动困难检修、混合动力汽车发动机加速迟滞检修 4 个工作任务。内容包括：氧传感器原理与检修、空气流量传感器原理与测量方法、点火线圈原理与检修方法、节气门原理与检修方法、喷油器原理与检修方法、供油系统组成和诊断流程、燃油泵的更换方法、涡轮增压系统的原理及组成、涡轮增压控制系统检修等。

二、情境目标

✧ 能够参照维修手册的技术规范，按照正确的操作流程和检修要求，规范完成混合动力汽车发动机氧传感器、空气流量传感器、节气门、点火线圈、喷油器的检测。

✧ 能够参照维修手册的技术规范，按照正确的操作流程和检修要求，规范完成混合动力汽车发动机燃油供给系统的检修和零部件更换。

✧ 能根据涡轮增压系统的工作原理、相关知识，正确选用工具，对涡轮增压系统进行诊断检测和故障排除。

[redacted]

任务七　混合动力汽车发动机怠速偏高检修

一、任务导入

场景：某品牌新能源汽车售后维修中心。

人物：维修技师小李、客户张先生。

情节：张先生的某品牌插电式混合动力汽车在行驶 70000 km 后，某天出门时起动发动机，发现发动机怠速在热车以后高于平常值。经维修技师小李初检后，未发现明显异常，连接诊断仪器，报“氧传感器调节值过高”“空气流量传感器性能不良”故障。接下来小李将检查氧传感器和空气流量传感器，该怎么进行这项工作？

二、任务目标

✧ 能根据所学知识，参照维修手册指引，使用合适的工具，完成氧传感器的拆装和检查。

✧ 能根据所学知识，参照维修手册指引，使用合适的工具，完成空气流量传感器的更换和检查。

✧ 能根据所学知识，参照电路图，使用合适的测量工具，完成歧管压力传感器的线路测量。

三、任务实施

（一）氧传感器检修

1. 知识学习

1）氧传感器的结构原理

微课
氧传感器作用与安装位置

混合动力汽车发动机上的氧传感器一般安装在排气管上，检测排气管中氧的浓度，并向 ECU 发送信号，再由 ECU 控制喷油器喷油量的增减，对废气再循环量进行控制，以便使混合气浓度和 EGR 率满足降低排放的要求。

微课
氧传感器结构、原理与工作特性

发动机废气中的氧含量直接反映发动机空燃比，因此检测发动机废气中的氧含量是控制混合气空燃比的有效手段。废气中的氧气超过一定限值说明混合气偏稀，而废气中完全没有氧气则说明混合气偏浓，混合气偏浓将会造成排气污染。

一般在排气管上会安装 2 个氧传感器，两者差异见表 7-1。其中一个在三元催化转化器的入口处，称为前氧传感器或上游氧传感器，主要作用是向 ECU 反馈氧含量的电压信号；另一个安装在三元催化转化器后方，称为后氧传感器或下游传感器，主要作用是检验三元催化转化器工作是否正常。

表 7-1　前、后氧传感器的差异

氧传感器类型	安装位置	作用
前氧传感器	三元催化转化器的入口处	向 ECU 反馈氧含量的电压信号
后氧传感器	三元催化转化器后方	检验三元催化转化器工作是否正常

按性能特点的不同，氧传感器可分为普通型、热型和宽量型三种，普通型氧传感器又分为二氧化锆氧传感器，二氧化钛氧传感器两种。

常见的氧传感器又有单引线、双引线和三根引线之分，见表 7-2，单引线的是二氧化锆式氧传感器；双引线的是二氧化钛式氧传感器；三根引线的是加热型二氧化锆式氧传感器。原则上这三种引线方式的传感器不能相互替代使用。

表 7-2　氧传感器的分类

按引线数量分类	性能特点
单引线	二氧化锆式氧传感器
双引线	二氧化钛式氧传感器
三根引线	加热型二氧化锆式氧传感器

2）二氧化锆式氧传感器的结构

如图 7-1 所示，二氧化锆式氧传感器的基本元件是二氧化锆管，二氧化锆管固定在带有安装螺孔的固定套内，在二氧化锆管的内、外表面均覆盖一层薄铂作为电极。传感器内侧通大气，外侧直接与排气管中的废气接触。

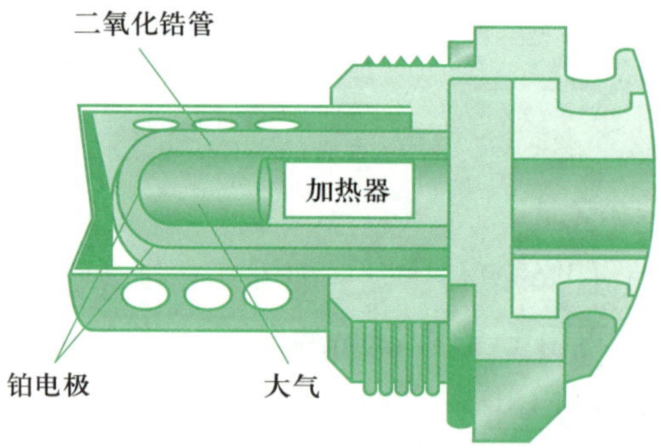

图 7-1　二氧化锆式氧传感器的结构

二氧化锆式氧传感器在发动机上游或下游都有可能应用。

3）二氧化锆式氧传感器的工作原理

二氧化锆管的陶瓷体是多孔的，在 400 ℃以上的高温下可使氧分子发生电离变成氧离子。当二氧化锆管的内、外表面存在氧浓度差时，在二氧化锆内、外表面的两个铂电极之间就可以产生电动势。

因为二氧化锆管内侧与氧浓度高的大气相通，外侧与氧浓度低的排气相通，且二氧化锆管外侧的氧含量随可燃混合气浓度变化而变化，所以当氧离子在二氧化锆管中扩散时，二氧化锆管内外表面之间的电位差将随可燃混合气浓度变化而变化，即二氧化锆管相当于一个氧浓度差电池，传感器的信号源相当于一个可变电源，其工作原理如图 7-2 所示。

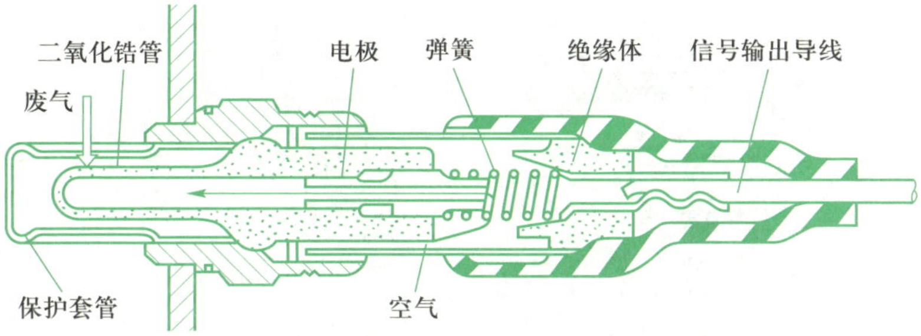

图 7-2　二氧化锆式氧传感器的工作原理

4）二氧化锆式氧传感器的输出特性

如图 7-3 所示，二氧化锆式氧传感器的输出特性可分为以下 3 个不同阶段。

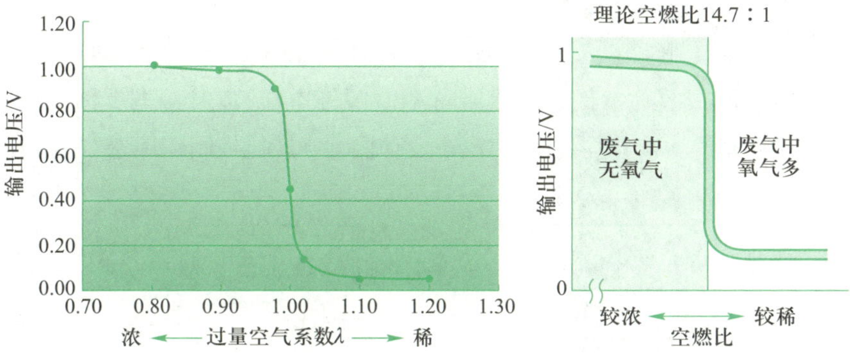

图 7-3　二氧化锆式氧传感器的输出特性

① 当供给发动机的可燃混合气较浓时，排气中氧含量较少、CO 浓度较大。在催化剂铂的作用下，氧离子几乎全部都与 CO 发生氧化反应生成 CO_2 气体，使外表面上氧浓度为 0。由于二氧化锆管内表面与大气相通，氧浓度很大，因此二氧化锆管内、外表面之间的氧浓度差较大，两个铂电极之间的电位差较高。

② 当空燃比接近于理论空燃比时，排气管中的氧和 CO 含量都很少。在催化剂铂的作用下，氧与 CO 的化学反应从缺氧状态急剧变化为富氧状态。由于氧浓度差急剧变化，因此铂电极之间的电位差急剧变化，使传感器输出电压急剧下降。

③ 当供给发动机的可燃混合气较稀时，排气中氧含量较多、CO 浓度较小，即使 CO 全部都与氧发生化学反应，二氧化锆管外表面上还有多余的氧存在。因此，二氧化锆管内、外表面之间氧的浓度差较小，两个铂电极之间的电位差较低。

5）二氧化钛式氧传感器的结构

二氧化钛式氧传感器主要由二氧化钛元件、导线、金属壳体和接线端等组成，其结构如图 7–4 所示。

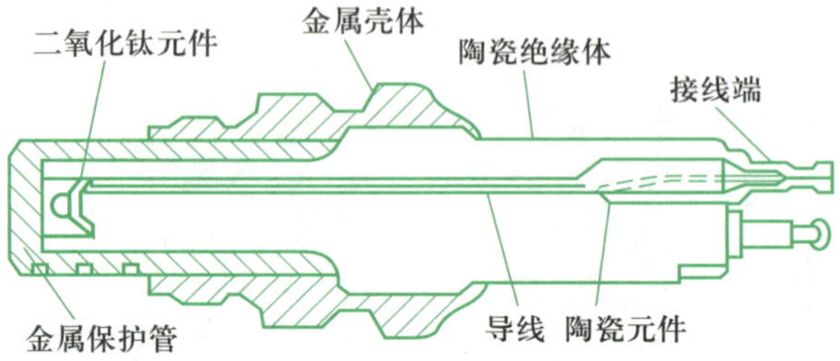

图 7–4　二氧化钛式氧传感器的结构

二氧化钛在常温下是一种高电阻的半导体，但表面一旦缺氧，其晶格便出现缺陷，电阻便随之减小。同时，其电阻也与环境温度有关。氧化钛式氧传感器就是利用二氧化钛材料的电阻值随排气中氧含量的变化而变化的特性制成的，故又称电阻型氧传感器。

6）二氧化钛式氧传感器的工作原理

二氧化钛式氧传感器的工作原理如图 7–5 所示。ECU 向二氧化钛式氧传感器提供 5 V 稳定工作电压，二氧化钛式氧传感器向 ECU 反馈电压，ECU 根据反馈的电压大小，控制喷油器喷油量的增减，使混合动力汽车发动机的空燃比控制在理论空燃比附近。

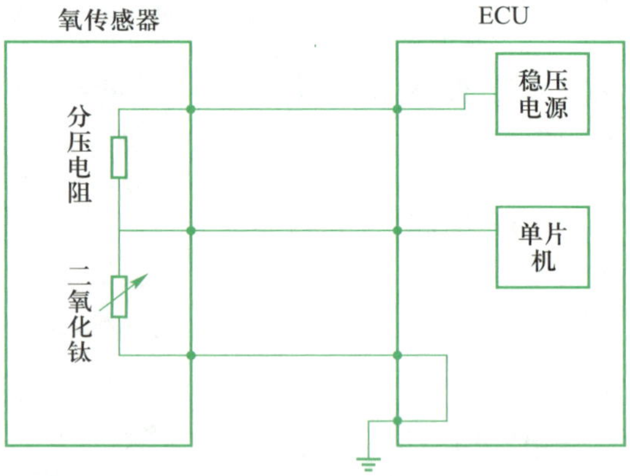

图 7–5　二氧化钛式氧传感器的工作原理

7）二氧化钛式氧传感器的输出特性

因二氧化钛是可变电阻，阻值随排气中氧含量的变化而变化，其输出特性如图 7–6

所示，即：

① 当空燃比小于理论空燃比 14.7 时，排气中氧离子含量较低，二氧化钛阻值较小，氧传感器向 ECU 反馈的电压较大；

② 当空燃比接近理论空燃比时，排气中氧离子含量急剧变多，二氧化钛阻值急剧变大，氧传感器向 ECU 反馈的电压急剧变小；

③ 当空燃比大于理论空燃比 14.7 时，排气中氧离子含量较高，二氧化钛阻值较大，氧传感器向 ECU 反馈的电压较小。

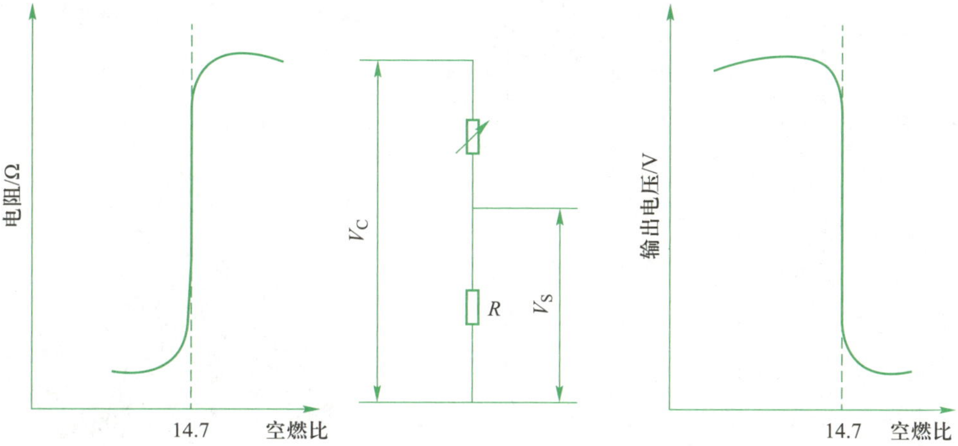

图 7-6　二氧化钛式氧传感器的输出特性

8）氧传感器常见故障

如果氧传感器出现故障，会使发动机油耗和排气污染增大，可能出现怠速不稳、缺火、喘抖等故障现象。氧传感器常见的故障有氧传感器中毒、氧传感器积炭、加热电阻丝烧断、传感器线路问题等。

氧传感器中毒和氧传感器积炭见表 7-3。

表 7-3　氧传感器中毒和氧传感器积炭

故障名称	图片	备注
氧传感器中毒	 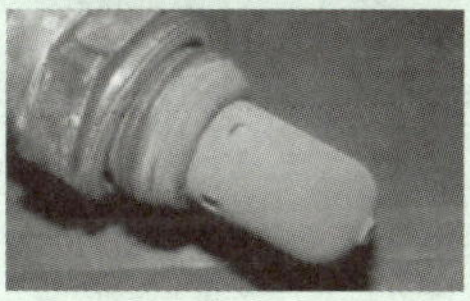	氧传感器保护外壳被堵塞： 顶尖为白色，说明氧传感器硅中毒； 顶尖为棕色，说明氧传感器铅中毒

续表

故障名称	图片	备注
氧传感器积炭	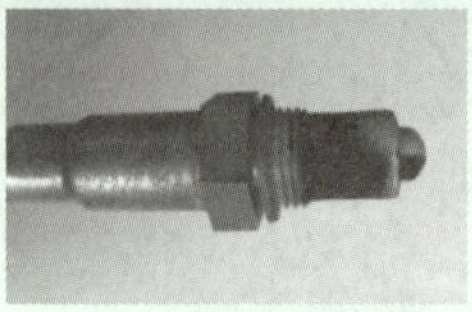	氧传感器表面形成积炭导致 ECU 不能及时修正空燃比
正常氧传感器	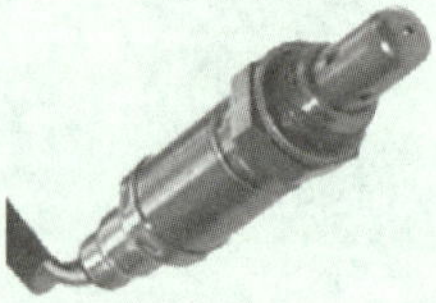	顶尖颜色为淡灰色，说明氧传感器正常

9）氧传感器的拆卸及测量

（1）氧传感器的拆卸

氧传感器拆卸的步骤比较简单，但是它周围的空间比较狭小，拆卸之前要移出一些附件，具体要根据维修手册中的指示执行。

因为空间逼仄，且传感器的结构特异，拆卸氧传感器时必须使用专用工具，如图 7-7 所示。

图 7-7　氧传感器拆卸专用工具

（2）氧传感器的测量（以二氧化锆式氧传感器为例）

① 检查数据流。

通过读取数据流，检查氧传感器的当前动态值，电压值数据流应在 0.1 ~ 0.8 V 范围不断变化，且每 10 s 变化 8 次以上。

② 检查加热元件电阻。

在常温下，使用万用表检测加热元件电阻应为 1 ~ 5 Ω，若检测到的电阻为无穷大，则说明加热元件断路，应更换氧传感器。

③ 检测加热元件电压

检测加热元件电压时，连接接线器，起动发动机，检测接线器上的相应加热电路端子之间的电压值，正常时应为辅助蓄电池电压。

④ 检测氧传感器信号电压。

氧传感器工作温度小于 300 ℃时，无信号传出，因此，信号检测应在温度大于 300 ℃时进行，其方法是：让发动机以 2500 转每分钟运行 90 秒，用万用表电压挡测量氧传感器两个信号端子，电压应在 0 ~ 1 V；此时，突然猛踩加速踏板，应能检测到电压在 0.7 ~ 1 V 的相对高电位。

⑤ 示波器检测。

起动发动机，2500 r/min 预热 90 s，用探针连接氧传感器信号端子，观察氧传感器的输出信号波形，波形应为正弦波，如图 7–8 所示。

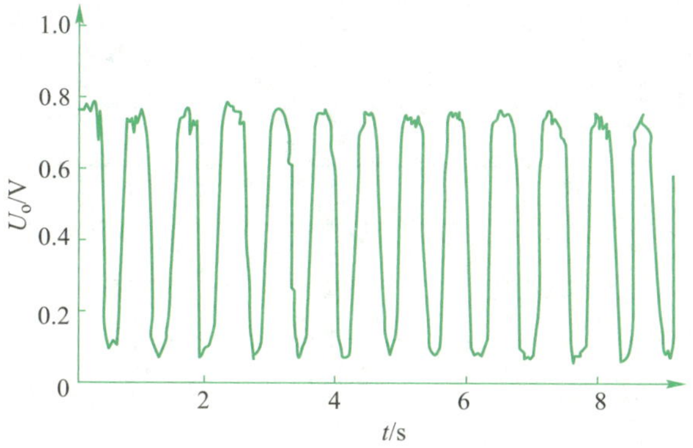

图 7–8　转速为 2500 r/min 时的氧传感器输出信号波形

2. 技能操作

（1）操作准备

准备技能操作所需的物料，见表 7–4。

表 7–4　物料准备

类别	所需的物料
整车 / 台架	混合动力汽车发动机实训台架、维修手册、电路图
工具 / 设备 / 仪器	扭力扳手、氧传感器拆装专用工具、棘轮扳手、组合工具、万用表、示波器、线束连接器

（2）检查氧传感器

结合电路图，确定实训车辆氧传感器的端子规格，并将端子信息记录在表 7–5 中。

表 7–5　氧传感器端子规格记录表

序号	端子号	作用	属性
示例	T6/4	加热电路供电端子	起动发动机后 12 V 正电位
1			
2			
3			
4			
5			
6			

结合电路图对实训车辆氧传感器进行电路检测，并将检测过程记录在表 7–6 中。

表 7–6　氧传感器电路检测过程记录表

检测项目	检测点	工具	检测条件 / 内容	检测结果	标准值
（示例）加热元件电压	T6/1 ~ T6/2	万用表	起动发动机 / 电压	12.45 V	同辅助蓄电池电压
加热元件电阻					
加热元件电压					
信号电压					
信号波形					
其他：					
其他：					

（3）更换氧传感器

根据所学的知识，结合维修手册指引，进行氧传感器的更换，并将更换过程记录于表 7–7 中。

表 7–7　氧传感器更换过程记录表

序号	步骤	工具 / 设备	关键点 / 注意事项
1			
2			
3			
4			
5			
6			
7			
8			

（二）空气流量传感器检查与更换

1. 知识学习

1）空气流量传感器的作用

空气流量传感器一般安装在空气滤清器和节气门之间，用来测量进入发动机的空气流量，并将测量结果转换为电信号传输给 ECU。

目前汽车上使用的空气流量传感器主要有叶片式空气流量传感器、卡门涡旋式空气流量传感器、热线式空气流量传感器、热膜式空气流量传感器，其特点见表 7–8。

表 7-8　空气流量计的分类

名称	特点	
叶片式空气流量传感器	优点	结构简单，可靠性高
	缺点	进气阻力大，响应较慢，体积较大
卡门涡旋式空气流量传感器	优点	进气阻力小，计量准确
	缺点	结构复杂，不耐振动且造价高
热线式空气流量传感器	优点	精度高、分布均匀，可精确计量空气量
	缺点	在空气高速流动时，空气中的沙粒很容易击断热丝
热膜式空气流量传感器	优点	热丝被固定且受到保护膜的保护，寿命提高
	缺点	由于保护膜热传导较差，影响计量精度

2）热膜式空气流量传感器

（1）热膜式空气流量传感器工作原理

由于发动机的转速、负荷和进气温度不同，流经空气流量传感器的空气对热电阻冷却效果不同，因此保持热电阻温度恒定所需的电流不同。空气流量传感器通过测量该电流对应的电压来确定空气流量的大小，保持热电阻温度恒定所需电流的电压值就是吸入空气量的相对值。

热膜式空气流量传感器将热线电阻、补偿电阻及桥路电阻用厚膜工艺制作在同一陶瓷基片上。如图 7-9，当进入节气门体的空气流经空气流量传感器时带走了部分热量，空气流量越大，带走的热量越多。为使传感器感应件的温度保持在一个恒定的温度，需要额外的电流来加热感应件，空气流量传感器通过测量该电流的电压来确定空气流量的大小。即输出信号电压随进气流量的增大而增大。

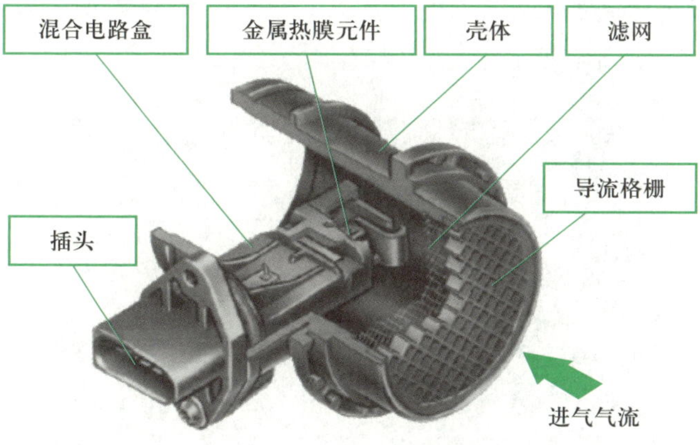

图 7-9　热膜式空气流量传感器工作原理

只有流经热膜的空气才得以计量，而从热膜周边流过的空气不参与计量，排除了空气密度、海拔高度等因素的影响，因此可以得到非常精确的空气流量信号。

（2）热膜式空气流量传感器端子

5 端子热膜式空气流量计端子如图 7–10 所示，端子的功能分别为：

A——电源；B——5 V 电压；C——输出电压信号；D——进气温度信号；E——地线。

（3）空气流量传感器的检查方法

① 检查空气流量传感器的供电电压。

连接接线器，打开点火开关，用万用表电压挡测量供电端子与搭铁间电压，应为辅助蓄电池电压。也可用发光二极管试灯连接该端子和发动机搭铁点，起动发动机，灯应亮；如果灯不亮，应检查熔断器与端子线路有无断路或短路。

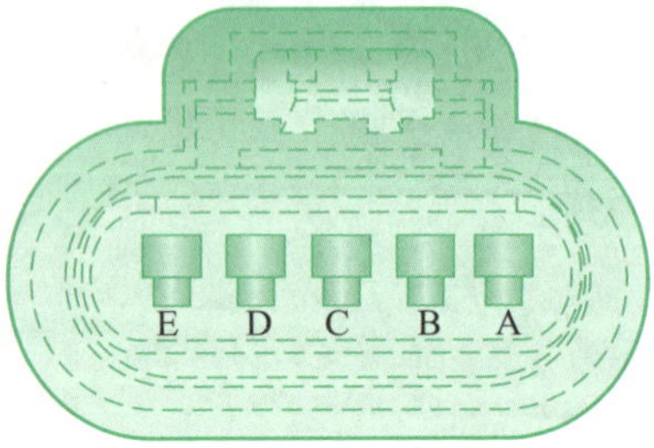

图 7–10　热膜式空气流量传感器端子

② 检查空气流量传感器 5 V 参考电压。

测量空气流量传感器插头处 5 V 参考电压端子与发动机搭铁点之间电压，应约为 5 V。如果空气流量传感器供电电压和 5 V 参考电压正常，应继续测试空气流量传感器信号线路。

③ 测试空气流量传感器线路。

测试空气流量传感器各端子与发动机控制单元上相关端子间的线路，其电阻值应小于 1 Ω。如果线路有断路或短路，应修复。

④ 用诊断仪检测空气流量传感器信号。

使用诊断仪进入发动机测试模式，进入测量数据组，输入相应组号读取基本功能数据。显示区域中有一项是进气空气质量，其标准值为 2.0 ～ 4.0 g/s，如图 7–11 所示。若小于 2.0 g/s，说明进气系统有泄漏；若大于 4.0 g/s，说明发动机负荷太大。偏离标准值可能是由于空气流量传感器或其线路有故障。

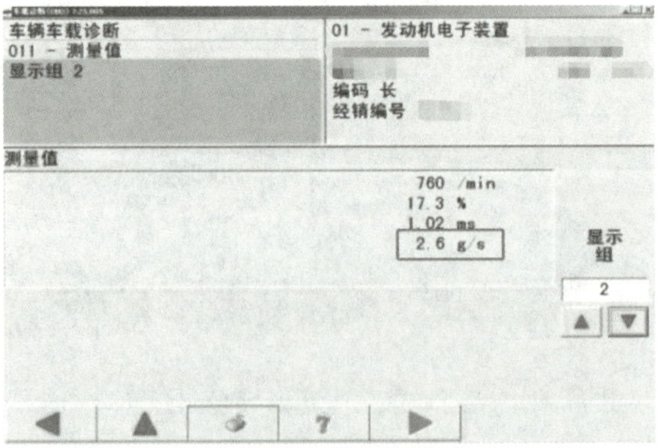

图 7–11　空气流量传感器实时数据流

⑤ 用万用表检测输出信号。

在线路连接完好的情况下，使发动机怠速运转，利用背插方式，用万用表电压挡测量信号端子与搭铁之间的电压；怠速时电压应为 1.4 V，急加速时怠速应为 2.8 V；若不符说明空气流量传感器有异常。

2. 技能操作

（1）操作准备

准备技能操作所需的物料，见表 7–9。

表 7–9 物料准备

类别	所需的物料
整车 / 台架	混合动力汽车发动机实训台架、维修手册、电路图
工具 / 设备 / 仪器	万用表、接插器、发光二极管试灯、手电、抹布

（2）检查空气流量传感器

结合电路图，确定混合动力实训车辆或混合动力汽车发动机实训台架空气流量传感器的端子规格，并将端子信息记录在表 7–10 中。

表 7–10 空气流量传感器端子规格记录表

序号	端子号	作用	属性
示例	T5/2	供电端子	点火开关为 D 挡时，为辅助蓄电池电压
1			
2			
3			
4			
5			

请结合电路图对实训车辆空气流量传感器进行电路检测，并将检测过程记录在表 7–11 中。

表 7–11 空气流量传感器电路检测过程记录表

检测项目	检测点	工具	检测条件 / 内容	检测结果	标准值
（示例）搭铁电阻	T5/4	万用表	关闭点火开关 / 测量电阻	0.2 Ω	小于 5 Ω
供电电压					
5 V 参考电压					
线路电阻					

续表

检测项目	检测点	工具	检测条件 / 内容	检测结果	标准值
进气空气质量					
其他：					
其他：					

四、检查评估

对本任务的学习情况进行检查，并将相关内容填写在表 7-12 中。

表 7-12 检查表

检查项目	检查结果	结果点评
空气流量传感器测量		
是否正确选用工具及设备	是□ 否□	
测量工序是否规范正确	是□ 否□	
查询的数据是否准确有效	是□ 否□	
是否正确判定目标的故障原因	是□ 否□	
空气流量传感器更换		
是否能正确选用工具及设备	是□ 否□	
拆装工序是否规范正确	是□ 否□	
维修手册信息查询是否正确	是□ 否□	
是否正确完成了更换	是□ 否□	
空气流量传感器测量		
是否正确选用工具及设备		
测量工序是否规范正确		
测量结果是否准确		
是否正确判定目标的故障原因		
整理恢复		
工具 / 设备是否整理恢复	是□ 否□	
实训场地卫生是否打扫干净	是□ 否□	
实操过程是否执行了“7S”管理	是□ 否□	

五、任务小结

任务七小结如图 7-12 所示。

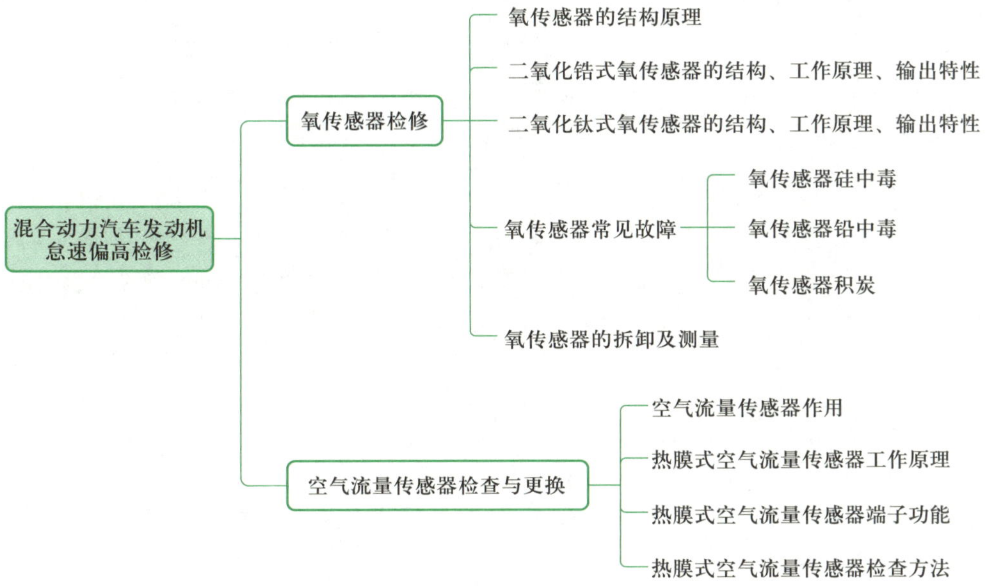

图 7-12　任务七小结

任务八　混合动力汽车发动机加速无力检修

一、任务导入

场景：某品牌新能源汽车售后维修中心。

人物：维修技师小王、客户路先生。

情节：路先生的某品牌插电式混合动力汽车已经行驶超过70000 km，最近在驾驶车辆时明显感觉到车辆加速无力，总要深踩加速踏板，车辆才能实现加速。经维修技师小王读取故障码和数据流，发现有缺缸现象，并报故障——“节气门位置传感器电路故障”。接下来该怎么样进行检查工作？

二、任务目标

✧ 能根据所学的知识，参照维修手册指引，使用合适的测量工具，完成点火线圈的检查。

✧ 能根据所学的知识，参照维修手册指引，使用合适的测量工具，完成节气门的检查。

✧ 能根据所学的知识，使用专用示波器，完成喷油器的信号检测。

三、任务实施

（一）点火线圈检修与更换

1. 知识学习

1）点火系统的技术迭代

（1）点火系统功用

点火系统功用是按气缸点火顺序定时地向火花塞提供足够能量的高压电，使火花塞电极间产生火花，从而点燃气缸内被压缩的可燃混合气。点火系统通常由电源、点火线圈、分电器（包括断电器）和火花塞等组成。其中电源、断电器和点火线圈的初级线圈构成低压电路部分；点火线圈的次级线圈、分电器和火花塞构成高压电路部分。初级线圈的导线粗而匝数少，次级线圈导线细而匝数多，相当于一个升压变压器。

汽车的点火系统在不断地优化，对于汽油发动机，燃烧室的火花塞两电极间施加直流电压后，电极间的气体便发生电离现象，随着两电极间的间隙被击穿而产生电火花，并点燃气缸内压缩后的混合气。

而点火系统随着科技的不断发展以点火脉冲触发方式的不同，经历了触点式点火系统、电子式点火系统和微机控制式点火系统三个历程。

（2）触点式点火系统

在汽车行业早期的第一代点火系统中，最先使用的是触点式点火系统，它主要是通过凸轮驱动的机械触点来控制初级线圈的电路通断，而最终在次级线圈回路上产生高压电。

当接通点火开关时，断电器的触点刚好在闭合状态，那么低压电流的回路就会被接通。低压电流流经的线路应该是从蓄电池正极到电流表，然后通过点火开关到点火线圈正极端子，再到附加电阻，然后是点火线圈的另外一个正极端子，再经过断电器触点和搭铁，最终到达蓄电池的负极。断电器有机械式和晶体管式两种，早期车型应用机械式断电器较多。

当发动机运行时，凸轮轴驱动分电器中的凸轮旋转，控制断电器触点开闭。当断电器触点闭合，使低压电路接通时，初级线圈中产生低压电流，在点火线圈内形成磁场。当电流达到一定值时，断电器触点断开，使低压电路断开，磁通消失，次级线圈中感应出 10 ~ 24 kV 的电动势，通过分电器依次传到相应气缸的火花塞电极上，即产生电火花。当触点断开时，初级线圈会感应出自感电动势，使触点间产生电弧而引起烧蚀，并减缓磁通消失速度，降低次级线圈感应的电动势。为了消除自感电动势，与触点并联有一只 0.15 ~ 0.30 μF 的电容器。

如果断电器的凸轮在旋转的时候顶开触点，低压电流就会被切断，此时次级线圈和初级线圈都会感应产生电动势。但是因为次级线圈的匝数比较多，所以会有 15 ~ 25 kV 的高压电产生。这种高压电完全可以把火花塞电极间隙击穿从而产生电火花，点燃可燃混合气。

初级线圈匝数比较少，感应电动势低，一般会在 200 ~ 300 V，为了避免触点产生电火花，保护触点以防烧蚀，可以并联一个电容把自感电动势吸收来让触点受到保护。而这样高压电流流经的线路是从点火线圈次级线圈到附加电阻，然后经过点火开关到电流表，最后通过辅助蓄电池到搭铁，经过火花塞旁电极到火花塞中性电极到分电器旁电极，经过分电器分火头最后到达次级线圈。

触点式点火系统的优点是维护方便、价格便宜和结构简单，但是它也有自己的缺点：触点非常容易产生电火花而烧蚀触点，使触点受到影响，特别是在发动机的转速比较高的时候，触点闭合的时间较短，高压电时长不足会造成高速失火，让发动机在运行的时候无力和抖动。触点式点火系统连接方式是机械式，接触可能会有些不良，金属疲劳和凸轮磨损等故障容易出现。触点式点火系统控制点火提前角是通过真空提前和离心提前完成，机械装置不能够精确地控制点火提前角。触点式点火系统如图 8-1 所示。

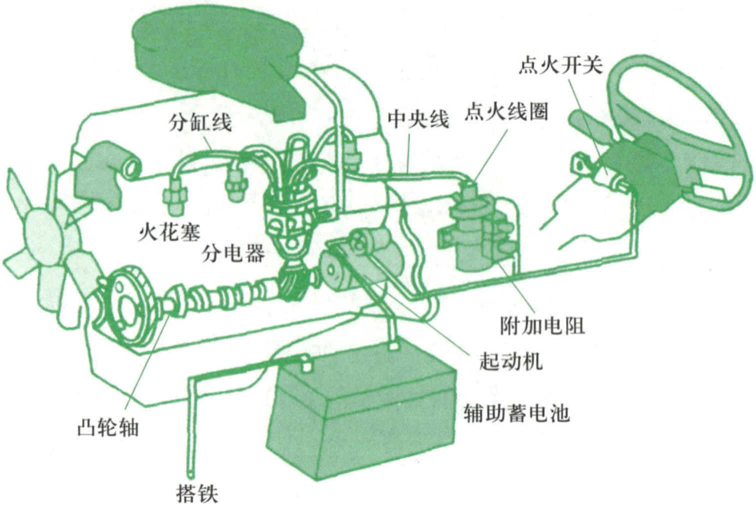

图 8–1　触点式点火系统

（3）电子式点火系统

随着晶体管技术的发展，集成电路随之产生，触点式的点火系统得到了改进，最后形成了电子式点火系统，如图 8–2 所示。

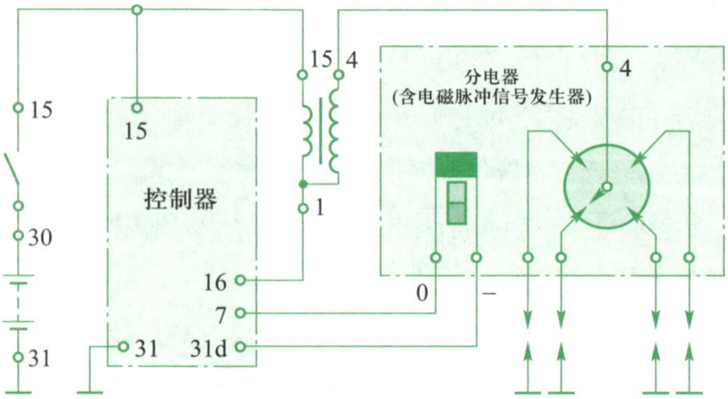

图 8–2　电子式点火系统

传统的点火系统断电器触点容易受到烧蚀，因此通过改进，用一个开关晶体管代替触点，触发信号使得晶体管截止和导通，从而断开和接通初级电路，最终产生高压电。这种晶体管可以起到开关作用，也称它为点火模块或是点火控制器。点火控制器主要有霍尔式、光电式和磁电式等多种方式的信号发生器。这些信号都发送给点火控制器的控制端，来让电子开关的通断得到控制。电子开关不会存在接触不良，而且晶体管的两端也不会产生电火花，这样就规避了触点式点火系统的这部分缺点，但是还是不能够精确地控制点火提前角，因为点火模块是自动调节的，它通过发动机的转速调节，但是点火模块的复杂程度会影响调节的精度，因此才会产生不精确的控制。

（4）微机控制式点火系统

随着微型计算机的迅猛发展，由微型计算机控制的发动机已经取代了点火模块的功能。微型计算机强大快捷的计算功能和控制功能，能随时检测发动机的转速、水温、爆震信号、负荷的变化以及自动变速箱的工作状况，随时根据需要改变点火提前角，达到精确控制的目的。微机控制式点火系统如图 8-3 所示。

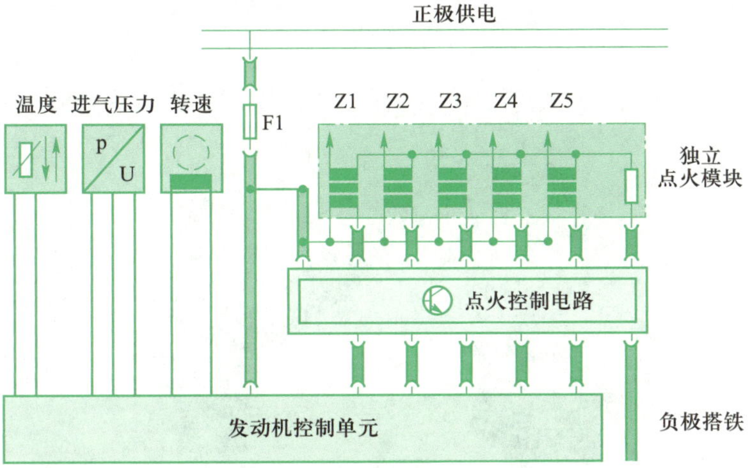

图 8-3　微机控制点火系统

微课
微机控制式点火系统工作原理

微机控制点火系统主要由各类传感器如车轮转速传感器、曲轴位置传感器、发动机转速传感器、温度传感器、爆燃传感器等），发动机控制 ECU（电子控制单元）和点火执行器（点火模块、点火线圈、分电器及火花塞等）三部分组成。水温传感器、爆燃传感器、曲轴位置传感器、曲轴转速传感器等各种传感器把发动机的各种有关信息传给发动机 ECU，再由发动机 ECU 控制点火器。

曲轴转速传感器、曲轴位置传感器、爆燃传感器和水温传感器等各类传感器都是通过传递发动机的各种相关信息到电子控制单元，然后让 ECU 进行综合处理之后，向电子点火器发出点火指令，由电子点火器线圈、火花塞完成点火任务，执行机构将点火执行情况的信号反馈给电子控制单元。整个控制过程的实现是依靠计算机强大的分析处理数据的能力，根据发动机的不同运行工况不断修正点火提前角以获得最佳的点火时刻，改善发动机性能，使发动机工作时其动力性和经济性达到最佳、排放污染最少。

2）点火系统组成

点火系统通常由电子控制单元、点火线圈和点火模块、高压线、火花塞、曲轴位置传感器、凸轮轴位置传感器、爆燃传感器等组成，如图 8-4 所示。

微课
火花塞作用与分类

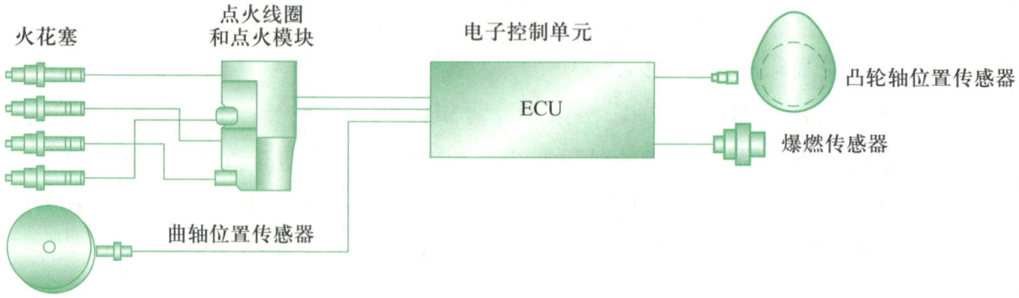

图 8-4　点火系统组成

点火线圈按照点火方式可以分为分组点火线圈和独立点火线圈两种，如图 8-5 所示。

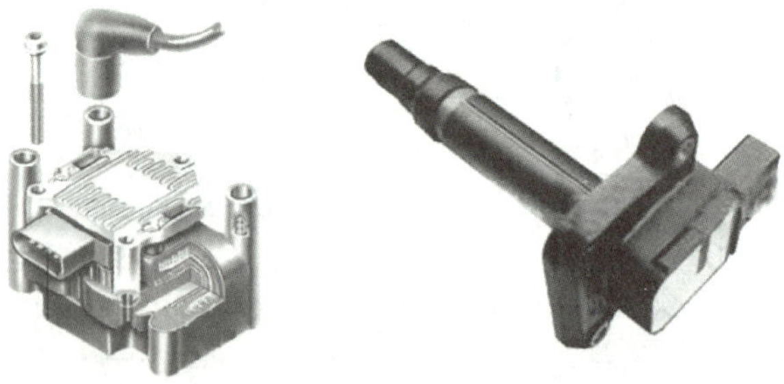

(a) 分组点火线圈　　(b) 独立点火线圈

图 8-5　点火线圈

分组点火线圈共用一组点火线圈驱动级，通过高压线连接火花塞，如图 8-6 所示。两个火花塞同时点火，点火时这两个气缸分别处于压缩上止点和排气上止点，其中处于压缩上止点的火花塞为有效点火。

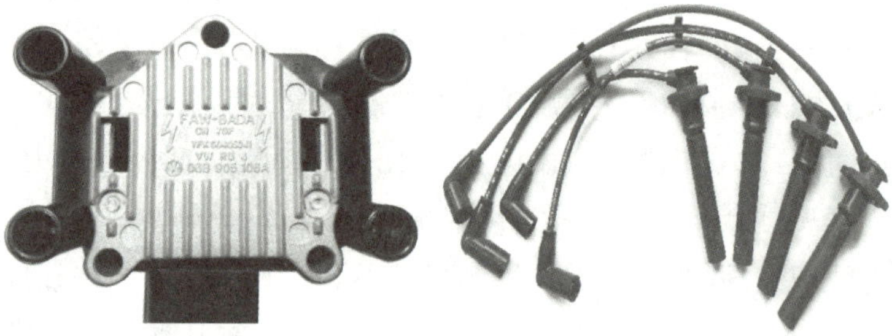

(a) 分组点火线圈　　(b) 高压线

图 8-6　分组点火线圈和高压线

单缸独立点火系统的每个火花塞使用一个独立的点火线圈，电压直接通往火花塞电极，而不用通过分电器或高压点火线，这种连接方式保证火花尽可能地强，且提高了点火系统的可靠性。

3）点火系统部件检查

（1）独立点火线圈检查

点火线圈可分为分组点火线圈和独立点火线圈，现代车辆主要使用独立点火线圈，如图 8–7 所示。独立点火线圈检查应首先关闭起动开关，断开辅助蓄电池负极，断开点火线圈连接插头，拆卸点火线圈固定螺栓，取下点火线圈。再检查点火线圈，主要检查其外观是否破损，绝缘包皮是否老化龟裂。

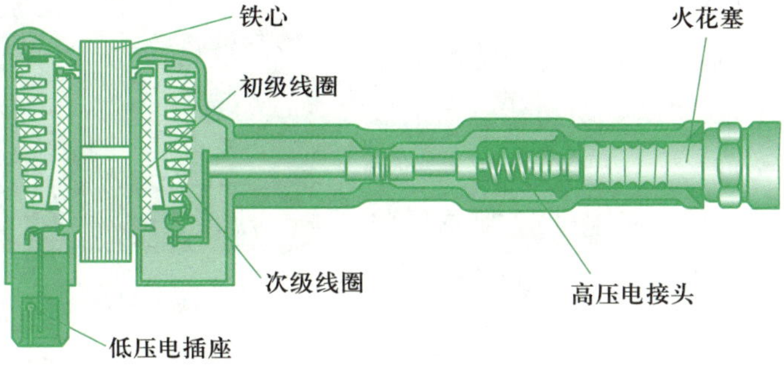

图 8–7　独立点火线圈结构

（2）点火线圈的检测

主流的点火线圈多采用 4 线端子，在测量前需要知道 4 个端子的作用，如图 8–8 所示。

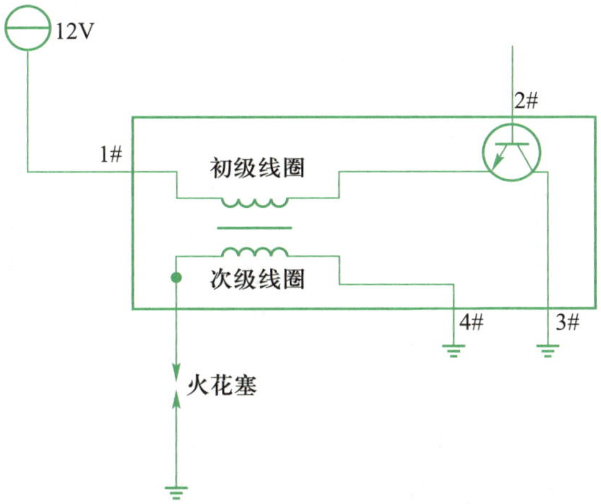

图 8–8　点火线圈端子示意图

如图 8–8 所示，“1#” 为 12 V 供电，“2#” 为发动机电子控制单元的点火控制信号，“3#” 为初级线圈接地，它是由发动机电子控制单元触发点火线圈内部的控制器导通接地线路，“4#” 为次级线圈接地线。火花塞直接通过点火线圈的火花塞管座连接。

检测步骤如下：

① 点火开关打开时，用万用表检查“1#”的电压是否为电源电压。

② 发动机正常运转或起动车辆时，使用示波器测量点火波形，或使用试灯检查是否规律闪动，试灯的一端要接地。

③ 分别检查“3#”和“4#”的接地电阻是否小于 5 Ω。

（3）爆燃传感器检查

通常使用的爆燃传感器安装在发动机的机体上，如图 8-9 所示。它能将发动机发生爆燃而引起的机体振动信号转换为电压信号，且当机体的振动频率与传感器的固有振动频率一致而发生共振时，传感器将输出最大电压信号，发动机电子控制单元将根据此最大电压信号判定发动机是否发生爆燃。

图 8-9　爆燃传感器

爆燃传感器作为点火正时控制的反馈元件用来检测发动机的爆燃强度，借以实现点火正时的闭环控制，以便有效地抑制发动机爆燃的发生。

① 爆燃传感器的类型、结构与工作原理。

爆燃传感器有多种，其中应用最早的是磁致伸缩式爆燃传感器。磁致伸缩式爆燃传感器主要由磁心、永久磁铁及感应线圈等组成，如图 8-10 所示。当机体振动时，磁心受振偏移，使感应线圈内的磁通量发生变化，而在感应线圈内产生感生电动势。

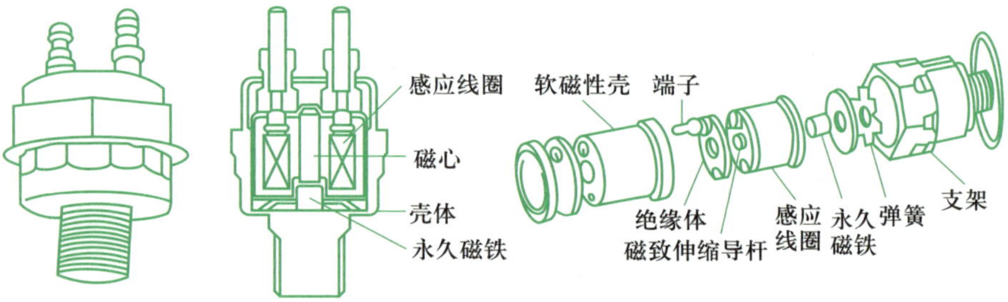

图 8-10　爆燃传感器

目前应用较为普遍的是压电晶体式爆燃传感器。压电晶体式爆燃传感器利用压电晶体的压电效应制成。该类型传感器把爆燃传到气缸体上的机械振动转变成电信号，电子控制单元根据此信号判别发动机爆燃是否发生。

② 爆燃传感器故障检测。

爆燃传感器发生故障时，发动机电子控制单元能检测到故障信息，并能使发动机进入紧急状态运行，此时各缸都相应推迟点火提前角约 15°，发动机输出功率明显下降。

检查爆燃传感器的三个端子之间不应有短路现象；否则更换爆燃传感器。传感器插头和发动机电子控制单元线束插头间的线路若有断路或短路，应排除故障。

通过诊断仪的数据流分析功能，分析爆燃传感器的输出电流来判断爆燃传感器的工作性能。可通过“08”数据流功能中的“016”组数据进行分析。

通常测试爆燃传感器的方法是：打开点火开关，不起动发动机，用金属物敲击爆燃传感器附近的缸体，在敲击发动机缸体后，示波器上应有一突变波形，敲击程度越大，波形峰值也越大。如果波形显示只是一条直线，说明爆燃传感器没有信号输出，应检查导线和爆燃传感器本身。

当发动机产生敲缸、振动、爆燃时，爆燃传感器输出波形的峰值电压和频率会增加，爆燃传感器的量程通常设计为 5 ～ 15 Hz。

2. 技能操作

（1）操作准备

准备技能操作所需的物料，见表 8–1。

表 8–1 物料准备

类别	所需的物料
整车 / 台架	混合动力汽车发动机实训台架、维修手册、电路图
工具 / 设备 / 仪器	万用表、试灯、示波器、手电、接线器

（2）点火线圈的检测

结合电路图，对实训车辆点火线圈进行电路检测，并将检测过程记录在表 8–2 中。

表 8–2 点火线圈电路检测过程记录表

检测项目	检测点	工具	检测条件 / 内容	检测结果	标准值
（示例）加热电路	T6/1 ～ T6/2	万用表	起动发动机 / 电压	12.45 V	同辅助蓄电池电压
供电端子					
初级线圈搭铁端子					
次级线圈搭铁端子					
控制端子					

使用示波器，检测点火线圈控制端子波形，并在图 8–11 中绘制怠速时的点火波形图。

图 8-11　绘制怠速时的点火波形图

（二）节气门检修

1. 知识学习

1）节气门分类

节气门是控制空气进入发动机的一道可控阀门，空气进入进气管后会和燃油混合变成可燃混合气，在气缸燃烧做功。节气门上接空气滤清器，下接进气总管。

节气门有传统拉线式节气门和电子式节气门两种。传统拉线式发动机节气门操纵机构是通过拉索（软钢丝）或者拉杆，一端连接加速踏板，另一端连接节气门连动板而工作。电子式节气门主要通过节气门位置传感器，并根据发动机所需能量来控制节气门的开启角度，从而调节进气量的大小。

2）节气门电动机

节气门电动机通过一套小齿轮机构来带动节气门运动，可实现从怠速到全负荷位置的无级调节。如果节气门电动机失效了，那么节气门将被自动拉到应急运行位置。此时故障存储器内记录一个故障，电子式节气门故障灯报警，此时驾驶人只能使用应急功能。

节气门电动机有失效模式、节气门关闭、节气门开启、节气门保持、怠速控制五种工作方式，如图 8-12 所示。

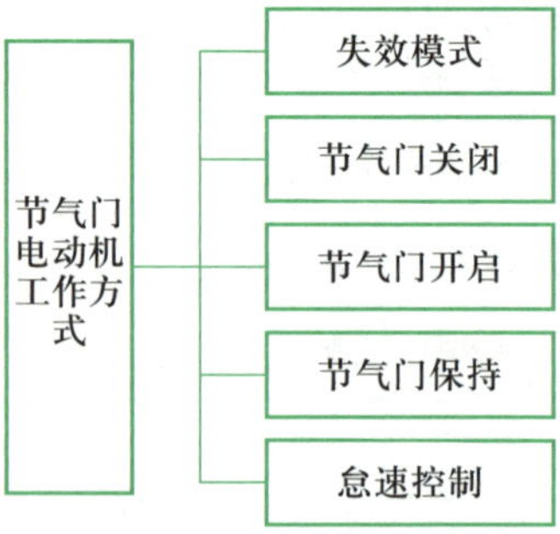

图 8-12　节气门电动机工作方式

失效模式：无电流，节气门开度处于固定位置。

节气门关闭：电子控制单元控制节气门关闭时，电子控制单元内的搭铁晶体管和电源晶体管导通，电流从电子控制单元内流出经搭铁晶体管端子、节气门电动机，再从电源晶体管端子流回电子控制单元，使节气门保持关闭。

节气门开启：节气门开启时节气门电动机电流方向与节气门关闭时相反，当脉宽调制占空比增大，节气门驱动力增大，节气门开度也增大；反之亦然。

节气门保持：脉冲电流的占空比满足节气门电动机驱动节气门的开启力与弹簧弹力保持平衡。

怠速控制：调节节气门的开度以维持怠速运转。

3）节气门位置传感器

（1）节气门位置传感器安装位置

微课

节气门位置传感器位置、分类与失效影响

节气门位置传感器安装在节气门体上，用来检测节气门的开度。它通过杠杆机构与节气门联动，进而反映发动机的不同工况。

（2）节气门位置传感器的分类

节气门位置传感器可分为滑线电阻式和开关式。其中，滑线电阻式节气门位置传感器的设计避免了开关式节气门位置传感器只能检测发动机怠速工况和全负荷工况的弊端，可以获得节气门从全闭到全开连续变化的信号，从而更精确地判断发动机的运行工况，因此在混合动力汽车中大量应用。

滑线电阻式节气门位置传感器为三线传感器，在此基础上又衍生了四线的带怠速开关的综合式节气门位置传感器和两个传感器组合安装的双可变电阻式节气门位置传感器。

（3）节气门位置传感器电气图

节气门位置传感器的电气图如图 8-13 所示，2 个节气门位置传感器共用一根供电线（图中“4”）和一根搭铁线（图中“2”）。每个传感器都有自己单独的信号线（图中“1”和“3”），节气门电动机根据运动方向来控制（图中“5”和“6”）。

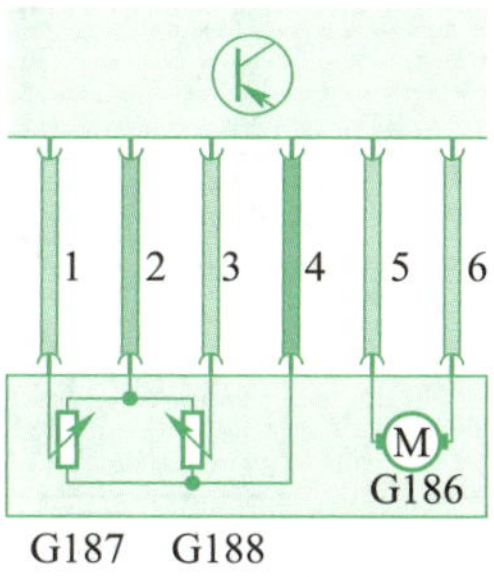

图 8-13　节气门位置传感器电气图

（4）节气门位置传感器的特性曲线

滑线电阻式节气门位置传感器的触点与节气门轴相连，节气门转动时，滑动触点可在电阻上移动，引起滑动触点电位的变化，利用电阻的变化将节气门位置传感器信号转换为电压值。该电压呈线性变化，根据电压值，电子控制单元可感知节气门的开度，使电子控制单元进行喷油量修正。

节气门位置不同，节气门位置传感器轨道上的电阻也不同，因此发送到电子控制单元上的电压信号也不同。如图 8-14 所示，这两个节气门位置传感器的特性曲线是相反的，因此电子控制单元可以区分出这 2 个位置传感器，并执行检查功能。

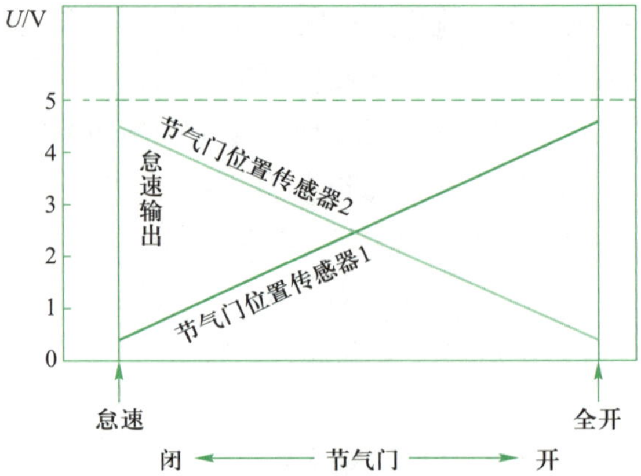

图 8–14　节气门位置传感器特性曲线

（5）节气门检测

主流的节气门多是 6 个端子组成，在测量前需要知道这 6 个端子的作用，如图 8–15 所示。

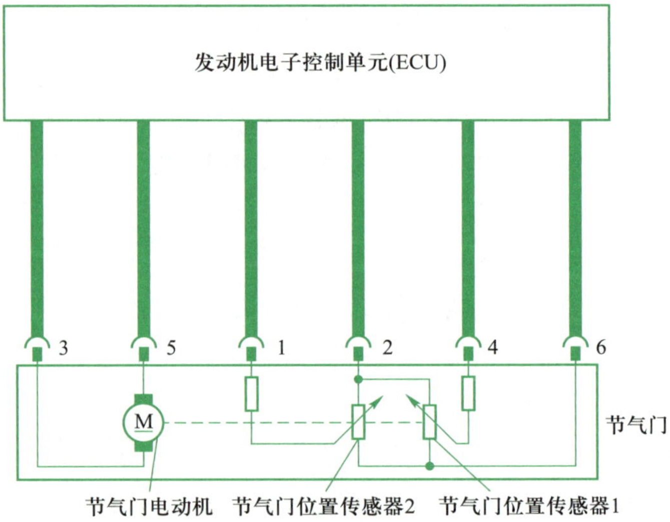

图 8–15　节气门端子示意图

如图 8–15 所示，1 号端子为节气门位置传感器 2 的位置信号，4 号端子为节气门位置传感器 1 的位置信号，2 号端子为节气门位置传感器的公共供电，6 号端子为节气门位置传感器的公共搭铁，3 号端子为节气门电动机正极，5 号端子为节气门电动机负极。

节气门检测步骤如下：

① 输入电压检测。

打开点火开关，用万用表电压挡测量 2 号端子对地电压，检查是否有 5 V 电压。

② 搭铁检测。

打开点火开关，用万用表电压挡测量 6 号端子对正极电压，检查是否有 5 V 电压。

③ 检查位置信号。

打开点火开关，使用万用表电压挡，缓慢踩加速踏板直到极限位置，测量 1 号端子的电压值，并记录变化，松开加速踏板；同样缓慢踩加速踏板直到极限位置，测量 4 号端子的电压值，并记录变化，松开加速踏板。

比较两次测量的电压值，应该是反比关系，且两个值相加应接近 5 V。

④ 节气门电动机电路检测。

打开点火开关，使用万用表电压挡，测量 3 号和 5 号端子，测得的电压值应接近辅助蓄电池电压。

2. 技能操作

（1）操作准备

准备技能操作所需的物料，见表 8-3。

表 8-3　物料准备

类别	所需的物料
整车 / 台架	混合动力汽车发动机实训台架、维修手册、电路图
工具 / 设备 / 仪器	万用表、试灯、手电、接线器

（2）节气门的检测

结合电路图，对实训车辆节气门进行检测，并将检测过程记录在表 8-4 中。

表 8-4　节气门检测过程记录表

检测项目	检测点	工具	检测条件 / 内容	检测结果	标准值
（示例）加热电路	T6/1 ~ T6/2	万用表	起动发动机 / 电压	12.45 V	同辅助蓄电池电压
电动机电压					
节气门位置传感器 1 电压					
节气门位置传感器 2 电压					
节气门传感器的公共供电					
节气门传感器的公共搭铁					

（三）喷油器检修

1. 知识学习

微课

电子控制燃油喷射系统作用、分类与组成

1）喷油器作用

喷油器的作用是根据发动机电子控制单元所发出的控制信号，将所需的燃油适时地以一定压力呈雾状喷入进气歧管内（缸外喷射）或燃烧室内（缸内喷射），与新鲜空气混合形成可燃混合气。喷油器结构如图 8–16 所示。喷油器可分为低压喷油器和高压喷油器。

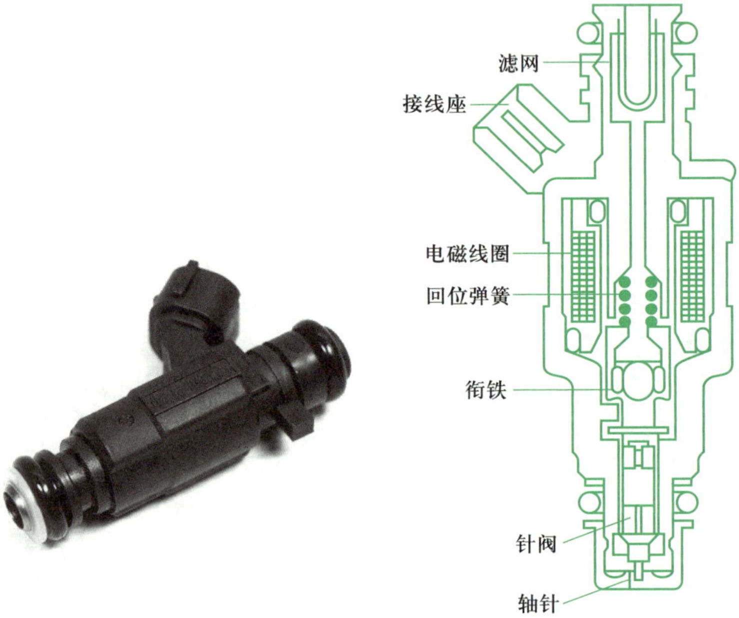

(a) 外形　　(b) 示意图

图 8–16　喷油器结构

2）喷油器分类与工作原理

（1）低压喷油器

① 低压喷油器的分类。

随着车型的增多，低压喷油器的种类也逐渐增多，但结构大体相同，一般由滤网、电磁线圈、回位弹簧、衔铁和针阀（一般制成一体）、接线座等组成，如图 8–16 所示。

按照燃料的供油部位的不同，低压喷油器可分为顶部供油式和侧部供油式；按照电磁线圈阻值的大小不同，低压喷油器可分为低阻型和高阻型，两种喷油器需要采取不同的驱动电路；按照驱动方式的不同，低压喷油器可分为电压驱动型和电流驱动型，其中电压驱动型不仅可以用于高电阻型喷油器，也可用于低电阻型喷油器，而电流驱动型仅适用低电阻型喷油器；按照喷孔密封方式不同，可分为孔式和轴针式，两者工作原理相同，结构相似，只是喷油器喷孔的结构不同。

② 喷油器工作原理（以轴针式喷油器为例）。

喷油器相当于一个电磁阀，不喷油时，回位弹簧通过衔铁使得针阀紧紧压在阀体上，如图 8-17 所示。当电磁线圈通电，产生的电磁力将衔铁及针阀吸起，于是针阀的阀门打开，燃油经过喷孔喷入进气道或发动机燃烧室。当电磁线圈断电，电磁力会消失，衔铁及针阀在回位弹簧的作用下将喷孔封闭，喷油器就停止喷油。因此，喷油器电磁线圈的通电、断电受发动机电子控制单元控制，在特定的时刻进行喷油。

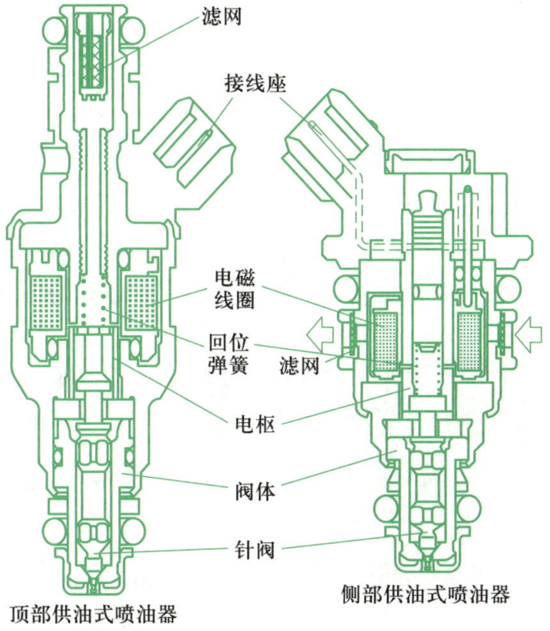

图 8-17　低压喷油器

喷油量的大小主要取决于针阀的升程、喷油孔的横截面积及燃油压力等因素。当燃油压力一定，喷油器结构参数不变的情况下，喷油量只取决于针阀开启的持续时间，即电磁线圈通电时间的长短。

（2）高压喷油器

高压喷油器结构如图 8-18 所示，喷油器里面是电磁阀，整体是一个带有 5 ~ 8 孔的孔型喷嘴。高压喷油嘴喷射压力从最初的 12 MPa（120 bar）逐渐提高到现在的 20 MPa（200 bar），燃油直接喷射到燃烧室需要非常强大、非常耐热的喷油器。喷射时间比歧管喷射时间短得多，喷射过程必须在 0.4 ms（怠速）内完成，最高负荷时可达 5 ms。为了快速打开油泵阀门，磁场绕组由高达 90 V 和 30 A 的大功率电容驱动，使用这种高压喷油嘴（非压电喷油嘴）甚至可以每个工作循环喷油两次。

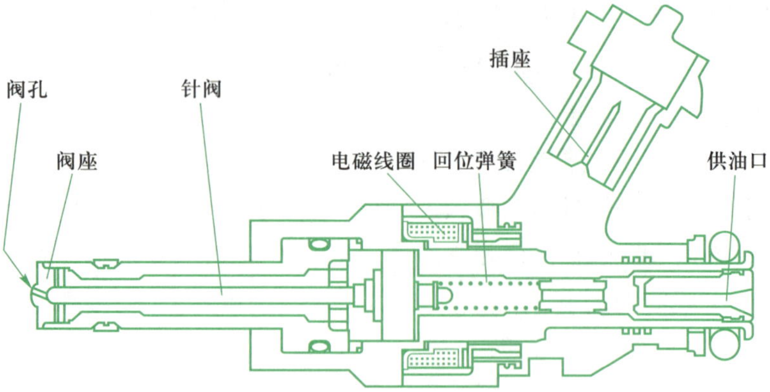

图 8-18　高压喷油器结构

3）喷油器的检测

喷油器检测内容（以低压喷油嘴为例）见表 8-5。

表 8-5　喷油器检测

序号	检查环节	图示	检查步骤
1	喷油器直接检查	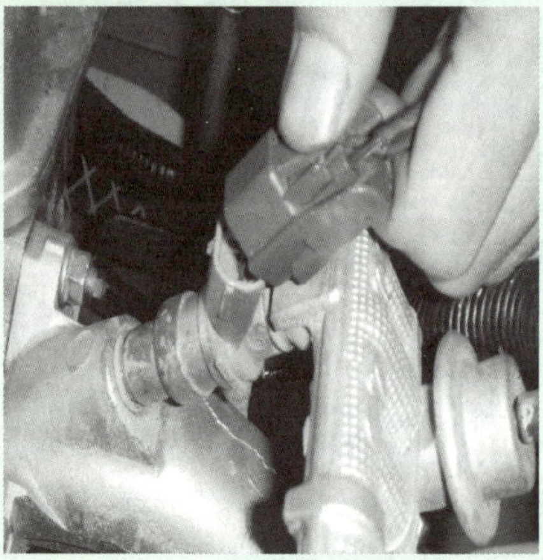	检查喷油器的线束连接插头连接是否紧固； 起动发动机后，使发动机保持怠速运转，用手触摸检查喷油器的工作情况，如有明显且均匀振动，则喷油器工作正常；同时，也可采用断缸法检查喷油器的工作情况，逐缸拔下喷油器的线束插头后，观察发动机某一缸的转速变化，如发动机转速有明显降低，则该缸喷油器工作良好
2	喷油持续时间检测	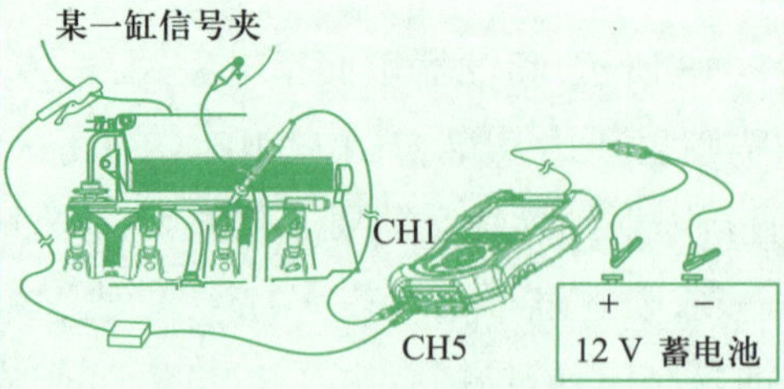 	连接故障诊断仪，将点火开关置于 ON 位置； 使发动机以 1000 r/min 的转速运转约 30 s； 发动机怠速运转时，进入诊断仪，选择检测发动机气缸喷油时间，记录下数值，正常状态应在 1.0 ~ 2.5 ms

续表

序号	检查环节	图示	检查步骤
3	喷油器 电源电压 检测		断开喷油器总成连接器，将点火开关置于 ON 位置； 使用万用表的电压挡检测端子的电压，记录下数值，查询维修手册，对比数据（正常电压值约为 12 V），如不在规定的范围内或无电压，则说明喷油器电源线路短路或断路
4	喷油器 电阻检测		使用万用表的电阻挡检测喷油器 1、2 端子间的电阻，记录下检测的电阻值，对比维修手册数据，正常情况高电阻型喷油器的电阻值应为 12 ~ 17 Ω，低电阻型喷油器的电阻值应为 2 ~ 3 Ω，如不符合规定，则需要更换

2. 技能操作

（1）操作准备

准备技能操作所需的物料，见表 8-6。

表 8-6　物料准备

类别	所需的物料
整车 / 台架	混合动力汽车发动机实训台架、维修手册、电路图
工具 / 设备 / 仪器	万用表、试灯、手电、接线器

（2）喷油器的检测

结合电路图，对实训车辆喷油器电路进行检测，并将检测过程记录在表 8-7 中。

表 8-7　喷油器电路检测过程记录表

检测项目	检测点	工具	检测条件 / 内容	检测结果	标准值
（示例）加热电路	T6/1 ~ T6/2	万用表	起动发动机 / 电压	12.45 V	同辅助蓄电池电压
喷油器供电端子					
喷油器搭铁端子					
喷油器电阻					

使用示波器，检测喷油器控制端子波形，并在图 8-19 中绘制怠速时喷油的波形图。

图 8-19　绘制怠速时喷油的波形图

四、检查评估

对本任务的学习情况进行检查，并将相关内容填写在表 8-8 中。

表 8-8　检查表

检查项目	检查结果	结果点评
点火线圈测量		
是否正确选用工具及设备	是□　否□	
测量工序是否规范正确	是□　否□	
查询的数据是否准确有效	是□　否□	
是否正确判定目标的故障原因	是□　否□	
节气门检测		
是否正确选用工具及设备	是□　否□	
测量工序是否规范正确	是□　否□	
查询的数据是否准确有效	是□　否□	
是否正确判定目标的故障原因	是□　否□	
喷油嘴检测		
是否正确选用工具及设备	是□　否□	
测量工序是否规范正确	是□　否□	
查询的数据是否准确有效	是□　否□	
是否正确判定目标的故障原因	是□　否□	

续表

检查项目	检查结果	结果点评
整理恢复		
工具 / 设备是否整理恢复	是□　否□	
实训场地是否打扫干净	是□　否□	
是否进行充分的团队协作和沟通	是□　否□	
是否体现较好的保护设备设施的意识和行动	是□　否□	

五、任务小结

任务八小结如图 8-20 所示。

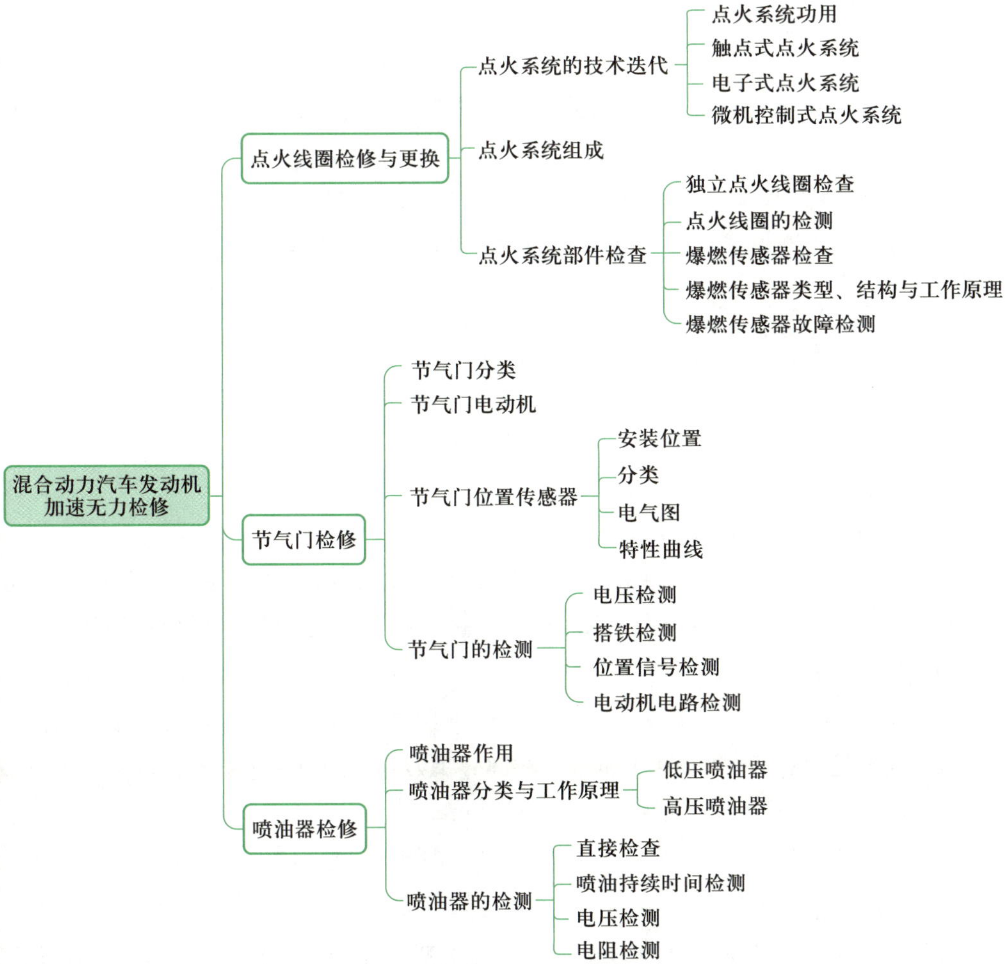

图 8-20　任务八小结

任务九　混合动力汽车发动机起动困难检修

一、任务导入

场景：某品牌新能源汽车售后维修中心。

人物：维修技师小王、客户路先生。

情节：路先生的广汽某品牌插电式混合动力汽车已经行驶超过 70000 km，最近在驾驶车辆时明显感觉到起动困难，尤其车辆放置时间过长时，总要频繁起动才能顺利着车。路先生将车辆送至售后维修中心，技师小王经过一系列检查，最终将问题锁定在燃油供给系统，接下来要进行油压、油泵的检查，请问该如何进行这些工作？

二、任务目标

✧ 能根据燃油压力检测知识，结合维修手册指引，使用合适的工具，完成燃油压力检测。

✧ 能根据燃油泵电路知识，结合维修手册指引，使用合适工具，完成燃油泵电路检测。

✧ 能根据燃油泵更换步骤，结合维修手册指引，使用合适工具，完成燃油泵更换。

三、任务实施

（一）燃油压力检测

1. 知识学习

动画

燃油供给系统的组成

1）燃油供给系统的组成

燃油供给系统是电控燃油喷射系统的重要组成部分，其作用主要是在不同工况时为发动机提供生成可燃混合气所需要的燃油，并调节燃油供给系统的油压，从而保证发动机的正常运转。

燃油供给系统主要由燃油箱、燃油泵、燃油滤清器、燃油压力调节器、燃油分配管（油轨）、喷油器等组成，如图 9-1 所示。在部分车型的发动机中还会有冷起动喷油器。

2）燃油泵分类及工作原理

（1）低压燃油泵

① 低压燃油泵作用。

低压燃油泵将燃油箱内的燃油增压后输送到供油管道，通过喷油器喷入发动机进气歧管或气缸内。

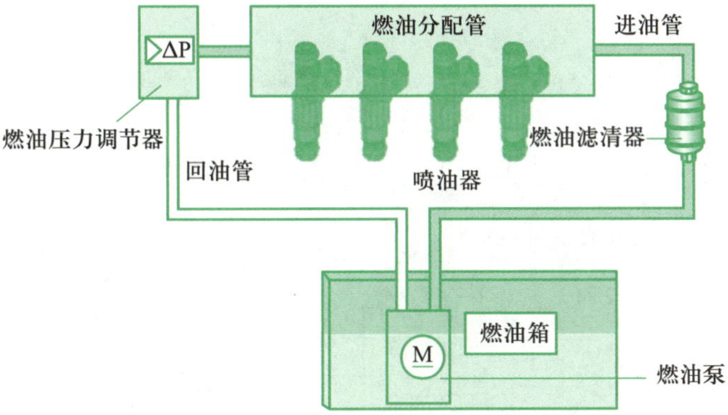

图 9-1　燃油供给系统的组成

按照安装位置的不同，低压燃油泵可以分为外置式和内置式两种，如图 9-2 所示，外置式燃油泵安装在燃油箱外的供油管路上，内置式燃油泵垂直安装在燃油箱底部，或固定在支架上，垂直悬挂在油箱内。

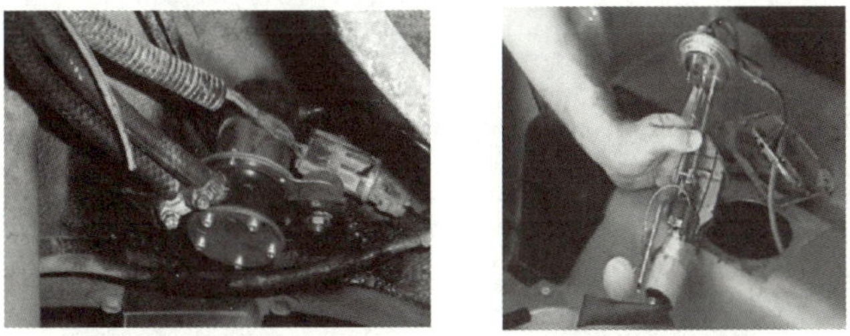

(a) 外置式燃油泵　　(b) 内置式燃油泵

图 9-2　低压燃油泵分类

与外置式燃油泵相比，内置式燃油泵因浸在燃油中，又被称为湿式燃油泵，其具有运转噪声小，不易产生气阻，无须考虑漏油，且有利于冷却的优点。因此，考虑到散热、隔音及气阻等因素，目前多数汽车采用内置式燃油泵。内置式燃油泵按结构分为涡轮泵、叶片泵、滚柱泵和侧槽泵。

② 内置式燃油泵基本结构。

以叶片泵为例，其结构如图 9-3 所示，主要由电动机、燃油泵、单向阀、安全阀及燃油滤网等组成。

③ 低压燃油泵工作原理。

低压燃油泵工作原理如图 9-4 所示。当发动机运转时，低压燃油泵由小型直流电动机驱动，将燃油从燃油箱泵出，流经燃油滤清器除去杂质后进入燃油分配管，再由燃油压力调节器对燃油压力进行调节，保持喷油器喷油压力恒定，最终由燃油分配管将燃油配送给各缸喷油器。

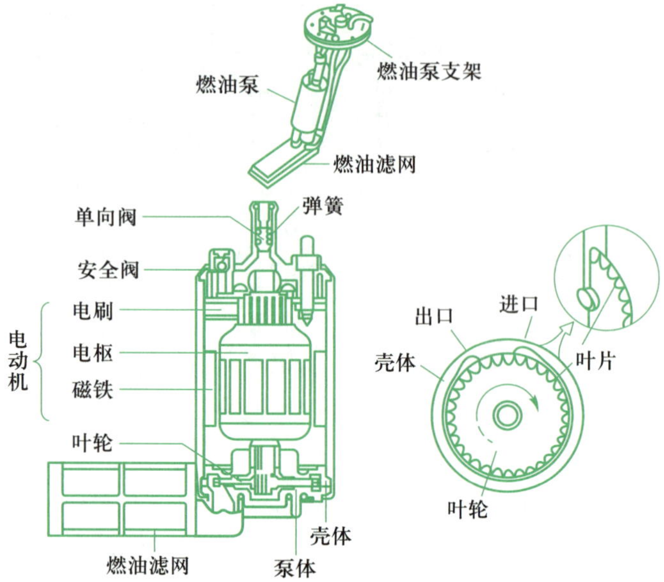

图 9-3 叶片泵结构

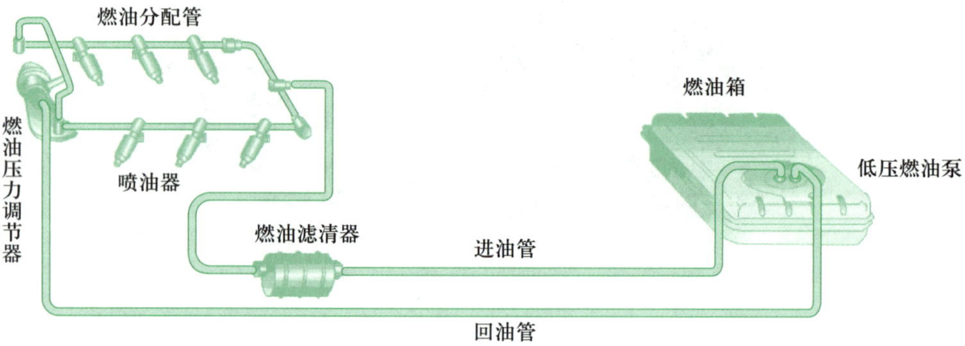

图 9-4 低压燃油泵工作原理

燃油系统必需保持一定的压力，才能保证喷油器喷出的燃油有更好的雾化效果，燃烧更充分。所以在出油口设置了单向阀，当低压燃油泵不工作时，单向阀关闭，密封油路，阻止燃油倒流回到燃油箱，以维持燃油管路内的燃油压力，便于发动机再次起动。同时，为防止造成燃油压力异常升高，使得油管破裂或低压燃油泵损坏，在低压燃油泵工作压力达到 0.4 MPa 时，安全阀会打开。

（2）高压燃油泵

高压燃油泵通过进气凸轮轴上的凸轮来驱动，在部分车辆的应用效果是可以在非喷射状态下将燃油输送到高压燃油系统中。限压阀集成在高压燃油泵中，可以在燃油受热膨胀或是在出现功能故障时保护零部件不会承受燃油的高压。

高压燃油泵产生约 5 ～ 20 MPa 的燃油压力，闭环控制电路由集成在高压电路中的压力传感器控制，并将压力值传递给 ECU。高压燃油泵是单缸往复泵，泵通常由凸轮轴驱动。4 缸发动机有 4 个喷油器，高压燃油注入过程中油轨上会产生相同的压力波动。因此，不同的喷油量由油轨的压力进行波动补偿。油轨的作用是接收高压燃油泵输送的燃油，并将其分配给喷油器。油轨的容积应足够大，以能较大程度地补偿高压燃油泵引起的压力脉动。高压传感器和压力控制阀安装在油轨上。高压燃油泵如图 9-5 所示。

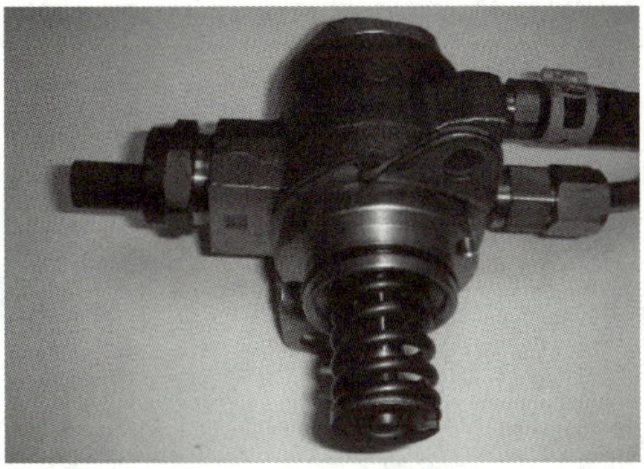

图 9-5　高压燃油泵

压力控制阀如图 9-6 所示。这种阀根据需求改变低压回路的回油孔流量，从而在油轨中产生所需的压力。压力控制阀在零电流时关闭，它由 ECU 通过脉冲宽度调制信号来可变地打开，并采用了压力限制功能来保护系统。

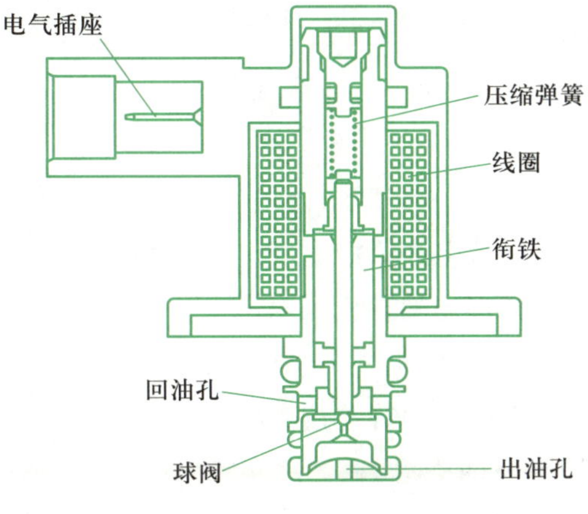

图 9-6　压力控制阀

3）燃油压力检测的步骤

（1）释放系统油压

① 检查燃油箱的燃油量，应保证充足。

② 在发动机怠速运转时拔掉燃油泵继电器,使系统油压降低,发动机自动熄火。

③ 再次起动发动机 2 ~ 3 次,使得燃油供给系统油压完全释放。

④ 关闭点火开关,插接燃油泵继电器或燃油泵线束插头。

(2)连接燃油压力表

① 检查蓄电池电压,应在 12 V 左右。

② 关闭点火开关,断开蓄电池负极,拆下负极电缆线。

③ 连接燃油压力测试表与燃油压力测试接头。

④ 将燃油压力测试接头的另外两端分别与脱开的进油软管和油轨喷油器进油端连接,如图 9–7 所示。连接蓄电池负极,装上负极电缆线。

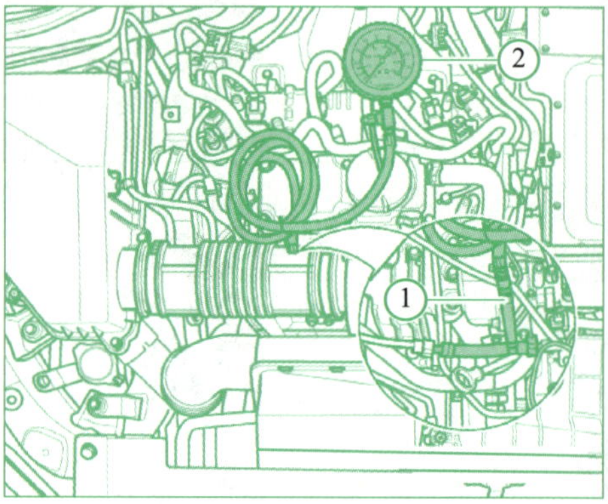

图 9–7 燃油压力检测

①—燃油压力测试;②—燃油压力测试表

(3)测量燃油压力

连接故障诊断仪,起动发动机并怠速运转,观察并读取燃油压力表的压力数值,对比维修手册确定燃油压力值是否符合标准;如果燃油压力数值过小,则可能是由于燃油滤清器堵塞,燃油泵工作性能下降等;如果所测燃油压力数值过大,则可能是由于燃油压力调节器的工作性能下降。

关闭点火开关,1 min 后应至少保持有 3 kPa 的压力,即达到燃油供给系统的保持油压,从而证明燃油系统正常。如果压力值过小,则需要检查燃油泵、燃油压力调节器等部件是否存在密封不良现象。

(4)拆除燃油压力表

① 释放系统油压。

② 关闭点火开关,拆下蓄电池负极。

③ 拆下燃油压力表,连接进油管。

④ 装上蓄电池负极。

⑤ 起动发动机,再次检查燃油管路接头位置是否漏油。

(5)预置燃油供给系统油压

预置燃油供给系统油压的方法是反复打开和关闭点火开关,从而避免下一次起动发动机时因系统内无压力而导致起动时间过长。

2. 技能操作

(1)操作准备

准备技能操作所需的物料,见表 9–1。

表 9-1　物料准备

类别	所需的物料
整车 / 台架	混合动力汽车发动机实训台架、维修手册、电路图
工具 / 设备 / 仪器	燃油压力表、抹布、灭火器、常用工具、接油容器

（2）燃油压力检测

根据所学的知识，结合维修手册指引，选用适合的工具设备，进行燃油压力检测，并将检测过程记录在表 9-2 中，将检测数据和结果记录在表 9-3 中。

表 9-2　燃油压力检测过程记录表

序号	步骤	工具 / 设备	关键点 / 注意事项
1			
2			
3			
4			
5			
6			
7			
8			
9			
10			

表 9-3　燃油压力检测数据和结果记录表

序号	检查项	前提条件	检查结果
1	怠速燃油压力	转速：	偏高□　正常□　偏低□
2	高转速燃油压力	转速：	偏高□　正常□　偏低□
3	静态压力保持	转速：　　保压时间：	偏高□　正常□　偏低□

（二）燃油泵检修

1. 知识学习

1）燃油压力调节原理

燃油泵的燃油压力调节是指燃油压力、流量通过改变燃油泵的输出来无级调节。该功能的设计意味着燃油压力可在 300 ~ 500 kPa 调节。高压出现在极端情形下，如发动机负载较大或热起动等。燃油压力调节如图 9–8 所示。

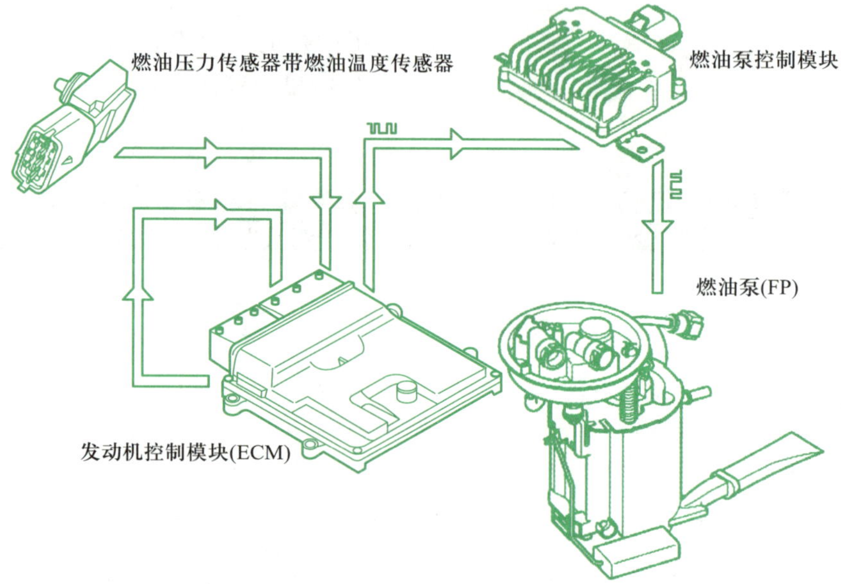

图 9–8　燃油压力调节示意图

以下组件用于燃油压力的调节（相应部件见图 9–8）。

发动机控制模块（ECM）、燃油泵控制模块、燃油压力传感器带燃油温度传感器、燃油泵。

发动机起动所需时间可通过当发动机控制模块从中央电子模块（CEM）接收到起动控制模块（SCU）的位置信号时，快速升高燃油分配管中的压力来缩短。

因为燃油压力传感器发出的信号提供了燃油压力和燃油温度的信息，发动机控制模块便能更好地计算喷射时间。这改善了发动机冷起动时的表现。

改变燃油泵输出以使其不总是在最大功率的优点是：燃油泵的总功率消耗降低，从而降低了供电系统上的负载，也降低了燃油消耗；延长燃油泵的使用寿命；减小燃油泵噪声。

燃油压力调节工作原理如下。

① 发动机控制模块计算出理想的燃油压力，然后发送一个信号到燃油泵控制模块，表明理想的燃油压力。发动机控制模块和燃油泵控制模块之间的串联通信被

用来携带该信号。燃油泵控制模块再用接地的脉冲宽度调谐（PWM）电压来操控燃油泵单元，以获得理想的压力。燃油泵可通过改变脉冲宽度调谐信号的脉波比率来进行无级控制，只有在那个特定时间所要求的压力的燃油才会被释放到燃油分配管 / 喷油嘴。此脉冲宽度调谐信号值是燃油泵工作负载的测量值（100% 对应最大压力）。

② 发动机控制模块利用燃油压力传感器提供的信号持续监测燃油压力，这使得理想的燃油压力可以达到，如有必要就会发送信号到燃油泵控制模块，要求调整燃油压力。发动机控制模块调节稳定后的燃油压力，在发动机运行时相对于大气压力约为 400 kPa。

③ 出于安全原因，如果安全辅助系统（SRS）模块探测到碰撞，中央电子模块就会关闭燃油泵。

2）燃油泵电路检测

燃油泵电路示意图如图 9-9 所示。

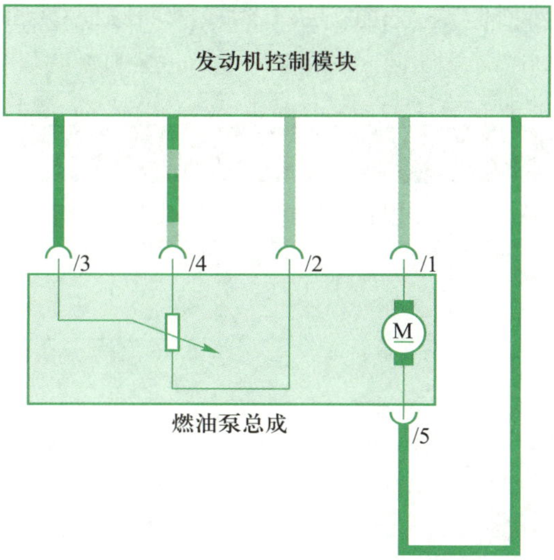

图 9-9 燃油泵电路示意图

（1）燃油电动机电压

燃油泵总成的端子 1 和端子 5 分别是燃油泵电动机的供电和搭铁端子，燃油泵电动机在发动机起动和运转过程中，端电压应为蓄电池电压。

（2）燃油电动机电阻

拔下插头，用万用表测量燃油泵插座端子 1 和端子 5，电阻值应为 1 ～ 5 Ω。

（3）燃油液位传感器

图 9-9 中的端子 2 是燃油液位传感器的正极端子，端子 3 是燃油液位传感器

的负极端子，端子 2 和端子 3 共同形成回路。燃油液位传感器本质上是一个滑动电阻，电阻的变化会反映到端子 4 上，端子 4 会有一个可变电压信号传递到发动机控制单元。

测量时，端子 2、3 之间的电压为 5 V，端子 4 的电压应在维修手册标定的范围内。

2. 技能操作

（1）操作准备

准备技能操作所需的物料，见表 9–4。

表 9–4　物料准备

类别	所需的物料
整车 / 台架	混合动力汽车发动机实训台架、维修手册、电路图
工具 / 设备 / 仪器	万用表、手电、接线器、灭火器、常用工具

（2）燃油泵电路的检测

结合电路图，对实训车辆燃油泵电路进行检测，并将检测过程记录在表 9–5 中。

表 9–5　燃油泵电路检测过程记录表

检测项目	检测点	工具	检测条件 / 内容	检测结果	标准值
（示例）加热电路	T6/1 ~ T6/2	万用表	起动发动机 / 电压	12.45 V	同辅助蓄电池电压
燃油泵电动机供电端子					
燃油泵电动机搭铁端子					
燃油泵电动机电阻					
燃油液位传感器信号电压					
燃油液位传感器正极输入					
燃油液位传感器负极输入					

（三）更换燃油泵

1. 知识学习

燃油泵的拆装步骤见表 9–6。

表 9-6　燃油泵的拆装步骤

环节	图示	拆装步骤
释放 系统油压	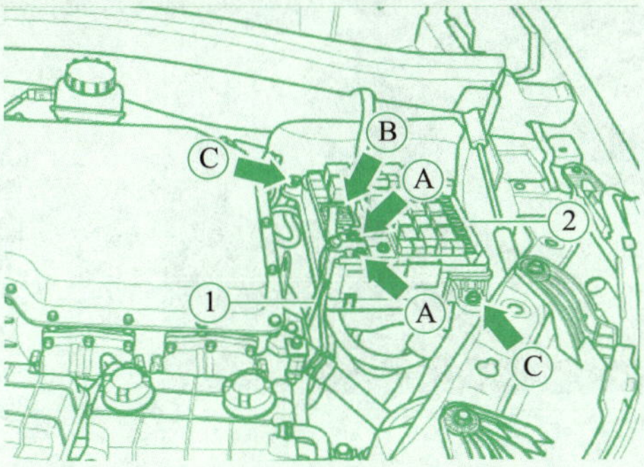	在发动机怠速运转时，将燃油泵继电器或燃油泵线束插头拔掉，使燃油泵停止泵油，燃油系统油压逐渐降低，在发动机自动熄火后再次起动发动机 2 ~ 3 次，使得燃油供给系统油压完全释放
断开 蓄电池负极	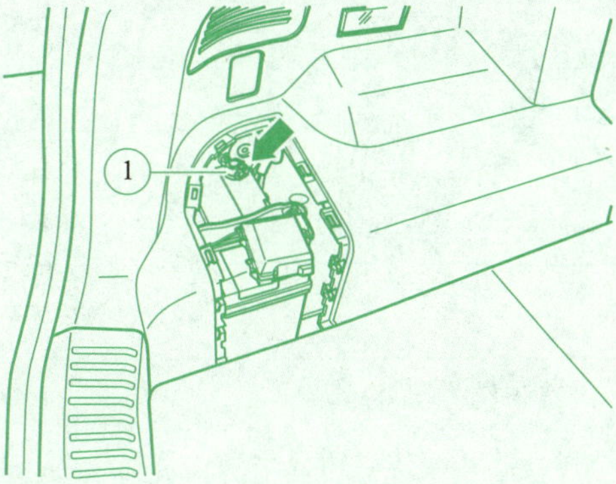	旋松图中箭头指示的蓄电池负极接头紧固螺母，脱开蓄电池负极接头①
拆卸 燃油软管		沿图示箭头方向按压燃油管接头，脱开燃油供油软管①和燃油回油软管②。 脱开燃油管路连接后，需将暴露在外界的管路密封起来，防止杂质进入燃油系统内
拆卸燃油泵 安装盖	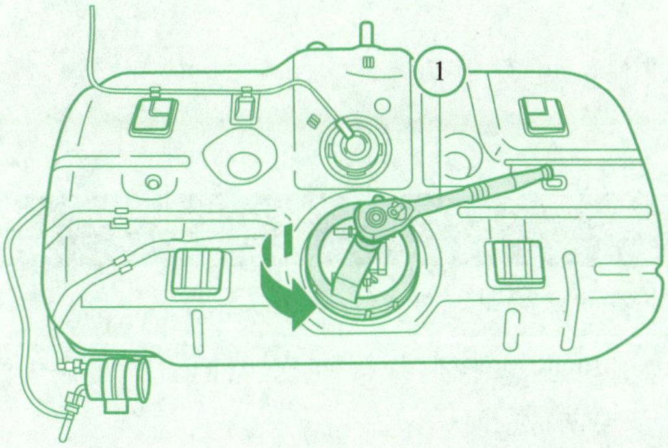	使用燃油泵安装盖拆装工具①，沿图示箭头方向旋出燃油泵安装盖

续表

环节	图示	拆装步骤
取出燃油泵总成	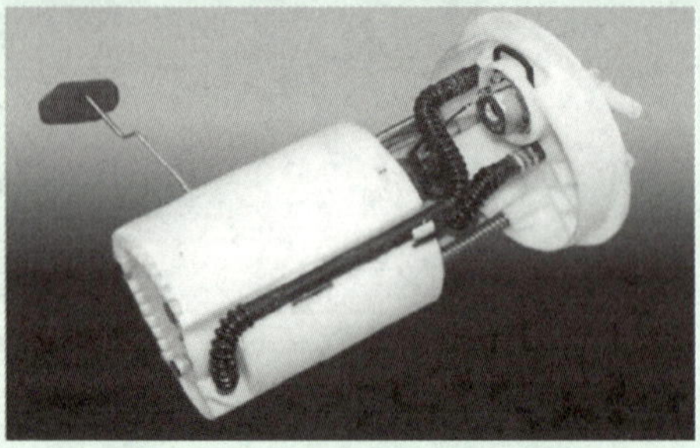	将燃油泵总成从燃油箱内取出
安装新的燃油泵总成	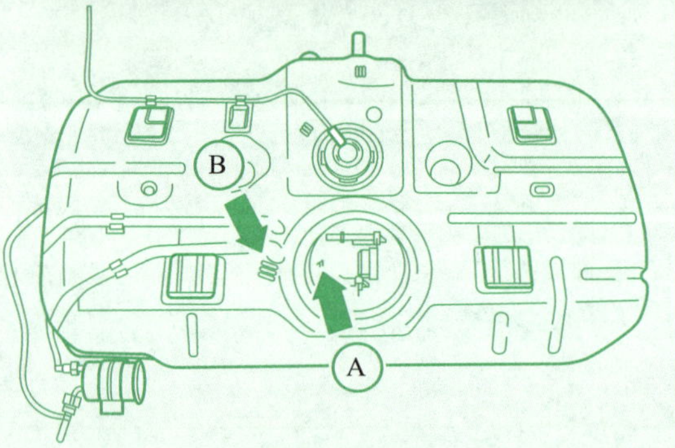	安装燃油泵总成时，使燃油泵壳体上的标记箭头 A 与燃油箱壳体上的标记箭头 B 处于同一直线上，在拧紧燃油泵安装盖时，再次确保标记是否移位
连接蓄电池负极	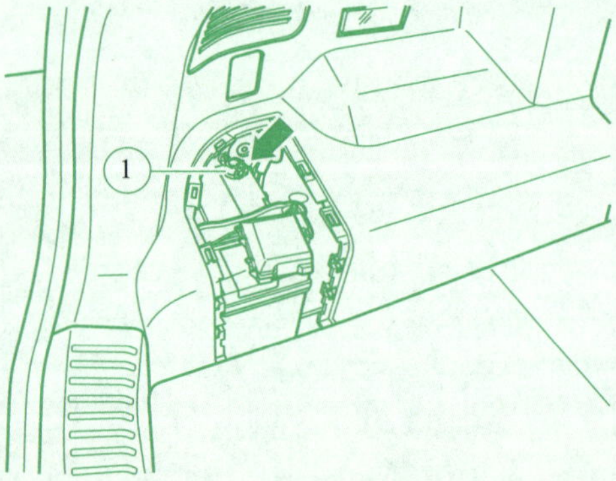	连接蓄电池负极端子①，螺母拧紧力矩为 6 ± 1 N·m。 着车后检查是否有漏油现象

2. 技能操作

（1）准备工作

准备技能操作所需的物料，见表 9–7。

表 9–7　物料准备

类别	所需的物料
整车 / 台架	混合动力实训车辆
工具 / 设备 / 仪器	举升机、维修手册、抹布、手套、常用工具、专用工具、照明灯、绝缘工具、安全防护用品、灭火器

（2）更换燃油泵

根据所学的知识，结合维修手册指引，进行燃油泵更换，并将更换过程记录在表 9–8 中。

表 9–8　燃油泵更换过程记录表

序号	步骤	工具 / 设备	关键点 / 注意事项
1			
2			
3			
4			
5			
6			
7			
8			
9			
10			
11			
12			

对本次更换过程进行检查，并将检查结果记录在表 9–9 中。

表 9–9　燃油泵更换过程检查记录表

检查项	检查结果	检查项	检查结果
螺栓紧固是否执行标准转矩	是□　否□	燃油泵总成嵌入位置是否正确	是□　否□
安装燃油泵总成是否无磕碰	是□　否□	安装完成后是否有故障码	是□　否□
起动顺畅	是□　否□	燃油是否泄漏或倾洒	是□　否□

四、检查评估

对本任务的学习情况进行检查，并将相关内容填写在表 9–10 中。

表 9-10　检查表

检查项目	检查结果	结果点评
	燃油压力检测	
是否正确选用工具及设备	是□　否□	
测量工序是否规范正确	是□　否□	
查询的数据是否准确有效	是□　否□	
是否正确判定目标的故障原因	是□　否□	
	燃油泵电路检测	
是否正确选用工具及设备	是□　否□	
测量工序是否规范正确	是□　否□	
查询的数据是否准确有效	是□　否□	
是否正确判定目标的故障原因	是□　否□	
	更换燃油泵	
是否能正确选用工具及设备	是□　否□	
拆装工序是否规范正确	是□　否□	
是否正确完成了更换	是□　否□	
	整理恢复	
工具 / 设备是否整理恢复	是□　否□	
实训场地卫生是否打扫干净	是□　否□	
是否进行充分的团队协作和沟通	是□　否□	
是否进行体现较好的保护设备设施的意识和行动	是□　否□	

五、任务小结

任务九小结如图 9-10 所示。

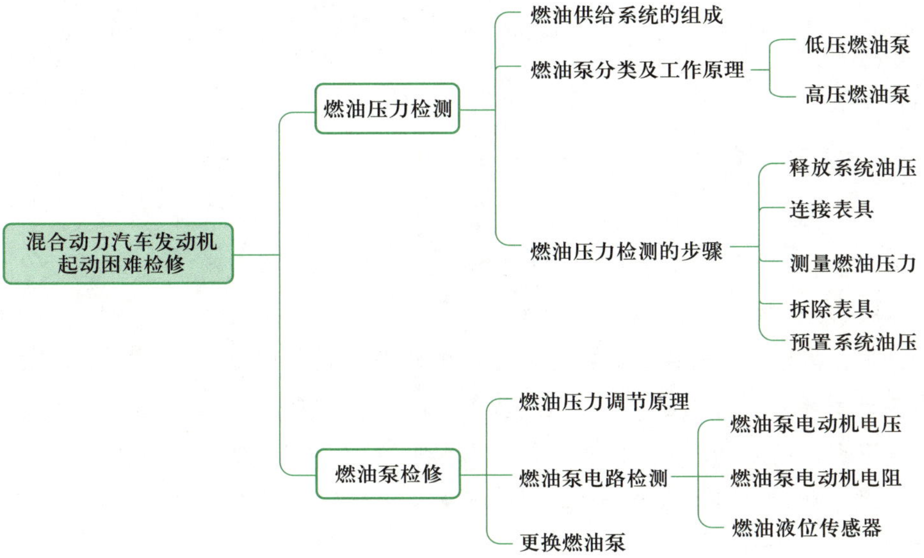

混合动力汽车发动机起动困难检修
燃油压力检测
燃油供给系统的组成
燃油泵分类及工作原理
低压燃油泵
高压燃油泵
燃油压力检测的步骤
释放系统油压
连接表具
测量燃油压力
拆除表具
预置系统油压
燃油泵检修
燃油压力调节原理
燃油泵电路检测
燃油泵电动机电压
燃油泵电动机电阻
燃油液位传感器
更换燃油泵

图 9–10　任务九小结

任务十　混合动力汽车发动机加速迟滞检修

一、任务导入

场景：某品牌新能源汽车售后维修中心。

人物：维修技师小王、客户路先生。

情节：路先生的某品牌插电式混合动力汽车已经行驶超过 90000 km，最近在驾驶车辆时明显感觉到加速迟滞，加速踩加速踏板时有 0.5 ~ 1 s 的延迟。路先生将车辆送至维修中心，技师小王经过一系列检查，最终将问题锁定在涡轮增压系统，怀疑因为增压效率下降导致加速迟滞，接下来要进行涡轮增压系统的检查，请问该如何进行这些工作？

二、任务目标

✧ 能根据增压压力传感器的检测知识，结合维修手册指引，使用合适的工具，完成增压压力传感器检测。

✧ 能根据增压压力控制器的检修知识，结合维修手册指引，使用合适的工具，完成增压压力控制电磁阀检测。

✧ 能根据增压压力控制器的检修知识，结合维修手册指引，使用合适的工具，完成空气再循环控制电磁阀检测。

三、任务实施

（一）增压压力传感器检修

1. 知识学习

1）增压系统的定义和分类

增压系统是指将进入发动机气缸的空气或可燃混合气预先进行压缩或压缩后再加以冷却，以提高进入气缸的空气或可燃混合气的密度，从而使充气质量增加，并在燃油供给系统的适当配合下，使更多的燃料更好地燃烧，从而达到提高发动机动力、提高比功率、改善燃料经济性、降低废气排放和噪声的目的。

根据使用的动力源不同，增压系统可分为涡轮增压系统和机械增压系统两种类型，其区别见表 10-1。

表 10-1　涡轮增压系统和机械增压系统的区别

增压方式	驱动方式	优点	缺点
涡轮增压	利用废气驱动	动力更强	结构复杂
		不消耗发动机动力	动力输出反应存在迟滞
		比较省油	—
机械增压	利用发动机曲轴产生的转矩驱动	结构简单	直接消耗发动机的动力
		没有迟滞现象，增压线性	省油表现略差
		—	高速状态下会变成发动机的负载，增压不足

2）涡轮增压系统的作用和结构

（1）涡轮增压系统的作用

涡轮增压系统的作用是利用发动机运转产生的废气来驱动空气压缩机提高发动机进气量，从而提高发动机的功率和转矩。

（2）涡轮增压系统的结构

涡轮增压系统主要由空气滤清器、涡轮增压器、中冷器等组成，如图 10-1 所示。

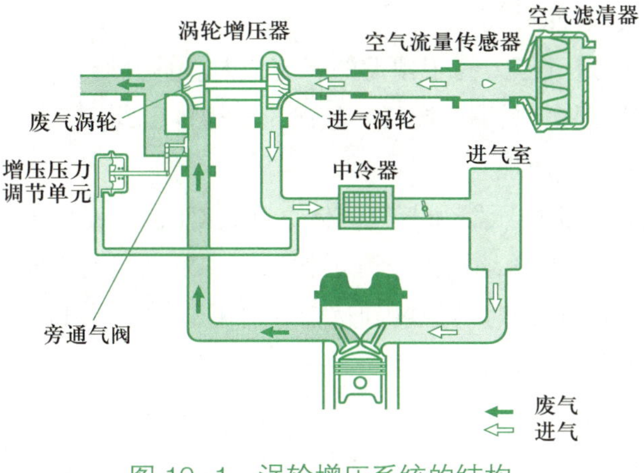

图 10-1　涡轮增压系统的结构

（3）涡轮增压器

涡轮增压器一般安装在进气歧管上。如图 10-2 所示，涡轮增压器主要由蜗壳、涡轮、增压压力调节单元、压缩机叶片等组成。蜗壳入口与发动机排气口连接，出口与排气总管连接；压缩机入口与空气滤清器后方的进气管连接，出口与进气歧管或进气中冷装置连接。发动机排出的废气驱动涡轮旋转，带动压缩机叶片旋转，将进气增压后压入发动机。

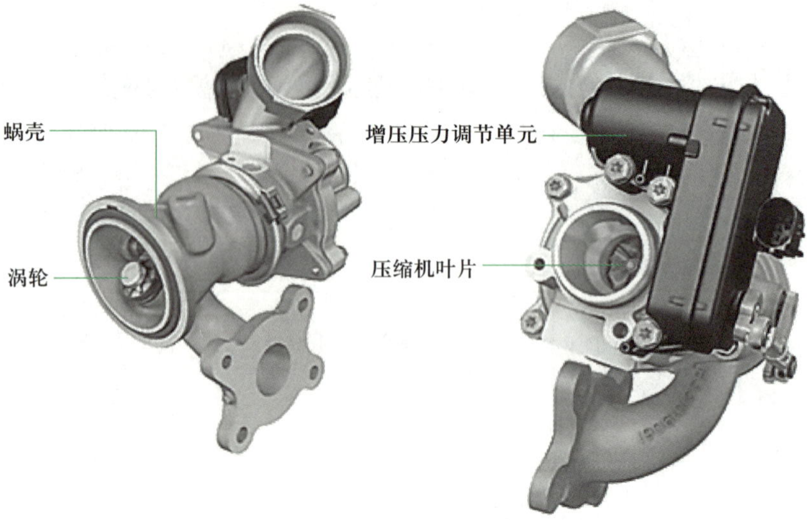

图 10–2　涡轮增压器的结构

3）涡轮增压系统的工作原理

（1）涡轮增压原理

ECU 检测到进气压力低于预设的规定值时，ECU 断开释放电磁阀的负极，电磁阀关闭。由涡轮增压器出口引入的进气压力进入驱动气室，关闭旁通排气道，排入的废气进入驱动气室，使进气增压。

当 ECU 检测到进气压力高于预设的规定值时，电磁阀打开，关闭进入废气涡轮的通道，同时排气旁通道口打开，废气不经涡轮直接排出，增压器停止工作。

（2）中冷器的工作原理

中冷器串接在涡轮增压器和节气门体之间，位于冷却系统散热器附近，使热空气通过其管道，从而冷却压缩后的空气。如果进入发动机的空气压力过大、温度过高，中冷器能够对进入的空气的温度到达较好的调节作用，降低过高的空气温度，从而有效防止爆燃现象的出现。

中冷器工作原理如图 10–3 所示。当排气驱动废气涡轮旋转时，空气经进气道进入进气涡轮，在离心力的作用下沿叶片之间形成的流道，从进气涡轮中心流向叶轮周边，使其流速、压力明显增高，但由于温度也同步升高，受热膨胀的空气密度没有明显提高。经过中冷器冷却的空气密度明显提高，使充气系数明显提高。

动画

增压压力传感器工作原理

4）增压压力传感器的工作原理

增压压力传感器用来监测增压后绝对压力值的高低，以便发动机控制单元控制涡轮增压器上的过压泄压旁通阀或过压进气泄压阀的开启，及时调节“压力比”，防止过量增压，保护发动机。

增压压力传感器安装在发动机中冷器的上部或集成在节气门模块的上部。

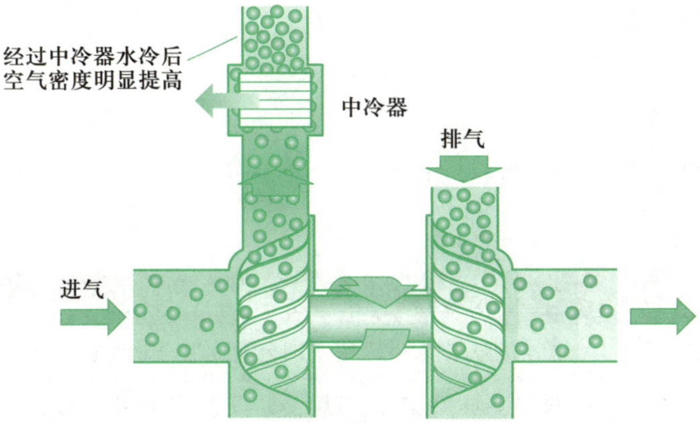

图 10–3　中冷器工作原理

当增压系统工作时，进气管内的进气压力使硅芯片连同压敏电阻发生机械变形，使压敏电阻的阻值发生改变，惠斯通电桥失去平衡，硅芯片上的电路处理后，形成与进气压力呈线性关系的电压信号，如图 10–4 所示。

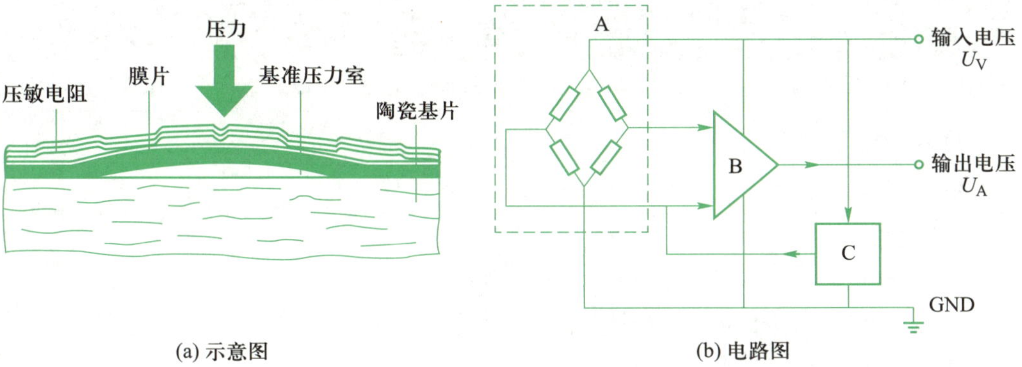

(a) 示意图　　(b) 电路图

图 10–4　增压压力传感器原理

A—压力测试元件；B—放大器；C—温度补偿电路

5）增压压力传感器检测方法

（1）搭铁检查

拔掉增压压力传感器插头，使用万用表测量插头 1 号端子与搭铁之间的电阻，应小于 5 Ω。

（2）电压检测

拔掉增压压力传感器插头，打开点火开关，使用万用表测量插头 1 号端子与 3 号端子之间的电压，应接近 5 V。

（3）增压压力传感器信号检查

插上增压压力传感器插头，打开点火开关，在线路接通的情况下用万用表电压挡测量 1 号端子与 4 号端子之间的电压，在不同增压压力下应测得不同的电压值，但电压值范围应在 0 ~ 5 V。

2. 技能操作

（1）操作准备

准备技能操作所需的物料，见表 10–2。

表 10–2　物料准备

类别	所需的物料
整车 / 台架	混合动力汽车发动机实训台架或混合动力实训整车
工具 / 设备 / 仪器	维修手册、电路图、常用工具、万用表、手电、抹布、手套

（2）增压压力传感器的检测

结合电路图，对实训车辆增压压力传感器进行检测，并将检测过程记录在表 10–3 中。

表 10–3　增压压力传感器检测过程记录表

检测项目	检测点、控制单元地址	工具	检测条件 / 内容	检测结果	标准值
（示例）加热电路	T6/1 ~ T6/2	万用表	起动发动机 / 电压	12.45 V	同辅助蓄电池电压
搭铁检查					
电压检测					
信号检查					

（二）增压压力控制系统检修

1. 知识学习

微课

电控涡轮增压压力调节

1）增压压力的调节功能

增压压力与涡轮增压器转速有关，而在发动机转速和负荷一定时，涡轮增压器的转速与废气流经涡轮的转速有关。因此，改变废气流经涡轮的速度就可以实现对增压压力的控制。

发动机在高速大负荷时的废气能量多，增压压力高；在低速小负荷时的废气能量少，增压压力低。因此，涡轮增压发动机的低速转矩小，低速加速性能差。

为了获得低速大转矩和良好的加速性能，混合动力汽车给涡轮增压器的设计转速常设定最高限制，如有些车辆设定为标定转速的 40%。也因此，在高速时的增压压力将会过高，增压器可能超速；同时，还可能使发动机的热负荷过大并发生爆燃，为此必须对增压压力进行调节。

控制增压压力的部件主要是旁通阀、节流阀、可调叶片等，其控制方式及实现方法见表 10–4。

表 10-4　增压压力控制

控制增压压力的方式	实现方法	
旁通阀式增压控制	利用旁通阀控制流经涡轮的废气量	改变废气流经涡轮的速度，实现对增压压力的控制
节流阀式增压控制	利用节流阀控制涡轮进气口流通截面	
可调叶片式增压控制	利用可调叶片控制涡轮受力的有效截面	

（1）旁通阀式增压控制系统——增压压力调节单元

增压压力调节单元安装在涡轮增压器前端，其膜片式控制阀通过橡胶软管经增压压力限制电磁阀与增压器压气机外壳出口连接，涡轮室内的旁通阀由增压压力调节单元的膜片阀通过推杆控制。当冲击涡轮的废气量增加，涡轮转速加快，增压压力得到提高；当增压压力达到一定值时，增压压力调节单元内膜片阀移动，通过推杆和连杆使旁通阀打开一个角度，此时冲击涡轮的废气量减少，涡轮转速下降，相应的增压压力也下降；如果增压压力继续增大，则旁通阀开度也增大，从而实现对增压压力的自动调节。增压压力调节单元如图 10–5 所示。

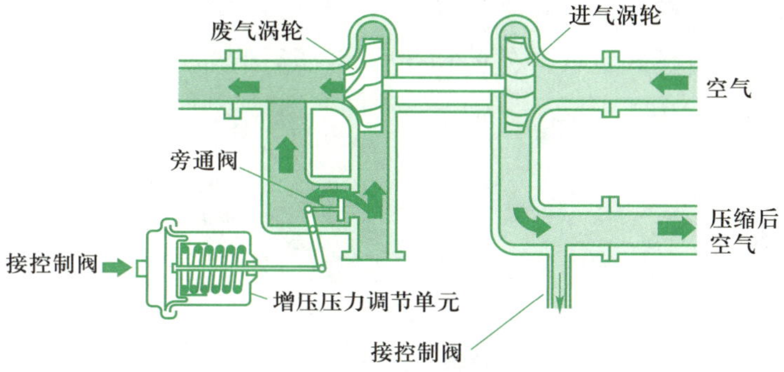

图 10–5　增压压力调节单元

（2）旁通阀式增压控制系统——增压压力限制电磁阀

增压压力限制电磁阀上有三个管口 A、B、C，通过橡胶软管分别与增压器压气机出口、增压压力调节单元及低压进气管（压气机入口）相连接，发动机控制单元根据需要以占空比方式给增压压力限制电磁阀通电，改变加在增压压力调节单元膜片阀上的气压以调节增压压力。在中低速小负荷时，增压压力限制电磁阀的 A 端与 B 端接通，允许增压压力调节单元自动调节增压压力；在加速或高速大负荷时，该电磁阀由发动机控制单元以占空比的方式供电，低压通气端与另两端接通，使施加在增压压力调节单元膜片阀上的压力下降，旁通阀开度减小，增压压力提高，占空比越大，增压压力越高。增压压力电磁阀如图 10–6 所示。

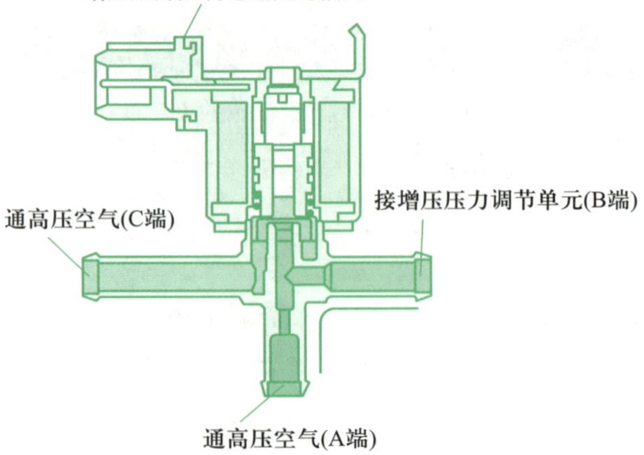

图 10-6　增压压力限制电磁阀

（3）旁通阀式增压控制系统——机械式空气再循环阀

机械式空气再循环阀并联安装在压气机出口的软管与低压进气管之间，有 3 个管接头：两根粗管 A、B 分别与增压器压气机出口的高压软管和压气机入口的低压进气管相连接，细管 C 通过真空管与增压器空气再循环电磁阀相连接。阀体内有真空膜片，当膜片室的真空度较小时，机械式空气再循环阀不开启，当有较大真空度作用于膜片上时，机械式空气再循环阀开启，增压后的部分空气又返回低压进气管。空气再循环阀如图 10-7 所示。

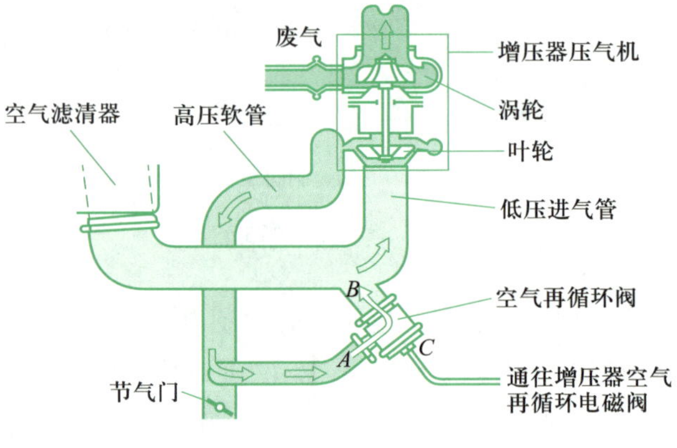

图 10-7　空气再循环阀示意图

（4）旁通阀式增压控制系统——空气再循环控制电磁阀

空气再循环控制电磁阀安装在进气歧管下面，阀上的三个管接头 A、B、C 端分别与进气歧管、机械式空气再循环阀和真空罐相连接。该阀受发动机控制单元控制，不通电时进气歧管与机械式空气再循环阀的膜片室相通，通电时真空罐与机械式空气再循环阀的膜片室相通。空气再循环控制电磁阀如图 10-8 所示。

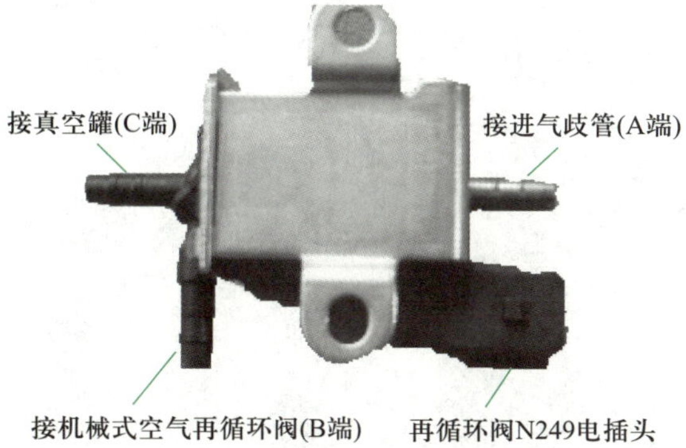

图 10-8　空气再循环控制电磁阀

在发动机怠速或小负荷工况时，进气歧管的真空度较大，发动机进气不需要增压，此时空气再循环电磁阀不通电，进气歧管的真空度作用于机械式空气再循环阀，使其开启，涡轮增压器压气机出口的高压空气流回到低压端，此时涡轮增压器不起作用；在车辆从高速行驶急减速时，节气门突然关闭，瞬间增压器需要卸荷。此时进气歧管内的真空度不足以开启机械式空气再循环阀，故发动机控制单元将立即给增压器空气再循环电磁阀通电，使真空罐与机械式空气再循环阀接通，在真空罐强大的真空吸力作用下机械式空气再循环阀开启，增压器被卸荷。

增压器卸荷的目的是使增压器压气机至节气门之间存在的高气压负荷瞬间被卸掉，使压气机叶轮旋转的阻力不致过大，这样一是减轻高压气体对压气机叶轮的冲击，二是能使涡轮增压器保持在较高的转速，使涡轮增压器在需要时能更迅速地向发动机提供所需的增压压力，减小涡轮增压器的迟滞现象。

为了布局及结构更加进化，控制更加高效，现代汽车也越来越多地采用电控空气再循环阀，其本身不需要额外的“空气再循环控制电磁阀”，而是将电控和阀体执行合为一体，发动机控制单元根据事实的整体状态，发送占空比控制信号，使空气再循环阀按需开启。带有电控空气再循环阀的增压系统如图 10-9 所示。

（5）节流阀式增压压力控制系统

节流阀式增压压力控制系统如图 10-10 所示。节流阀安装在增压器的涡轮进口处，当发动机低速运转时，节流阀关闭以减小涡轮进口截面，使废气流速加快，增压器转速提高，以避免低速时增压压力不足。当发动机转速较高时，节流阀开启以增大涡轮进口截面，使废气流速减慢，以防止高速时增压器超速。

节流阀的开启或关闭，由电磁阀和驱动气室来控制，其控制原理与排气旁通阀增压控制基本相同。

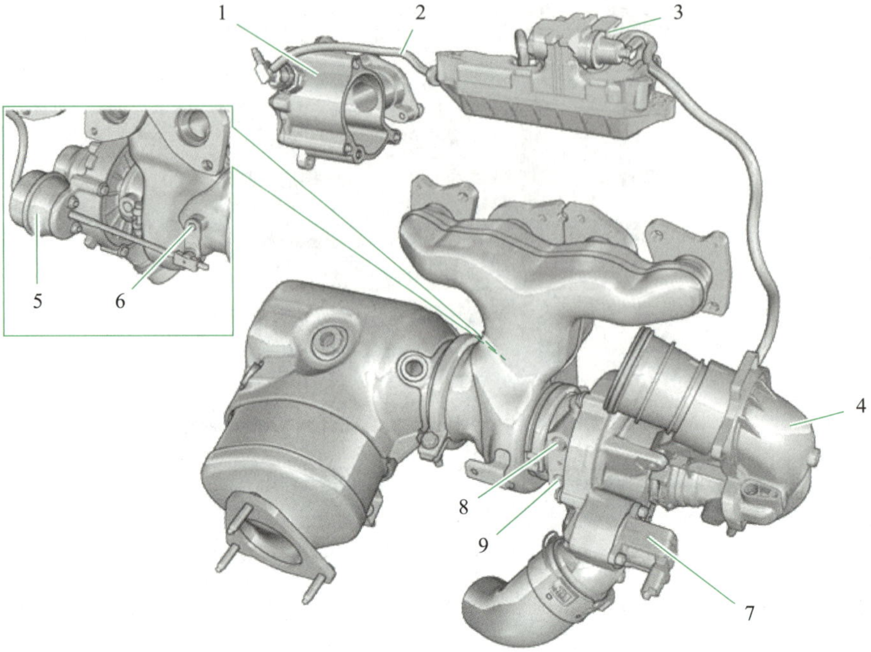

图 10-9　带有电控空气再循环阀的增压系统

1—真空泵；2—真空管线；3—真空调节器；4—新鲜空气软管；
5—增压压力调节单元；6—泄压气门轴体；7—电子空气再循环阀；8—冷却液入水口；9—冷却液出水口

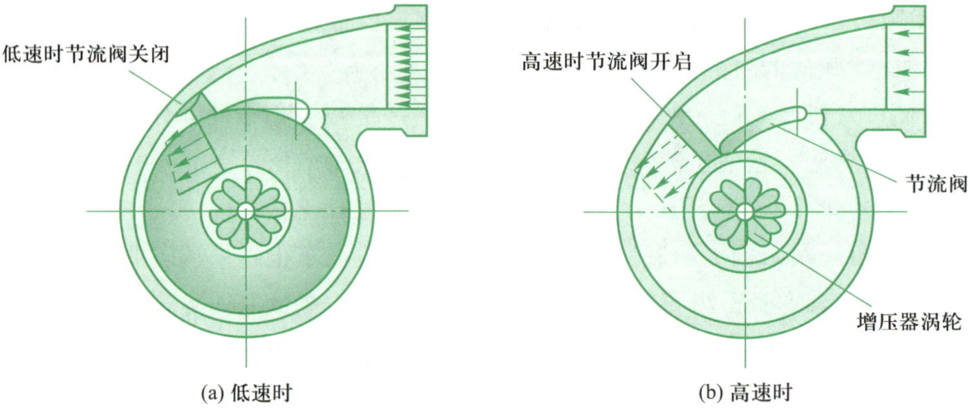

图 10-10　节流阀式增压压力控制

（6）可调叶片式增压压力控制系统

可调叶片式增压压力控制系统如图 10-11 所示，调整圈安装在增压器的涡轮壳上，与可调叶片和轴制成一体的导销位于调整圈相应的卡槽内，叶片轴由支承圈支撑，调整圈转动时，即可通过相应的卡槽驱动导销和叶片一起转动，从而改变叶片角度。控制连杆通过调整圈导销相应的卡槽驱动调整圈转动，而控制连杆的转动则由控制单元通过电磁阀和驱动气室来控制。控制电磁阀采用占空比控制型，但只有 4 个位置变化，相应的可调叶片也有 4 个角度位置，能够对涡轮增压器实现 4 级转换控制。

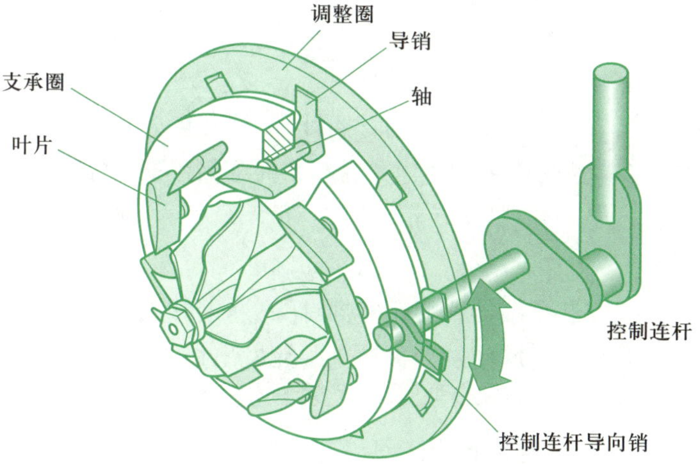

图 10–11　可调叶片式增压压力控制系统

可调叶片式增压压力控制原理如图 10–12 所示，发动机低速时，控制单元通过电磁阀和驱动气室控制调整圈转动，使可调叶片角度减小，由于废气经过可调叶片流向涡轮时的通道截面变小，使废气流速加快，而且废气冲击涡轮叶片的外边缘，也增大了涡轮驱动力矩，所以涡轮增压器转速较高，增压压力相对提高。反之，可调叶片角度增大时，增压压力则相对减小。

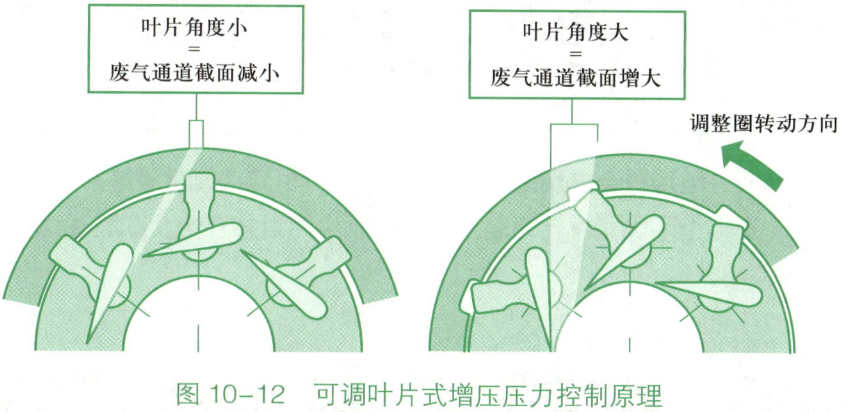

图 10–12　可调叶片式增压压力控制原理

2）增压系统电磁阀检修

（1）增压压力调节电磁阀检修

① 执行动作测试。

使用解码器执行动作测试，进入发动机控制模块，选择相应子系统的控制功能中的相关选项，启动动作测试后，应能听见“咔哒”声。

② 电阻检查。

关闭点火开关，拔下电磁阀插头，使用万用表电阻挡测量插头两个端子之间的电阻，标准值为 25 ~ 35 Ω。

③ 电源电压检测。

关闭点火开关，安装接线器或使用背插针头，打开点火开关并起动发动机，使用万用表电压挡测量电磁阀插头的供电端子（查询维修手册）与搭铁的电压，应接近辅助蓄电池电压。

④ 信号检测。

关闭点火开关，安装接线器或使用背插针头，连接好试灯到插头的两个端子，打开点火开关，执行“①”步骤，使发动机控制单元发出控制信号，观察试灯是否闪烁，若规律闪烁则为正常。

（2）空气再循环控制电磁阀检修

空气再循环控制电磁阀的原理、结构和控制逻辑同增压压力调节电磁阀一样，所以检修步骤在此不作赘述，但要注意两者电阻检查的阻值标准不同，空气再循环控制电磁阀的电阻标准是 27 ~ 30 Ω。

2. 技能操作

（1）操作准备

准备技能操作所需的物料，见表 10–5。

表 10–5　物料准备

类别	所需的物料
整车 / 台架 / 防护用品	混合动力汽车发动机实训台架
工具 / 设备 / 仪器	维修手册、电路图、常用工具、手电、试灯、万用表、抹布

（2）增压压力调节电磁阀检测

根据所学的知识，结合维修手册指引，进行增压压力调节电磁阀检测，并将检测过程记录在表 10–6 中。

表 10–6　增压压力调节电磁阀检测过程记录表

检测项目	检测点、控制单元数据流组号	工具	检测条件 / 内容	检测结果	标准值
（示例）加热电路	T6/1 ~ T6/2	万用表	起动发动机 / 电压	12.45 V	同辅助蓄电池电压
电磁阀动作测试					
电磁阀电阻					
电源电压					
信号检测					

（3）空气再循环控制电磁阀检测

根据所学的知识，结合维修手册指引，进行空气再循环控制电磁阀检测，并将检测过程记录在表 10–7 中。

表 10–7　空气再循环控制电磁阀检测过程记录表

检测项目	检测点、控制单元数据流组号	工具	检测条件 / 内容	检测结果	标准值
（示例）加热电路	T6/1 ～ T6/2	万用表	起动发动机 / 电压	12.45 V	同电瓶电压
电磁阀动作测试					
电磁阀电阻					
电源电压					
信号检测					

四、检查评估

对本任务的学习情况进行检查，并将相关内容填写在表 10–8 中。

表 10–8　检查表

检查项目	检查结果	结果点评
增压压力传感器检修		
测量的方法是否正确	是□　否□	
是否正确选用工具及设备	是□　否□	
测量工序是否规范、标准	是□　否□	
是否能通过测量来判定目标的故障原因	是□　否□	
增压压力调节电磁阀检修		
测量的方法是否正确	是□　否□	
是否正确选用工具及设备	是□　否□	
测量工序是否规范、标准	是□　否□	
是否能通过测量来判定目标的故障原因	是□　否□	

续表

检查项目	检查结果	结果点评
空气再循环控制电磁阀检修		
测量的方法是否正确	是□ 否□	
是否正确选用工具及设备	是□ 否□	
测量工序是否规范、标准	是□ 否□	
是否能通过测量来判定目标的故障原因	是□ 否□	
整理恢复		
工具 / 设备是否整理恢复	是□ 否□	
实训场地卫生是否打扫干净	是□ 否□	
是否进行充分的团队协作和沟通	是□ 否□	
是否体现较好的保护设备设施的意识和行动	是□ 否□	

五、任务小结

任务十小结如图 10–13 所示。

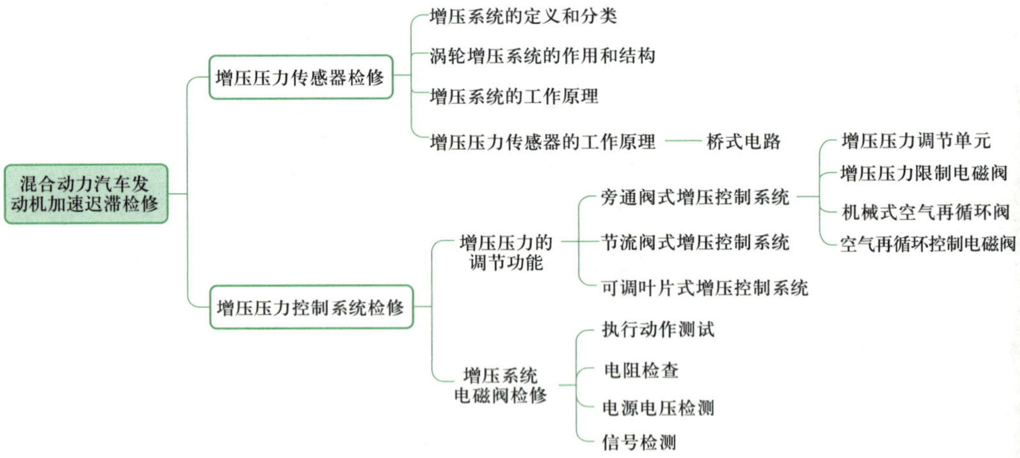

图 10–13　任务十小结

情境四
混合动力汽车发动机养护

一、情境介绍

车辆在使用时，其内部的零部件磨损、油液消耗、机件老化等长期存在，现代汽车的使用思维已经由事后维修转向预防养护，发动机的维护保养工作对整机寿命、性能的影响巨大。本情境包含混合动力汽车发动机基础性养护、混合动力汽车发动机周期性养护、混合动力汽车发动机深度养护3个工作任务。内容包括：发动机机油特性、机油更换流程、节气门清洗和匹配方法、空气滤清器的清洁和更换方法、燃油滤清器的清洁和更换方法、正时机构组件更换方法、冷却液更换流程、三元催化器清洗方法、喷油嘴清洁方法等。

二、情境目标

✧ 能够参照维修手册的技术规范，按照正确的操作流程和检修要求，规范完成混合动力发动机易损耗部件更新、清洁作业。

✧ 能够参照维修手册的技术规范，按照正确的操作流程和检修要求，规范完成混合动力发动机三元催化系统、喷油部件的清洁。

4

[redacted]

任务十一　混合动力汽车发动机基础性养护

一、任务导入

场景：某品牌新能源汽车售后维修中心。

人物：维修技师小王、客户路先生。

情节：路先生的某品牌插电式混合动力汽车已经行驶超过 20000 km，最近在驾驶车辆时，仪表保养灯等亮起。路先生将车辆送至维修中心，维修技师小王将要对混合动力汽车发动机进行基础性养护，他要如何进行？

二、任务目标

✧ 能根据机油、机油滤清器的相关知识，结合维修手册指引，使用合适的工具，完成机油、机油滤清器的更换作业。

✧ 能根据节气门的相关知识，结合维修手册指引，使用合适的工具，完成节气门清洗和匹配作业。

✧ 能根据燃油滤清器相关知识，结合维修手册指引，使用合适的工具，完成燃油滤清器更换作业。

三、任务实施

（一）机油、机油滤清器更换

1. 知识学习

1）机油变质的原因

混合动力汽车发动机机油变质的原因有：机油压力润滑过程中相对运动部件产生的杂质被带入油液中；发动机工作，气缸内燃烧产生高温，引起了机油的氧化、酸化、逐渐变质；曲轴箱产生的废气污染机油，引起机油变质。

2）机油的消耗

在发动机运行时有一些机油消耗是正常的。

（1）机油消耗改变因素

机油消耗可能因为下列因素而改变。

① 发动机状况：发动机养护的程度影响机油消耗。

② 驾驶状况：负载较大时机油消耗较大。

③ 机油等级与发动机工况不匹配增加机油消耗。

④ 气缸容量：通常较大的气缸容量比较小的所消耗的机油量大。

⑤ 发动机动力：动力较大的发动机比动力较小的所消耗的机油量大。

⑥ 油位：油位太高（超过量油尺的最大值）会导致机油消耗增加。

（2）机油正常消耗的情况

① 新车磨合期消耗。

② 如果是新发动机或更换过的发动机（更换活塞环），在大约 5000 km 的磨合期中，每 1000 km 的机油消耗可高达 1 L。

③ 正常行驶：正常机油消耗为每 1000 km 不超过 0.25 L。

④ 高速行驶、拖拉较重拖挂物时：正常机油消耗为每 1000 km 不超过 0.40 L。

⑤ 山地行驶：正常机油消耗为每 1000 km 不超过 0.50 L。

⑥ 5000 ~ 150000 km 里程行驶区间。（在 150000 km 时的机油消耗为：在不同条件下的机油消耗大约为每 1000 km 0.35 ~ 0.55 L）

（3）机油消耗过量的检查

机油有异常消耗时，可以进行的检查项目如下。

① 检查是否漏油。

② 检查曲轴箱通气口是否阻塞。

③ 检查确定发动机中的量油尺位置是否正确。量油尺应推到最底。

④ 测量机油油位时汽车必须停放在平地上。发动机应在正常的运行温度下在道路上行驶 30 min（非单纯怠速），然后必须让发动机静止 15 min 后才记下油位。

（4）机油消耗过量的可能原因

① 加注过量。

如果加注的机油超过所建议的最高水平，机油就会被挤到气缸壁上并且通过曲轴箱通风喷射出来。加注的机油油位不得超过量油尺上的最高标记。

② 机油等级。

使用不匹配的机油等级会造成机油消耗增加。如果机油过于稀薄，机油就含有较大量的挥发性分子。稀薄的机油难以在较高的温度下在气缸壁上保持充分的油膜，这就会造成发动机磨损增加并使机油消耗增加。

③ 重度驾驶。

在较高发动机转速下长时间连续行驶会造成发动机温度较高，机油会变得稀薄，消耗会增加。在较高发动机转速下重度转弯会使得机油冲到气缸体的侧边和气缸壁上，从而造成机油消耗增加。

④ 山地驾驶。

在山地行驶时长时间的经常性制动也会造成发动机温度较高，因为进气管路中负压力增加，气缸中会吸入更多的机油。

⑤ 空转。

在市区交通状况下驾驶汽车时，如果发动机长时间运转但是却只行驶较短的距离，这并不一定会增加机油消耗，但是机油消耗和行驶距离的比例却大大升高。

⑥ 气候原因。

在炎热的气候下，发动机在较高的温度下所需要完成的工作量会更大，这会增加机油消耗。

⑦ 机械原因。

机械原因多出现于：曲轴及曲轴密封垫的磨损、外部泄漏，例如密封垫泄漏；曲轴箱通风阻塞导致曲轴箱中的压力过高；活塞环沟槽磨损；活塞环磨损、刮伤、断裂或损坏；刮油环阻塞；活塞环安装不正确；气缸壁磨损或刮伤；气门导管或气门杆磨损等。

3）机油的选用

车辆每行驶一定的里程或一定的时间应更换润滑剂一次。汽车发动机的润滑剂包括机油和润滑脂两种，如图 11–1 所示。

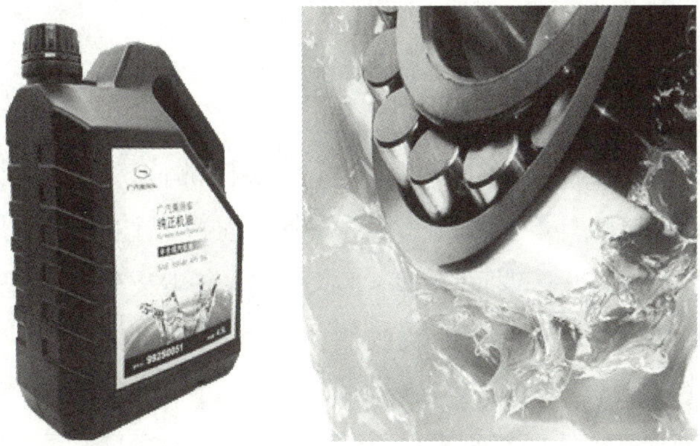

(a) 机油　　(b) 润滑脂

图 11–1　发动机润滑剂

机油级别是以黏度等级和使用级别来划分的。我国机油分类采用国际上通用的 SAE 黏度等级分类法和 API 使用级别分类法。

SAE 黏度分类法按照机油的黏度等级，把机油分为冬季用机油和非冬季用机油。冬季用机油一般有 6 种型号，即 SAE0W、SAE5W、SAE10W、SAE15W、SAE20W 和 SAE25W，数字越小，适用的环境温度越低。非冬季机油通常有 4 种型号，即 SAE20、SAE30、SAE40 和 SAE50，数字越大，适用的环境温度越高。现代汽车一般使用四季用机油，即在春、夏、秋、冬季都可以使用，例如 SAE5W–30、SAE5W–40。

更换机油是车辆日常养护中最重要的工作之一。更换机油时，需要选择厂商推荐的 SAE 黏度等级或 API 使用级别标准的机油。可以根据发动机的强化程度选用合适的机油使用级别（API），或根据地区的季节气温选用合适的机油黏度等级（SAE），如图 11-2 所示。

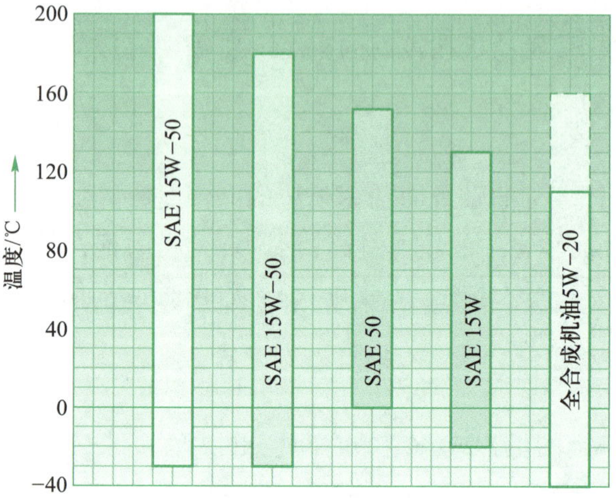

图 11-2　发动机机油级别参考图

4）机油更换

（1）机油更换要求

车辆每行驶一定的里程或一定的时间应更换机油一次，大部分车机油的更换里程都在 5000–10000 km，时间周期为一年，如果里程数先达到就按里程数更换，如果规定时间里程还没达到，就按时间更换。对于经常在尘土较多等恶劣道路条件下行驶的车辆，还要根据实际情况提前更换机油滤清器及机油。

（2）机油更换步骤

机油的更换步骤见表 11-1。

表 11-1　机油更换步骤

操作项目	图示	操作步骤
工作准备		将车辆驶入举升机下，检查车辆驻车制动，检查变速杆是否在 P 挡，打开发动机舱盖，安装翼子板布，打开机油加注口，将车辆升到预定高度，并可靠锁止举升机

续表

操作项目	图示	操作步骤
排放机油	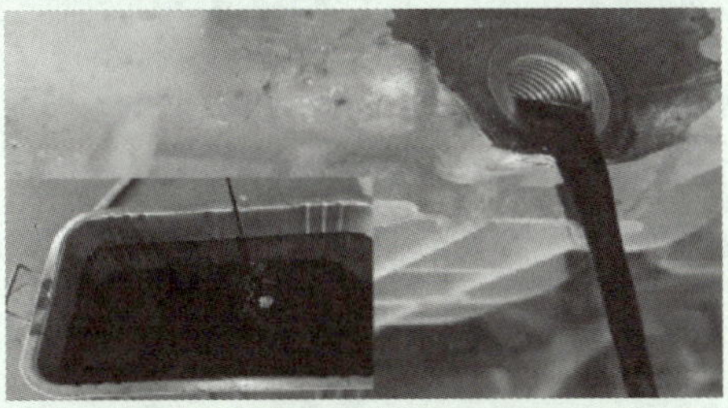	将接油盘放置在车辆油底壳下，拆下油底壳放油螺栓，释放发动机内全部机油，检查放油螺栓垫片
更换机油滤清器	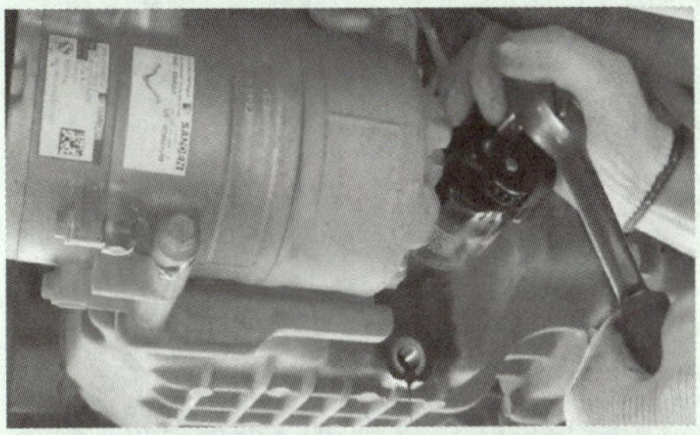	用专用工具拆卸旧机油滤清器，在新机油滤清器密封圈涂抹一圈机油后，按规定力矩安装拧紧到发动机上，安装好放油螺栓，用抹布擦拭机油滤清器周围残存的机油
加注机油	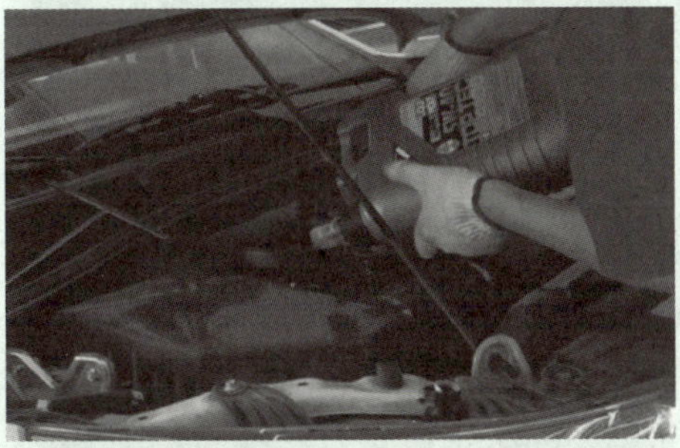	将车辆落地，打开机油加注口，开始加注机油，当加注量接近储油罐容量（4 L）的 3/4 时，拔出机油尺检查机油液面高度，当机油液面上升至机油尺规定高度后，停止加注机油，旋紧机油加注口
机油检查	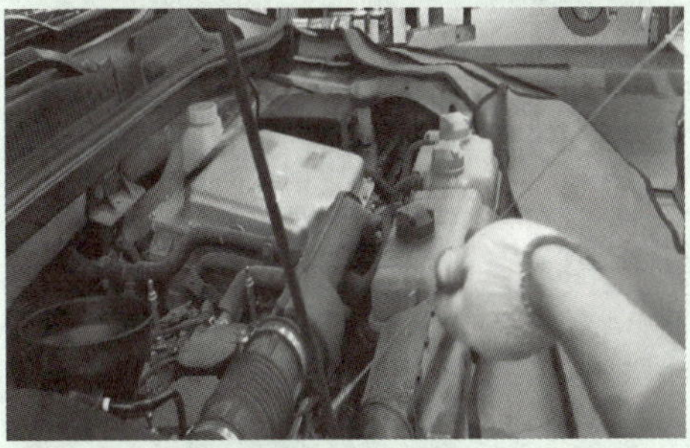	详见后文“（3）机油液位检查步骤”中的内容
工位整理		关闭发动机舱盖，取下翼子板布，将车辆驶离工位，工具归位，清理地面卫生

（3）机油液位检查步骤

① 驾驶汽车 20 ～ 30 min（非怠速），这样机油就可以达到正常的工作温度。

② 关闭发动机，让车辆静置 15 min。

③ 检查机油油位，如有需要就加满机油，加到量油尺的上限。

④ 让发动机运行 5 min，以使现存的机油和加注的机油混合。

⑤ 关闭发动机 15 min，记下量油尺上的油位，记录下结果。

⑥ 量油尺油位应位于下限点（标记 min）与上限点（标记 max）之间，如图 11–3 所示。

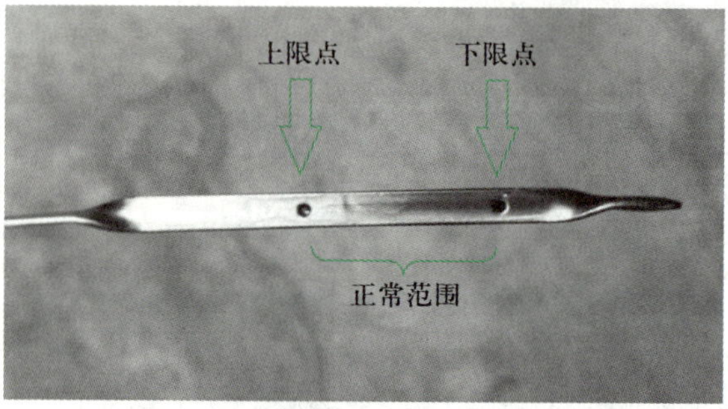

图 11–3　量油尺标记

5）机油滤清器的作用和原理

车辆每行驶一定里程或一定时间应更换机油滤清器。

机油滤清器的作用是滤除掉机油中的金属磨屑、胶质、油泥和水分等杂质，使送到各润滑部位的都是干净清洁的机油。机油滤清器过滤油路如图 11–4 所示。

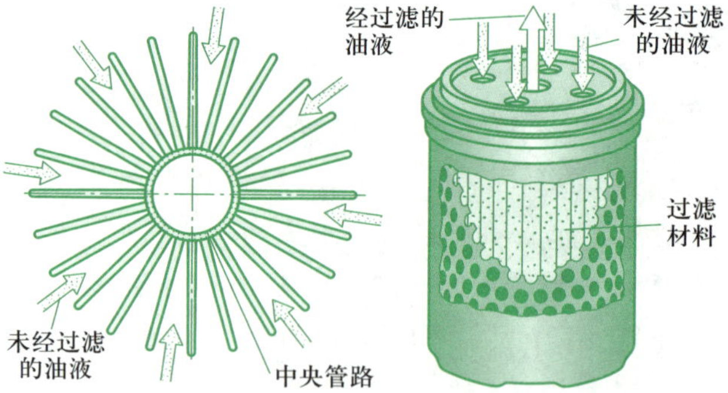

图 11–4　机油滤清器过滤油路

机油滤清器多采用纸质滤芯，结构如图 11–5 所示，主要由外壳、滤芯和盖板等组成。滤芯安装于外壳滤芯底座和盖板下端面之间，并用弹簧压紧。密封圈用来防止外壳内的机油未经过滤直接进入芯筒内。盖板与外壳之间用密封圈固定，盖板通过螺栓固定于缸体，并和缸体上相应的油孔对齐。

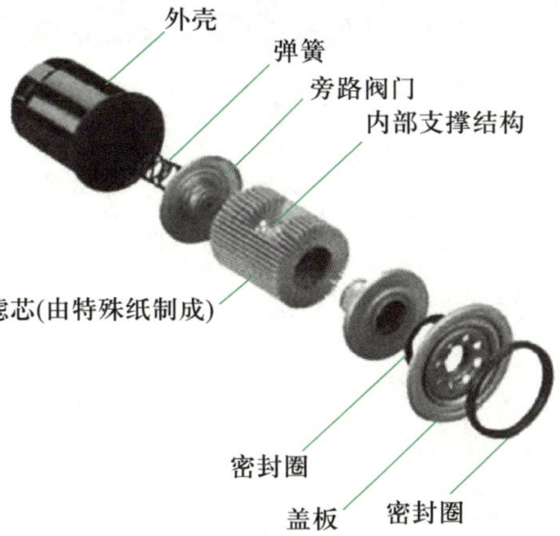

图 11-5　机油滤清器结构

6）机油滤清器的更换方法

对于行驶在恶劣道路条件下的汽车，必须提前更换机油滤清器，其更换步骤如下。

① 使用专用的滤清器扳手拆下机油滤清器。

② 检查新机油滤清器上的螺纹和密封圈是否完好，然后清洁发动机机油滤清器安装位置的表面，并在新的密封圈上涂上一圈发动机机油。

③ 将新的机油滤清器固定到机油滤清器座的安装表面。

④ 用机油滤清器扳手将机油滤清器以顺时针方向拧紧。

⑤ 安装完毕，加注机油至规定高度，然后运转发动机数分钟，确认发动机机油滤清器位置无渗漏。

2. 技能操作

（1）操作准备

准备技能操作所需的物料，见表 11-2。

表 11-2　物料准备

类别	所需的物料
整车 / 台架	混合动力汽车发动机实训台架
工具 / 设备 / 仪器	三件套、翼子板布、机油、放油螺栓垫片、机油滤清器、机油滤清器扳手、常用工具

（2）更换机油、机油滤清器

根据所学知识，结合维修手册指引，进行机油、机油滤清器更换，并将更换过程记录在表 11-3 中。

表 11-3　机油、机油滤清器更换过程记录表

序号	步骤	工具 / 设备	关键点 / 注意事项
1			
2			
3			
4			
5			
6			
7			
8			
9			
10			

请对本次更换过程进行检查，并将检查结果记录在表 11-4 中。

表 11-4　机油、机油滤清器更换过程检查记录表

检查项	检查结果	检查项	检查结果
放油螺栓垫片是否换新	是□　否□	放油螺栓是否按转矩拧紧	是□　否□
机油液位是否符合标准	是□　否□	是否发生泄漏	是□　否□
机油滤清器密封圈是否涂抹润滑油	是□　否□	加注机油是否出现漏液	是□　否□

（二）节气门清洗和匹配

1. 知识学习

1）节气门产生积炭的原因及影响

（1）节气门产生积炭的原因

进入气缸的气流全部通过节气门来控制和节流，在发动机工作过程中，节气门处容易磨损、产生积炭、沉积灰尘，特别是在怠速工况下，此时节气门的开启角度非常小，少量的积炭也会使节气门控制的进气量受影响，从而影响发动机运行。节气门积炭如图 11-6 所示。

图 11-6　节气门积炭

节气门积炭的产生原因多样，可能是如下因素导致。

① 燃油质量差、吸入空气污浊、发动机混合气燃烧不充分。

② 车辆长期怠速、行车缓慢。

③ 发动机升温慢，汽油遇冷凝结。

④ 曲轴箱中的机油蒸气经过进气道时，附着在节气门体上。

（2）节气门积炭的影响

节气门积炭可能造成的影响，包括但不限于以下几点。

① 积炭会减小节气门的进气量，尤其是怠速进气量；当发动机在怠速工况下，节气门的开度会自动调节，但是有调节限值，当超出限值时，会导致发动机出现工作不稳定、抖动、起动不良等故障。

② 积炭会持续吸附灰尘、可燃混合气成分、机油蒸气等杂质，使积炭的体积不断生长，形成恶性循环。

③ 节气门积炭可能会导致燃烧不充分、起动不良、冷起动困难、着车抖动等问题。

2）节气门清洗

为防止节气门内堆积过量积炭，应该定期清洗节气门，一般的清洗周期是10000 km，在空气质量较差、油品较差、驾驶习惯较激进等情况下，应将检查和清洗的频率加快，清洗节气门的步骤如下。

① 确保车辆处于熄火状态，关闭点火开关。

② 拆下节气门进气管，如图 11–7 所示。

③ 拔下节气门线束插头。

④ 拆卸进气系统相关的干扰附件（因车而异），拆卸节气门体，如图 11–8 所示。

图 11–7　拆下节气门进气管

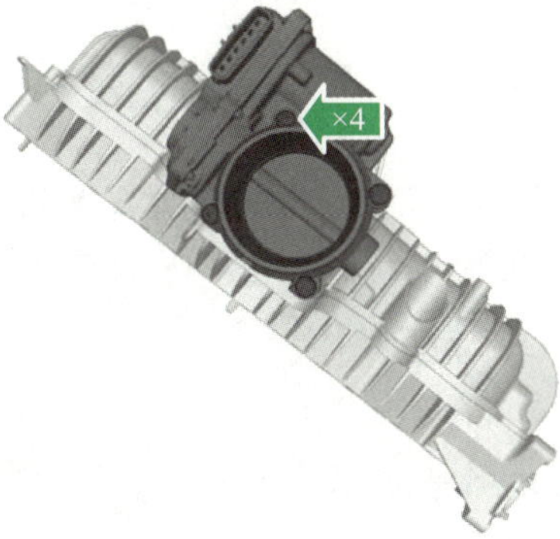

图 11–8　拆下节气门体

⑤ 使用节气门清洁剂清洗节气门。注意：不可直接将清洁剂喷向节气门体，这种做法可能导致清洁剂渗入节气门翻板轴座，侵蚀节气门调节电机和电路板。应将清洁剂喷在干净抹布上，再用抹布擦拭节气门体，如图 11–9 所示。

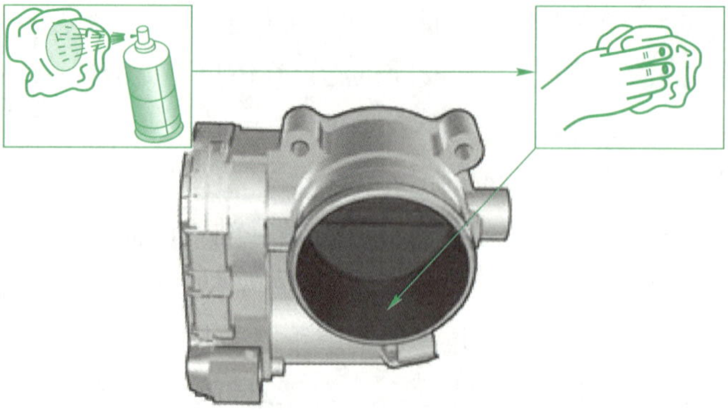

图 11-9　使用清洁剂清洗节气门体

⑥ 更换节气门密封垫，该密封垫是一次性用品，如图 11-10 所示。

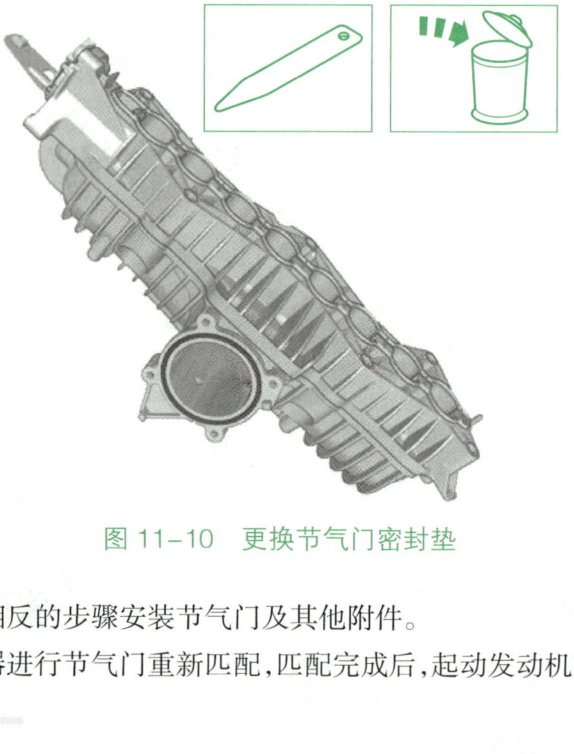

图 11-10　更换节气门密封垫

⑦ 以与安装相反的步骤安装节气门及其他附件。

⑧ 使用解码器进行节气门重新匹配，匹配完成后，起动发动机观察运转情况。

2. 技能操作

（1）操作准备

准备技能操作所需的物料，见表 11-5。

表 11-5　物料准备

类别	所需的物料
整车 / 台架	混合动力实训整车
工具 / 设备 / 仪器	常用工具、节气门清洁剂、解码器、抹布、手电、维修手册

（2）节气门清洗

根据所学知识，结合维修手册指引，清洗实训车辆节气门，并将清洗过程记录在表 11-6 中。

表 11-6　节气门清洗过程记录表

序号	步骤	工具 / 设备	序号	步骤	工具 / 设备
1			5		
2			6		
3			7		
4			8		

对本次清洗过程进行检查，并将检查结果记录在表 11-7 中。

表 11-7　节气门清洗过程检查记录表

检查项	检查结果	检查项	检查结果
节气门固定螺栓是否拧紧	是□　否□	是否更换新的节气门密封圈	是□　否□
清洁剂是否直接喷入节气门体	是□　否□	安装完成后是否重新匹配节气门	是□　否□
清洗后车辆运行是否顺畅	是□　否□	是否出现故障码	是□　否□

（三）清洁及更换空气滤清器

1. 知识学习

1）空气滤清器作用及原理

空气滤清器的材料一般为纸质或者纤维布、棉纱、无纺布、毛毡等，尤其以纸质材料最为常见。它被设计成空气可以通过，但是异物和微粒会被阻挡在网状结构中。使用一段时间后，滤芯上会有大量灰尘附着。空气滤清器的过滤原理如图 11-11 所示。

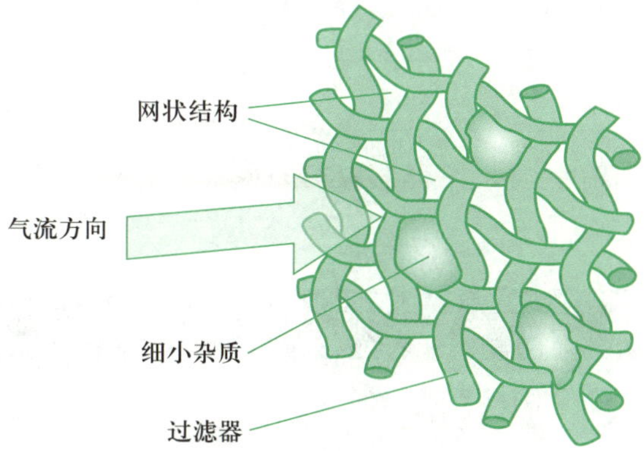

图 11-11　空气滤清器的过滤原理

如果空气滤清器失效，进入气缸的空气可能携带细小的砂石、灰尘、颗粒等杂质，他们会对气缸壁、活塞、活塞环、气门、涡轮增压器等造成磨损。过滤不干净的空气也可能会使发动机进入进气不良的状态，导致发动机工作不稳定，动力下降，油耗增加，因此必须保持空气滤清器的清洁。

发动机空气滤清器多为干式滤芯，维护时应拆下滤芯，轻轻拍打以除尘，可使用小于 0.5 MPa 的压缩空气由里向外吹净，绝不可使用汽油、水、清洁剂等清洗滤芯，若发现空气滤清器密封垫破损，也应及时更换。

一般根据行驶里程和使用时间长短来清洁或更换滤芯，因为难以通过目视来判断它的变质程度，往往以 20000 km 或 2 年为更换周期，当行驶在沙尘较多的地区时，清洁或更换滤芯的间隔也要相应变短。

2）空气滤清器的清洁及更换方法

空气滤清器的更换步骤如下。

① 确保车辆熄火，关闭点火开关，打开发动机舱罩。

② 拆下空气滤清器罩盖（一般会采用卡夹或螺栓固定，因车而异）。

③ 小心取出空气滤清器（尽量轻拿轻放，否则可能使附着在空气滤清器上的灰尘掉落下来），如图 11–12 所示。

图 11–12　更换空气滤清器

④ 找到合适的器皿承接灰尘，清洁空气滤清器（使用压缩空气由内向外反方向吹，并轻轻拍打空气滤清器）。若空气滤清器已经到达更换周期，可直接更换无须清洁。

⑤ 清洁空气滤清器壳体（使用压缩空气和抹布）。

⑥ 安装空气滤清器，安装空气滤清器罩盖。

2. 技能操作

（1）操作准备

准备技能操作所需的物料，见表 11–8。

表 11–8　物料准备

类别	所需的物料
整车 / 台架	混合动力实训整车
工具 / 设备 / 仪器	常用工具、抹布、手电、维修手册、空气滤清器、高压气枪

（2）清洁空气滤清器

根据所学知识，结合维修手册指引，清洁实训车辆的空气滤清器，并将清洁过程记录在表 11–9 中。

表 11–9　空气滤清器清洁过程记录表

序号	步骤	工具 / 设备	序号	步骤	工具 / 设备
1			5		
2			6		
3			7		
4			8		

（四）更换燃油滤清器

1. 知识学习

1）燃油滤清器的结构及原理

燃油滤清器的作用是去除燃油中的杂质，防止燃油供给系统堵塞，供应清洁的燃油以保证发动机的正常运行并减少运动部件的磨损。发动机工作时，燃油在电动燃油泵的作用下，从进油管接头流入燃油滤清器滤芯的外部，经滤芯过滤后，清洁的燃油流入滤芯内腔，最后从出油管接头流出至燃油分配管。有些燃油滤清器还具有泄压回油功能，在外形结构上会呈现三根接管的结构，如图 11–13 所示。

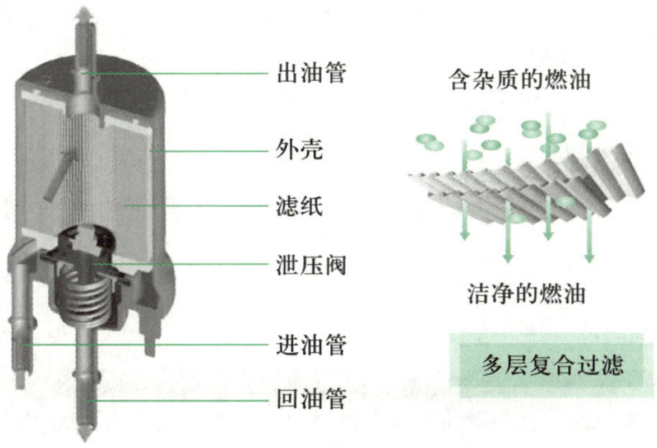

图 11–13　燃油滤清器

燃油滤清器滤芯堵塞后，燃油供应量会减小，最终导致高速时功率输出降低，多数汽油发动机汽车每行驶 40000 km 时，应更换燃油滤清器，如果经常加注质量较差的机油，更换燃油滤清器的时间间隔也应相应减少甚至减半。

2）燃油滤清器的更换方法

燃油滤清器的更换方法如下。

① 起动车辆，在车辆运转时拔下电动燃油泵保险，等待车辆自然熄火（释放管路压力、燃烧多余燃料）。

② 拆下燃油滤清器油管接头。

③ 拆下燃油滤清器固定螺栓。

④ 移开燃油管，取下燃油滤清器（注意：将可能流出的燃油承接在预先准备好的接油盘中）。

⑤ 取出新的燃油滤清器，进行外观检查，确认没有变形、破裂等问题，拔下燃油滤清器的防尘帽，根据燃油滤清器的方向箭头标识，以正确的方向安装。

⑥ 安装燃油管接头，安装燃油滤清器紧固螺栓。

⑦ 起动车辆，观察怠速运行状态。（第一次起动车辆时，可能会出现着车不顺畅，是因为系统中的油压在被排空后需要重新建立）

2. 技能操作

（1）操作准备

准备技能操作所需的物料，见表 11–10。

表 11–10 物料准备

类别	所需的物料
整车 / 台架	混合动力实训整车
工具 / 设备 / 仪器	常用工具、燃油滤清器、接油盘、灭火器、抹布、手电、维修手册、橡胶手套

（2）燃油滤清器更换

根据所学知识，结合维修手册指引，更换实训车辆燃油滤清器，并将更换过程记录在表 11–11 中。

表 11–11 燃油滤清器更换过程记录表

序号	步骤	工具 / 设备	序号	步骤	工具 / 设备
1			5		
2			6		
3			7		
4			8		

对本次更换过程进行检查，并将检查结果记录在表 11-12 中。

表 11-12　燃油滤清器更换过程检查记录表

检查项	检查结果	检查项	检查结果
燃油系统压力是否排空	是□　否□	燃油滤清器固定螺栓是否拧紧	是□　否□
燃油滤清器安装方向是否正确	是□　否□	安装完成后是否存在泄漏	是□　否□
燃油是否溅洒	是□　否□	车辆运行是否正常	是□　否□

四、检查评估

对本任务的学习情况进行检查，并将相关内容填写在表 11-13 中。

表 11-13　检查表

检查项目	检查结果	结果点评
机油、机油滤清器更换		
更换的方法是否正确	是□　否□	
是否正确选用工具及设备	是□　否□	
更换的操作是否规范	是□　否□	
是否按要求达成作业目标	是□　否□	
空气滤清器更换		
更换的方法是否正确	是□　否□	
是否正确选用工具及设备	是□　否□	
更换的操作是否规范	是□　否□	
是否按要求达成作业目标	是□　否□	
燃油滤清器更换		
更换的方法是否正确	是□　否□	
是否正确选用工具及设备	是□　否□	
更换的操作是否规范	是□　否□	
是否按要求达成作业目标	是□　否□	

续表

检查项目	检查结果	结果点评
整理恢复		
工具 / 设备是否整理恢复	是□　否□	
实训场地卫生是否打扫干净	是□　否□	
是否进行充分的团队协作和沟通	是□　否□	
是否体现较好的保护设备设施的意识和行动	是□　否□	

五、任务小结

任务十一小结如图 11–14 所示。

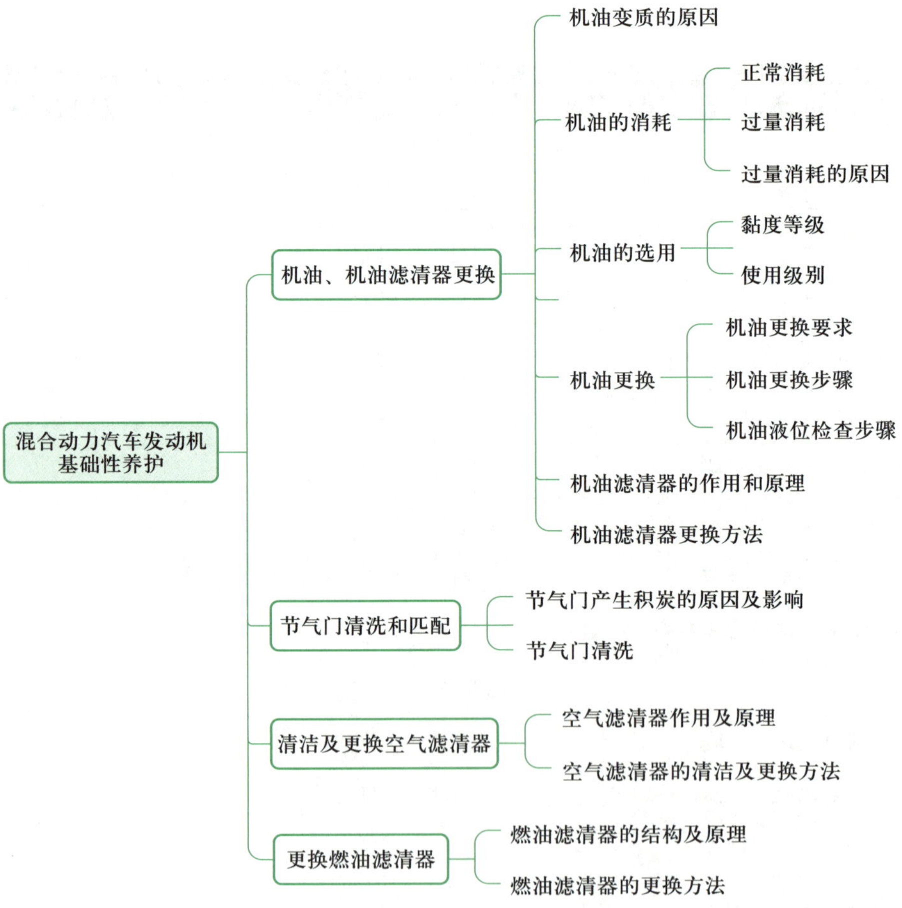

图 11–14　任务十一小结

任务十二　混合动力汽车发动机周期性养护

一、任务导入

场景：某品牌新能源汽车售后维修中心。

人物：维修技师小王、客户路先生。

情节：路先生的某品牌插电式混合动力汽车已经行驶超过 80000 km，最近在驾驶车辆时，仪表保养灯等亮起。路先生将车辆送至维修中心，维修技师小王除要对混合动力汽车发动机进行基础养护外，还要进行周期性养护，他该如何进行周期性养护？

二、任务目标

✧ 能根据正时机构的相关知识，结合维修手册指引，使用合适的工具，完成正时机构组件更换作业。

✧ 能根据火花塞相关知识，结合维修手册指引，使用合适的工具，完成火花塞更换作业。

✧ 能够根据冷却系统相关知识，结合维修手册指引，使用合适的工具，完成冷却液更换作业。

三、任务实施

（一）正时机构组件更换

1. 知识学习

1）正时机构的组成及作用

正时机构就是保证发动机有正确的配气正时的一套机构，如图 12-1 所示。正时机构按活塞的工作行程去配置进、排气门的开启时间，使进、排气门能够在正确的时间开启或关闭，保证新鲜空气供给充足，废气排放及时彻底。

正时机构包括曲轴正时齿轮、凸轮轴正时齿轮、正时链条或正时传动带、链条或传动带张紧器等，为了装配时保证正确的配气相位，正时机构上都标有标记，装配时必须使标记对齐（记号的种类有：点、字母、形状符号、数字等），主要出现在曲轴正时传动带轮和凸轮轴正时齿轮上，如图 12-2 所示。

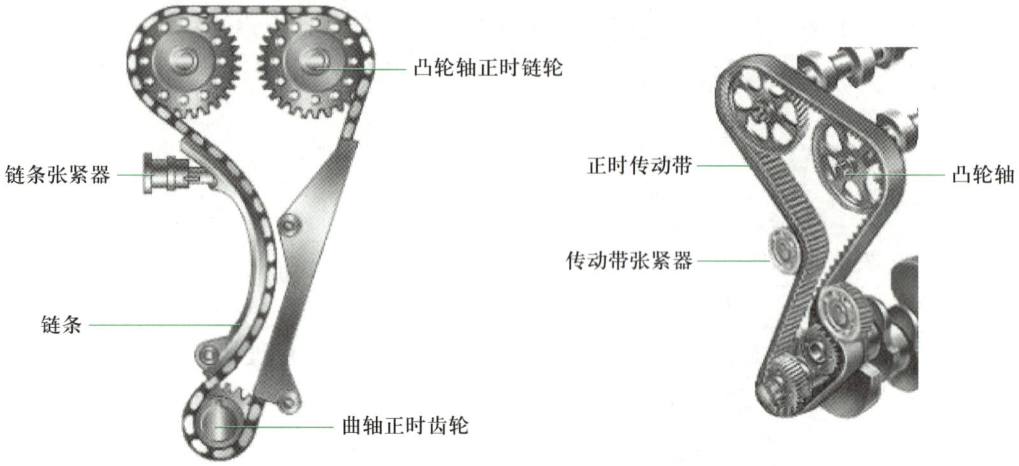

图 12–1　正时机构

(a) 曲轴前部正时齿轮上的正时标记　　(b) 凸轮轴正时齿轮上的正时标记

图 12–2　正时标记

图 12–2（a）中，转动曲轴，使曲轴正时传动带轮上的白色标记（A）与凸轮链条箱的指针（B）对齐。图 12–2（b）中，确保 1 号活塞在上止点位置，此时凸轮轴正时齿轮 A 上 “up” 标记（在 C 处）应在顶部，正时齿轮 A 和正时齿轮 B 上的标记 D 应对齐，如果标记未对齐，转动曲轴 360°，并重新检查，不可随意转动曲轴。

正时传动带或正时链条的主要作用是驱动发动机的配气机构，使发动机的进、排气门在适当的时候开启或关闭，来保证发动机的气缸能够正常地吸气和排气。正时链条和正时传动带的制造材料不同，链条属于金属材质，寿命较长；传动带属于橡胶尼龙材质，寿命较短。另外，正时链条需要机油润滑，工作时会产生一定的噪声；正时传动带则不需要润滑（湿式传动带除外），工作时较为安静，制造和维修成本也较低。正时传动带和正时链条如图 12–3 所示。

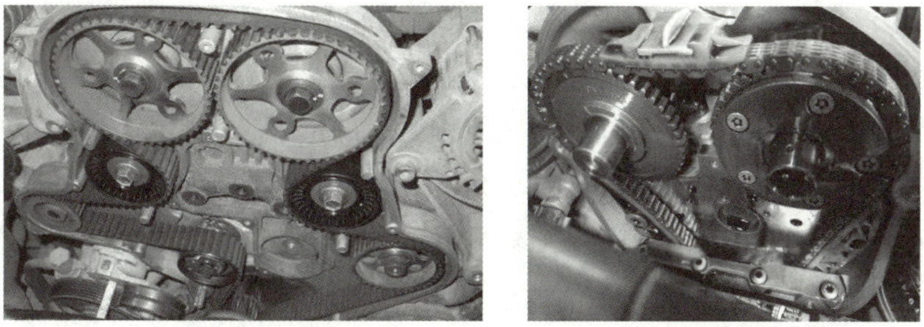

(a) 正时传动带　　(b) 正时链条

图 12-3　正时传动带和正时链条

正时链条是渗碳钢、渗铬钢、渗钒钢等合成材料制成，它能承受的工作强度极大，理论上讲，正时链条是有寿命的，也会老化、磨损、松脱甚至断裂，但是相比于汽车，正时链条更加耐久，也就是说没等到正时链条损坏时，车辆就已经报废了，所以有一种普遍的说法称：正时链条终生免维护。从某种角度讲，对于一辆车来说，这句话是对的。但并不代表不应该对正时链条进行检查和养护。正时链条是需要发动机机油持续润滑的，更换机油和检查链条状态都是必要的。检查正时链条长度时，可以间接查看链条张紧器的行程长度来确定链条是否被拉长，因为链条张紧器本身会通过伸长挺柱以补偿被拉长的链条，如图 12-4 所示。

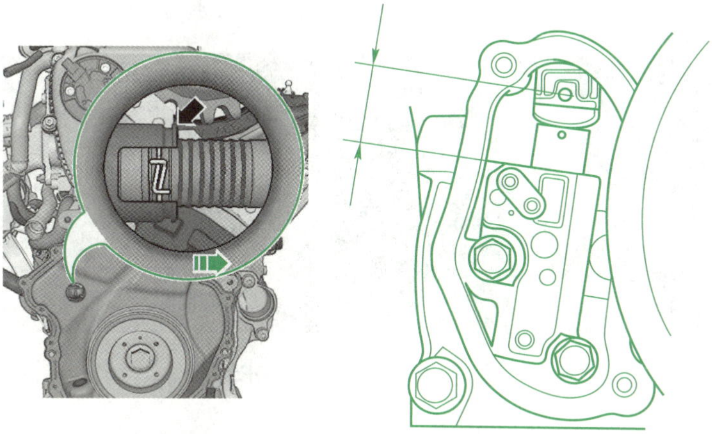

(a) 链条张紧器行程刻度　　(b) 链条张紧器行程长度

图 12-4　正时链条传动

测量凸轮链条自动张紧器杆的行程长度，查阅凸轮链条自动张紧器杆长度标准值并与实际值比较，如果长度大于使用极限，则更换正时链条。更换时，检查正时链条驱动链轮的齿、凸轮轴正时齿轮是否磨损或损坏。如果任一处磨损或损坏，应进行修复或更换。

正时传动带噪声小、传动阻力小、传动惯性也很小，能够提高发动机的动力性能及加速性能，并且容易更换。其不足之处在于易老化、易损耗，使用成本相对较高。正时传动带属于橡胶部件，随着发动机工作时间的增加，正时传动带和正时传动带的附件（如正时传动带导向轮、正时传动带张紧器等）等都会发生磨损或老化。因此，对装有正时传动带的发动机，厂家都会有严格要求，需要定期更换正时传动带及附件，更换周期则根据厂家的保养时间表作不同的设定，一般在 80000 ~ 100000 km 的里程区间更换。正时传动带在更换时一般是成套提供，套件中不仅含有正时传动带本身，还有导轮、张紧器等多个部件，如图 12-5 所示。

图 12-5　正时传动带套件

正时传动带是易损耗部件，常见的问题是正时传动带缺齿和断裂。对于众多车型，正时传动带一旦缺齿或断裂，曲轴和凸轮轴的运动将会变得无序，它们不再是联动，而是各自不规律运动甚至不运动（专指传动带断裂时，凸轮轴无法转动的情况），可能顶坏发动机气门，这种情况下发动机不能起动，必须分解发动机，对气门组、活塞连杆组等进行检查和修复，修理周期较长且费用不菲。正时传动带断裂如图 12-6 所示。

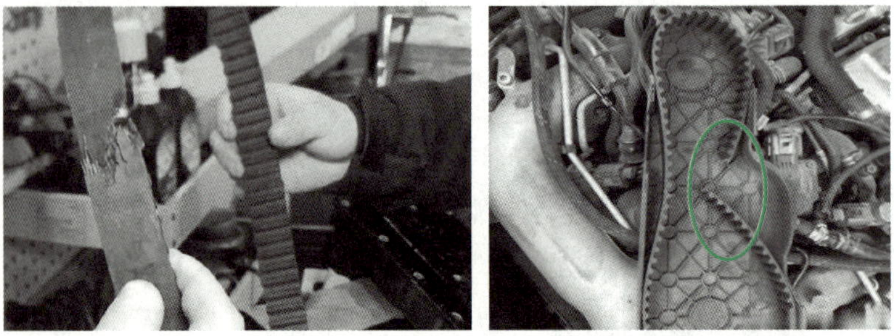

图 12-6　正时传动带断裂

2）正时传动类型

（1）链传动

链传动一般用在凸轮轴顶置的配气机构中，为了不致脱链和工作时链条具有适度的张力，一般装有导链板和张紧轮等装置，如图 12-7 所示。链传动的优点是布置容易，若传动距离较长时，还可用两级链传动。但其可靠性和耐久性不如齿轮传动，其传动性能在很大程度上取决于链条的制造质量。另外由于多处使用导链板和张紧轮，结构质量噪声（无声链除外）也较大。

图 12-7　链条传动

（2）传动带传动

现代高速汽车发动机广泛采用传动带传动的形式。采用传动带传动，不但可以减少噪声，减少结构质量而且有效降低了成本。图 12-8 所示为发动机的双顶置凸轮轴的传动布置图，中间设置一个张紧轮，可以调整同步带的张紧力。

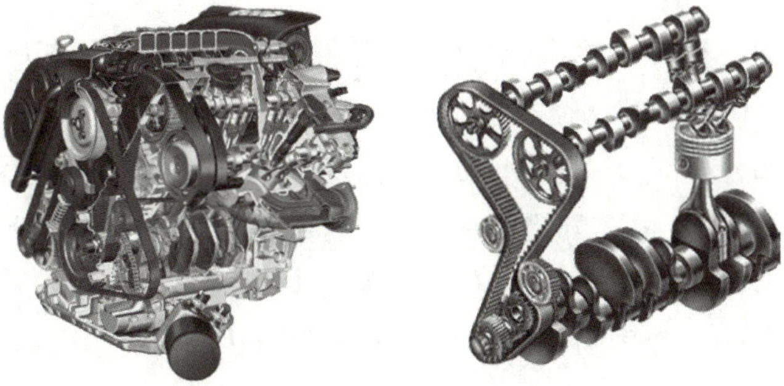

图 12-8　传动带传动

3）正时控制系统

（1）配气相位

配气相位是指进、排气门的实际开闭时刻与曲轴转角的关系，通常用相对于上、下止点曲拐位置的曲轴转角的环形图来表示，这种图形称为配气相位图，如图 12-9 所示。

如图 6-17 所示，在排气行程接近终了，活塞到达上止点之前，即曲轴转到离上止点位置还差一个角度 α 时，进气门便开始开启，直到活塞过了图 12-9 配气相位图下止点重又上行，即曲轴转到超过下止点位置以后一个角度 β 时，进气门才关闭。这样，整个进气行程持续时间相当于曲轴转角 $180°+\alpha+\beta$。α 角一般为 10° ~ 30°，β 角一般为 40° ~ 80°。进气门提前开启的目的，是为了保证进气行程开始时进气门已开大，新鲜气体能顺利地充入气缸。当活塞到达下止点时，气缸内压力仍低于大气压力，在压缩行程开始阶段，活塞上移速度较慢的情况下，仍可以利用气流惯性和压力差继续进气，因此进气门晚关一点是有利于充气的。

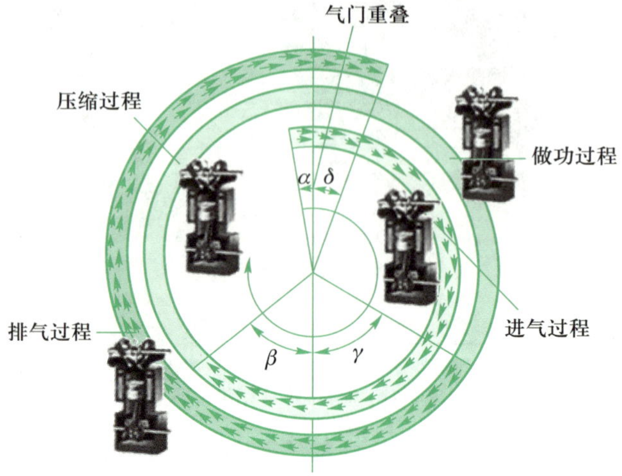

图 12-9　配气相位图

同样，在做功行程接近终了，活塞到达下止点前，排气门便开始开启，提前开启的角度 γ 一般为 40° ~ 80°。经过整个排气行程，在活塞越过上止点后，排气门才关闭，排气门关闭的延迟角 δ 一般为 10° ~ 30°。整个排气过程的持续时间相当于曲轴转角 $180°+\gamma+\delta$。排气提前开启的原因是：当做功行程活塞接近下止点时，气缸内的气体虽有 0.3 ~ 0.4 MPa 的压力，但就对活塞做功而言，作用不大，这时若稍开启排气门，大部分废气在此压力作用下可迅速自气缸内排出。当活塞到下止点时，气缸内压力已大大下降，约为 0.115 MPa，这时排气门的开度进一步增加，从而减少了活塞上行时的排气阻力。高温废气的迅速排出，还可以防止发动机过热。当活塞到达上止点时，燃烧室内的废气压力仍高于大气压力，加之排气时气流有一定惯性，所以排气门迟一点关，可以使废气排放得更干净。

进气门早开：增大了进气行程开始时气门的开启高度，减小进气阻力，增加进气量。进气门晚关：延长了进气时间，在大气压和气体惯性力的作用下，增加进气量。排气门早开：借助气缸内的高压自行排气，大大减小了排气阻力，使排气干净。排气门晚关：延长了排气时间，在废气压力和废气惯性力的作用下，使排气干净。

微课

可变气门正时系统作用与原理

（2）可变气门正时系统

可变气门正时系统是一个由车辆发动机管理系统操纵的液压和机械相结合的凸轮轴控制设备。它可以连续地改变进气门和排气门两者的正时，现在高性能发动机普遍都配备可变气门正时系统。该系统通过配备的控制及执行系统，对发动机凸轮的相位进行调节。装配该系统的车辆，增加了发动机在中低转速区的转矩输出；

通过减小气门重叠角的控制方法降低怠速工况的残余废气量；在部分负荷区，通过气缸内部的废气回流来减少氮氧化合物的含量，同时可以迅速加热三元催化转换器，冷起动后产生较少的废气，降低耗油量。正时调节单元如图 12–10 所示。

图 12–10　正时调节单元

如图 12–11 所示，转子 7 与凸轮轴螺栓固定在一起，正时链条将曲轴与气门正时调节单元的壳体 1 连接在一起，在转子 7 上装有弹簧 10，弹簧把叶片 9 压到壳体上，转子 7 有一个凹口锁止销 6，它以无压力方式嵌入凹口中，如果现在电磁阀把机油压力连通到气门正时调节单元，则锁止销 6 将压回并释放气门正时调节，以调节压力通道 A11，压力通道 A11 中存储的发动机机油压力此刻压向叶片 9，并因此将转子 7 压到另一个位置，因为凸轮轴是用螺栓固定在转子上的，这样就调节了配气相位；如果气门正时调节电磁阀换向则转子 7 通过压力通道 B12，压力通道 B12 中存在的机油压力被调节回初始状态，扭簧 3 反作用于凸轮轴转矩；为向气门正时调节单元准确无误地供油，在凸轮轴的末端还各安装有两个密封环。

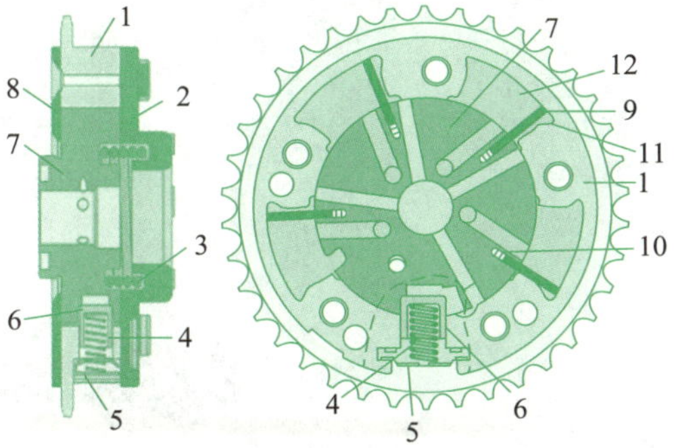

图 12–11　排气侧气门正时调节单元结构图

1—带齿圈的壳体；2—前端板；3—扭簧 B 的液压孔；4—锁止弹簧；5—锁止弹簧定位板；6—锁止销；7—转子；8—后端板；9—叶片；10—弹簧；11—压力通道 A；12—压力通道 B

当带齿圈的壳体需要被顺时针调节一个角度时，以控制排气凸轮轴的气门正时调节单元为例，如图 12–12 所示，通过油压分布说明调节过程，油压分布用实线箭头表示，回流管路无压区域用虚线箭头表示。

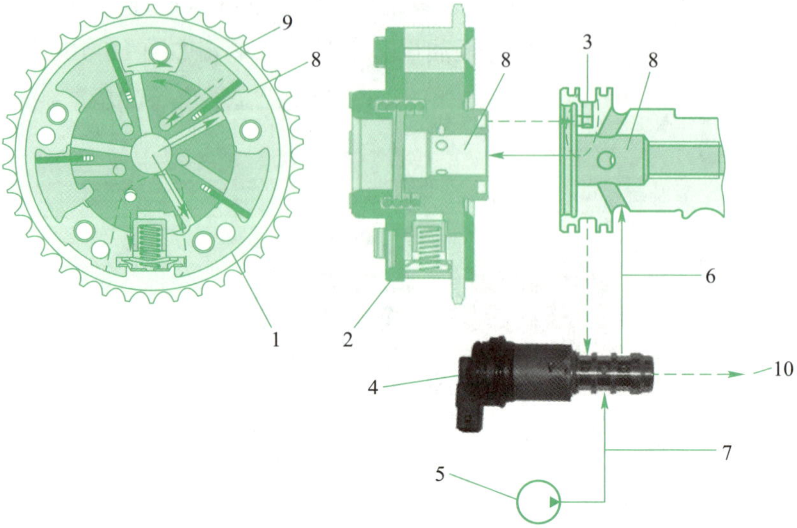

图 12-12 排气侧正时调节单元油路图（顺时针调节）

1—气门正时调节单元俯视；2—气门正时调节单元侧视；3—在凸轮轴中压力通道 B 的液压孔；4—电磁阀；5—机油泵电动机；6—从机油泵出来的发动机机油；7—从电磁阀出来的发动机机油；8—压力通道 A；9—压力通道 B；10—气缸盖中的机油回流通道

当齿圈壳体需要被顺时针调节一个角度时，凸轮轴和正时调节单元中的部分孔和通道打开，如图 12-13 所示，用实线箭头表示压力分布，机油回流用虚线箭头表示。

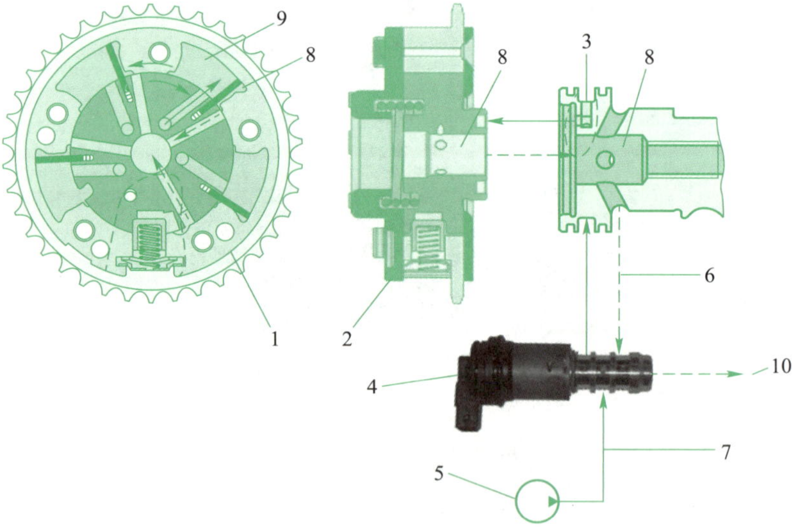

图 12-13 排气侧正时调节单元油路图（逆时针调节）

1—气门正时调节单元俯视；2—气门正时调节单元侧视；3—在凸轮轴中压力通道 B 的液压孔；4—电磁阀；5—机油泵电动机；6—发动机机油回流到气缸盖中；7—来自机油泵的发动机机油压力；8—压力通道 A；9—压力通道 B；10—气缸盖中的机油回流通道

正时调节电磁阀是整个正时调节机构的核心控制部件，它受发动机控制单元控制；曲轴位置传感器和凸轮轴位置传感器可用于监测凸轮轴位置的变化。发动机控制单元利用以下信息，以计算期望的凸轮轴位置：发动机冷却液温度；计算的发动机机油温度；质量空气流量（MAF）；节气门位置；车速；容积效率等。

发动机控制模块通过电磁线圈的脉宽调制（PWM），操纵凸轮轴位置执行器电磁阀。脉宽调制占空比越高，凸轮轴正时的改变越大。在正时调节机构中发生任何运动前，锁销通过机油压力释放。发动机控制模块持续地将凸轮轴位置传感器输入和曲轴位置传感器输入相比较，以监测凸轮轴位置并检测任何系统故障。

如果有故障存在于进气或者排气任意一侧的正时调节系统中，那么相反气缸组的进气或者排气凸轮轴执行器将默认为0°曲轴角度（失效保护）。

当驾驶条件改变时（即系统或驾驶人对发动机提出了新的要求），配气相位也将发生改变，凸轮轴会被调整一个角度，这样做是为了达到发动机控制单元预设的目标，并实现最终的控制结果。气门正时调节逻辑见表12-1。

表12-1 气门正时调节逻辑

序号	驾驶条件	凸轮轴位置的改变	目标	结果
1	怠速	无变化	最小气门重叠角	怠速转速稳定
2	发动机轻载	气门正时延迟	气门重叠角减少	发动机输出稳定
3	发动机中等负载	气门正时提前	气门重叠角增加	更高的燃油经济性和更低的排放
4	重载时，低转速到中等转速	气门正时提前	进气门提前关闭	提高低到中等挡位转矩
5	重载时，高转速	气门正时延迟	进气门延迟关闭	提高发动机输出

（3）正时机构组件的更换

正时机构组件的更换周期根据相应车辆的维修手册确定，更换步骤如下。

① 根据维修手册，准备相关专用工具。

② 关闭点火开关，拆除附件，由于正时机构组件安装在发动机的核心部位，需要先将一部分附件或覆盖件拆除，拆除的附件因车而异，比如某些车型要拆除发动机盖板、发动机底板、发动机减振座、综合传动带、前围板、散热器、冷却液管等。

③ 转动曲轴使凸轮轴正时齿轮位于上止点的标记上，凸轮轴正时齿轮的标记必须与齿形传动带护罩的箭头齐平；同时也应检查曲轴传动带轮的正时标记是否对准，如图12-14所示。

④ 拆下正时传动带护罩的固定螺栓，取下正时传动带护罩；松开张紧轮并取下正时传动带，拆下传动带导轮。

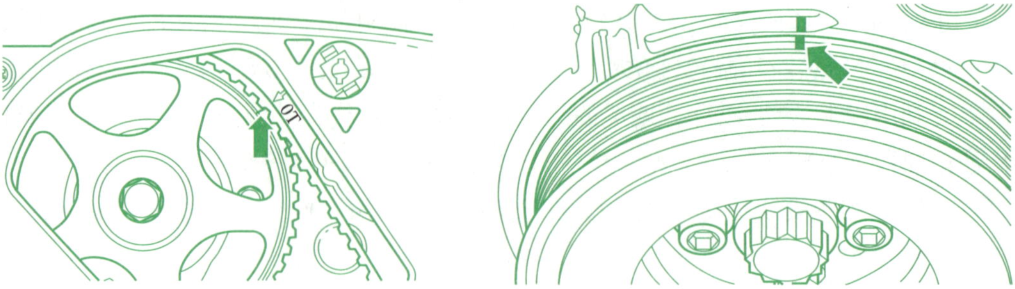

图 12-14　对准正时标记

⑤ 新的正时传动带做外观检查后，套装在发动机正时轮系上。

⑥ 安装新的张紧轮和传动带导轮，安装时务必注意正时点的变化，正时点不应因为张紧轮的安装而变化。

⑦ 确定传动带、张紧轮、导轮等都正确安装，拔掉张紧轮锁销，使张紧轮开始张紧。

⑧ 缓慢旋转发动机曲轴 4 圈，观察正时点是否正确，若正确，执行下一步，若不正确，应将张紧轮恢复到初始位置，重新调整正时。

⑨ 按照与拆卸相反的顺序，安装好附件、覆盖件等，注意某些一次性部件是需要更新的。

2. 技能操作

（1）操作准备

准备技能操作所需的物料，见表 12-2。

表 12-2　物料准备

类别	所需的物料
整车 / 台架	混合动力实训整车
工具 / 设备 / 仪器	常用工具、专用工具、正时机构组件、灭火器、抹布、手电、维修手册、手套

（2）正时机构组件更换

根据所学知识，结合维修手册指引，更换实训车辆正时机构组件，并将更换过程记录在表 12-3 中。

表 12-3　正时机构组件更换过程记录表

序号	步骤	工具 / 设备	关键点 / 注意事项
1			
2			
3			

续表

序号	步骤	工具 / 设备	关键点 / 注意事项
4			
5			
6			
7			
8			

对本次更换过程进行检查，并将检查结果记录在表 12-4 中。

表 12-4　正时机构组件更换过程检查记录表

检查项	检查结果	检查项	检查结果
拆卸前正时标记是否对齐	是□　否□	螺栓是否按规定转矩拧紧	是□　否□
正紧轮锁销是否拔出	是□　否□	正时标记是否对正	是□　否□

（二）火花塞更换

1. 知识学习

1）火花塞的结构及原理

火花塞的功用是将点火线圈产生的高压电引入燃烧室，在电极间产生强烈的电火花，点燃混合气。火花塞应该选择相应的型号、热值，另外电极间隙也应在标准范围之内，电极间隙过大会导致击穿电压高，跳火可靠性差；电极间隙过小会导致有效点火能力降低。电极间隙如不符合要求须调整。火花塞结构如图 12-15 所示。

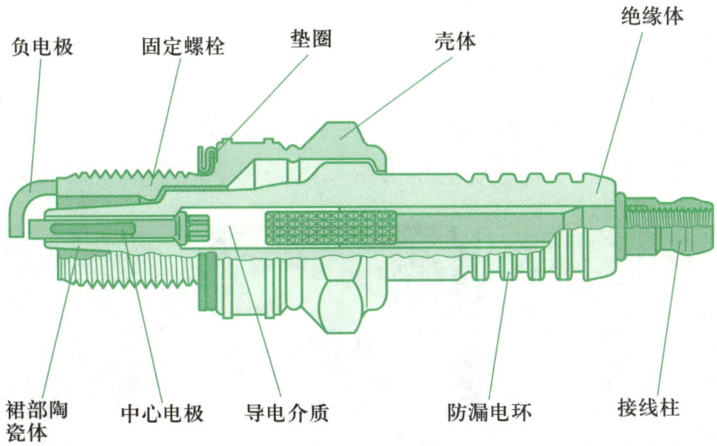

图 12-15　火花塞结构

2）火花塞的检查方法

（1）跳火试验

在检查火花塞时，可以用火花塞套筒拆下火花塞，对四个气缸进行火花塞跳火试验。车内操作人员进行点火，车外操作人将火花塞靠近排气管，跳火过程中注意观察火花强度及跳火频率，如图 12–16 所示。

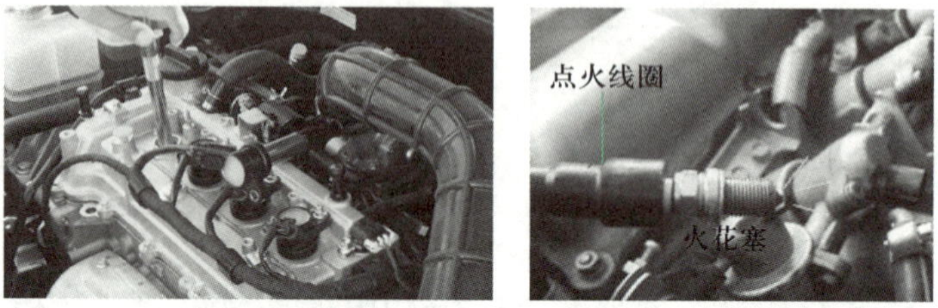

(a) 拆卸火花塞　(b) 检查火花塞跳火情况

图 12–16　火花塞跳火实验

（2）外部检查

检查火花塞外观是否有积炭、淹缸、机油浸入、中央电极烧损、旁电极烧损、过度燃烧、绝缘体破裂等现象，如图 12–17 所示。

图 12–17　火花塞外观检查

（3）火花塞电极间隙及燃烧检查

清理火花塞间隙积炭，使用塞尺检查火花塞电极间隙，应为 0.9 ～ 1.1 mm，而且 4 只火花塞间隙应保持一致，然后观察火花塞电极燃烧情况。如图 12–18 所示。

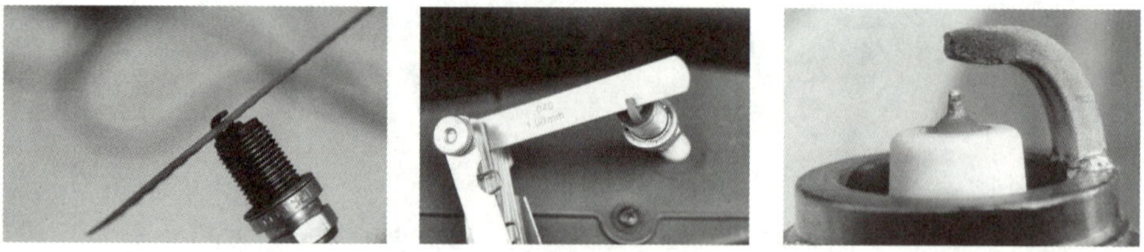

(a) 清理火花塞间隙积炭　(b) 检查火花塞间隙　(c) 观察火花塞电极燃烧情况

图 12–18　火花塞电极间隙检查

3）火花塞的定期更换

不同的车型对火花塞更换的要求不同，一方面是由于车辆性能的差异，另一方面是由于火花塞的材质不同，一般采用的更换周期有：40000 km、60000 km、80000 km 等。

更换火花塞步骤如下。

① 关闭点火开关，拆卸外部附件或覆盖件。

② 拔除点火线圈插头，拆下点火线圈固定螺栓。

③ 移除点火线圈，使用火花塞套筒完全拧出火花塞。

④ 更换新的火花塞，更换前应仔细核对型号，安装火花塞应执行严格的扭紧力矩。

⑤ 按照与拆卸相反的顺序依次安装点火线圈、插头、附件等。

⑥ 起动车辆观察运行状态，确保运行正常。

2. 技能操作

（1）操作准备

准备技能操作所需的物料，见表 12-5。

表 12-5 物料准备

类别	所需的物料
整车 / 台架	混合动力实训整车
工具 / 设备 / 仪器	常用工具、火花塞套筒、火花塞、抹布、手电、维修手册、手套、扭力扳手

（2）火花塞更换

根据所学知识，结合维修手册指引，更换实训车辆火花塞，并将更换过程记录在表 12-6 中。

表 12-6 火花塞更换过程记录表

序号	步骤	工具 / 设备	关键点 / 注意事项
1			
2			
3			
4			
5			
6			
7			
8			

（三）冷却液更换

1. 知识学习

1）冷却液作用与原理

冷却液又称防冻液、抗冻液，是汽车发动机不可缺少的一部分。其主要功能是在冷却系统中循环流动，带走发动机热量，能够保证发动机正常良好运行，起到防冻、防沸、防锈、防腐蚀等效果。常见的冷却液有水及加有防冻剂的防冻液。

冷却液中含有添加剂和抗泡沫添加剂，这些添加剂在使用过程中会逐渐丧失其性能，无法一直对冷却系统内部进行很好的保护，由于添加剂的失效，会大大削弱冷却液的效果，所以冷却液要按期更换。

2）冷却液定期检查或更新

（1）冷却液外观检查

检查冷却液的外观、辨别气味。冷却液应透明、无异味、无沉淀。如发现外观浑浊，气味异常，有悬浮物时，说明冷却液变质，应立即更换。

（2）冷却液液位检查

发动机达到工作温度时，冷却液液位必须位于“max”标记处，而冷机时，则必须位于“min”和“max”标记之间，如图 12–19 所示。如有必要，添加冷却液或吸出多余的冷却液至标准液位。

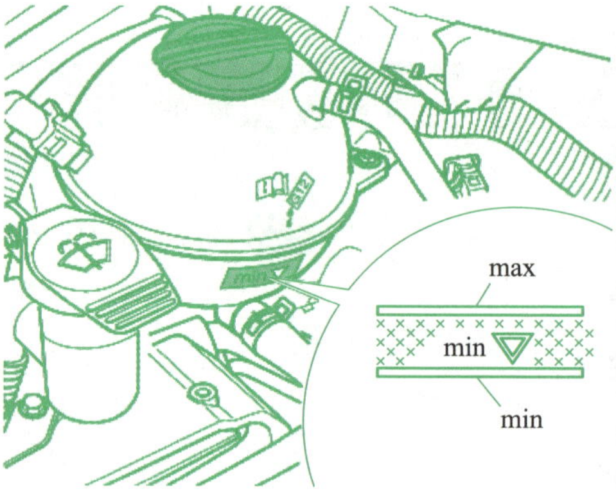

图 12–19 冷却液液位检查

（3）冷却液更换步骤

冷却液更换步骤见表 12–7。

表 12–7 冷却液更换步骤

更换程序	图示	更换步骤
前期准备		① 车辆平稳放置于举升机下，安装车轮挡块。 ② 打开发动机舱盖，安装左右翼子板布、前格栅布

续表

更换程序	图示	更换步骤
前期准备		③ 打开储液罐盖。 ④ 举升车辆并安全锁止举升机
冷却液排放		① 松开冷却液排放塞,冷却液回收器正对下方,开始回收冷却液。 ② 排放完毕后安装好冷却液排放塞
冷却液加注	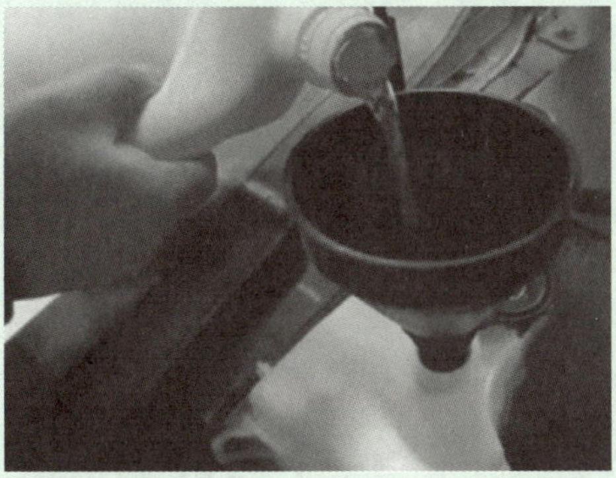	① 降下车辆,从冷却液储液罐口加注新的冷却液。 ② 观察储液罐,将冷却液加注到标准位置。 ③ 起动发动机,踩下加速踏板,控制发动机转数在 2500 转以下预热发动机,直到散热器风扇设置开关接通。 ④ 发动机进行大循环后,冷却液液位有所下降,进行冷却液补充。 ⑤ 举升车辆,检查冷却液排放塞及管路有无泄漏现象
整理恢复	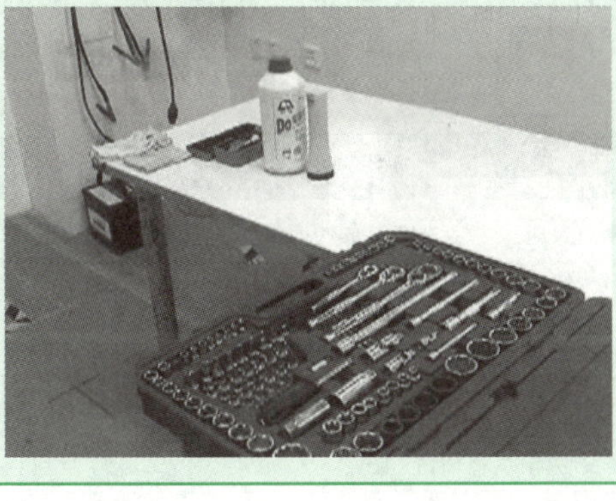	缓慢下降车辆,回收车轮挡块、翼子板布,关闭发动机舱盖,工具清洁后归位,清洁车辆、清洁地面

2. 技能操作

（1）操作准备

准备技能操作所需的物料，见表 12-8。

表 12-8　物料准备

类别	所需的物料
整车 / 台架	混合动力实训整车
工具 / 设备 / 仪器	常用工具、专用工具、正时机构组件、灭火器、抹布、手电、维修手册、手套

（2）正时机构组件更换

根据所学知识，结合维修手册指引，更换实训车辆正时组件，并将更换过程记录在表 12-9 中。

表 12-9　正时机构组件更换过程记录表

序号	步骤	工具 / 设备	关键点 / 注意事项
1			
2			
3			
4			
5			
6			
7			
8			
9			
10			

对本次更换进行检查，并将检查结果记录在表 12-10 中。

表 12-10　正时机构组件更换检查记录表

检查项	检查结果	检查项	检查结果
油液是否洒溅	是□　否□	螺栓是否按规定力矩拧紧	是□　否□
防冻液是否按规定收集	是□　否□	加注防冻液后是否起动车辆进入大循环	是□　否□
检查防冻液液位是否正常	是□　否□	是否无故障码、车辆运行是否正常	是□　否□

四、检查评估

对本任务的学习情况进行检查，并将相关内容填写在 12–11 中。

表 12–11　检查表

检查项目	检查结果	结果点评
正时机构组件更换		
更换的方法是否正确	是□　否□	
是否正确选用工具及设备	是□　否□	
更换的操作是否规范	是□　否□	
是否按要求达成作业目标	是□　否□	
火花塞更换		
更换的方法是否正确	是□　否□	
是否正确选用工具及设备	是□　否□	
更换的操作是否规范	是□　否□	
是否按要求达成作业目标	是□　否□	
冷却液更换		
更换的方法是否正确	是□　否□	
是否正确选用工具及设备	是□　否□	
更换的操作是否规范	是□　否□	
是否按要求达成作业目标	是□　否□	
整理恢复		
工具 / 设备是否整理恢复	是□　否□	
实训场地卫生是否打扫干净	是□　否□	
是否进行充分的团队协作和沟通	是□　否□	
是否体现较好的保护设备设施的意识和行动	是□　否□	

五、任务小结

任务十二小结如图 12-20 所示。

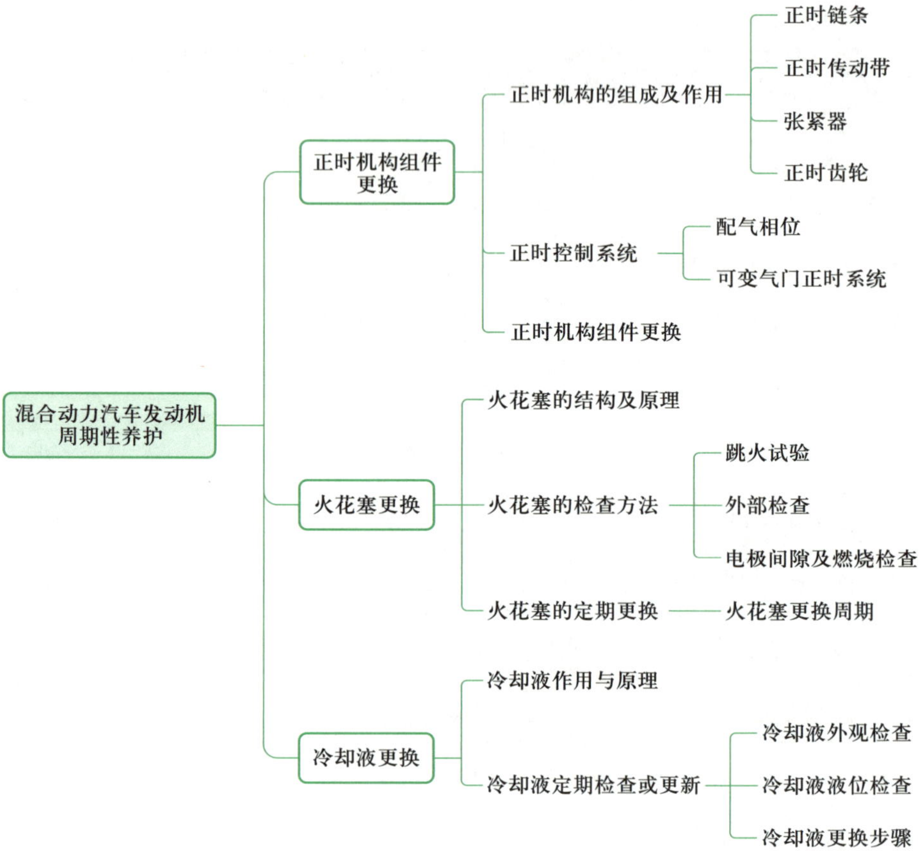

图 12-20　任务十二小结

任务十三　混合动力汽车发动机深度养护

一、任务导入

场景：某品牌新能源汽车售后维修中心。

人物：维修技师小王、客户路先生。

情节：路先生的某品牌插电式混合动力汽车已经行驶超过 120000 km，最近在驾驶车辆时，仪表保养灯等亮起。路先生将车辆送至维修中心，技师小王在对车辆进行了必要的养护之后，鉴于车辆行驶里程较多，还建议进行必要的深度养护，车主表示同意，那么他要如何进行这些养护工作？

二、任务目标

- ✧ 能根据三元催化器相关知识，使用合适的工具，对三元催化器进行拆装。
- ✧ 能根据所学知识，使用合适的介质，对三元催化器进行专门的清洁作业。
- ✧ 能根据喷油嘴相关知识，使用合适的工具，完成喷油嘴清洁作业。

三、任务实施

（一）三元催化器清洁

1. 知识学习

1）排放控制系统的组成

如图 13-1 所示，发动机排放控制系统一般由排气歧管、三元催化器、排气温度传感器、消声器和排气尾管等组成。

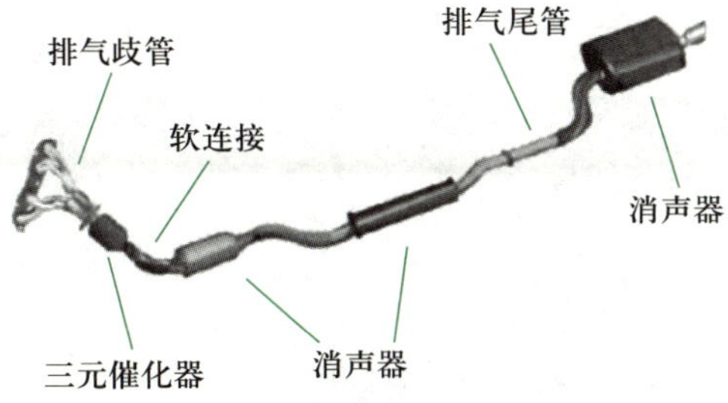

图 13-1　发动机排放控制系统的组成

除此之外，混合动力汽车的排放控制系统还有多种电控子系统，主要包括：燃油蒸气排放控制系统、氧传感器与空燃比反馈控制系统、曲轴箱强制通风系统、废气再循环系统、三元催化器控制系统、恒温进气系统、二次空气供给系统等，如图 13-2 所示。

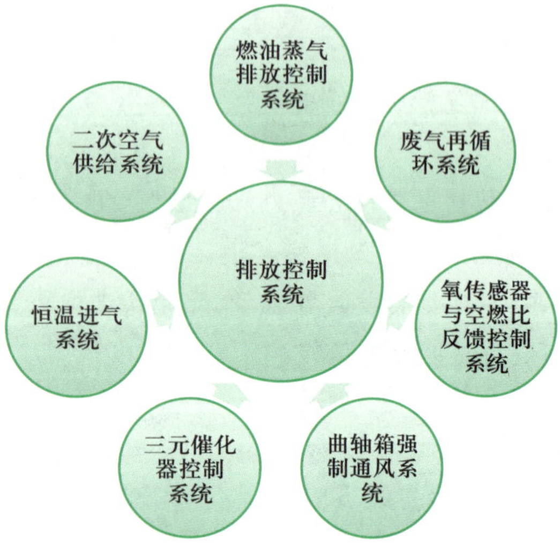

图 13-2 排放控制系统的组成

（1）排放控制系统的作用

与传统汽车一样，混合动力汽车的排放控制系统主要是控制一氧化碳（CO）、碳氢化合物（HC）、氮氧化合物（NO_x）的排放。其主要是排放发动机工作中产生的废气，同时减少排放时的废气污染和噪声污染。

（2）国六排放限值

国家第六阶段机动车污染物排放标准中与混合动力汽车相关的《轻型汽车污染物排放限值及测量方法（中国第六阶段）》自 2020 年 7 月 1 日起实施（后面简称“国六”）。“国六”的排放限值相对“国五”，对一氧化碳及 PN 颗粒物的要求都有加强。“国六”排放限值及与“国五”的对比见表 13-1。

表 13-1 “国六”及“国五”标准的排放限值

排放物	“国五”排放限值	“国六”排放限值
一氧化碳	1000（mg/km）	700（mg/km）
非甲烷烃	68（mg/km）	68（mg/km）
氮氧化物	60（mg/km）	60（mg/km）
PM 细颗粒物	4.5（mg/km）	4.5（mg/km）
PN 颗粒物	—	6×10^{11} 颗 /km

2）三元催化器作用及原理

在大气污染物中，大量的 CO、HC、NO_x 来源于汽油发动机排放的尾气。为了减少污染，现代发动机在排放控制系统中普遍装有三元催化器。

微课
三元催化器作用、结构与工作原理

（1）三元催化器的作用

三元催化器控制系统是混合动力汽车排气后处理的重要组成部分，它利用安装在发动机排气系统中的催化转化装置，使发动机排出的 HC、CO 氧化，使 NO_x 还原成无害的 H_2O、CO_2 和 N_2，净化废气。

（2）三元催化器结构

如图 13-3 所示，三元催化器由三元催化转化芯子、减振层和外壳等组成。混合动力汽车中采用的三元催化转化芯子，大多数以蜂窝状陶瓷作为承载催化剂的载体，简称陶瓷载体。为了提高三元催化转化芯子抗颠簸的能力，芯子外面通常用钢丝网包裹，钢丝网形成了减振层。陶瓷载体和钢丝网一起安装在不锈钢的圆筒状壳体内。

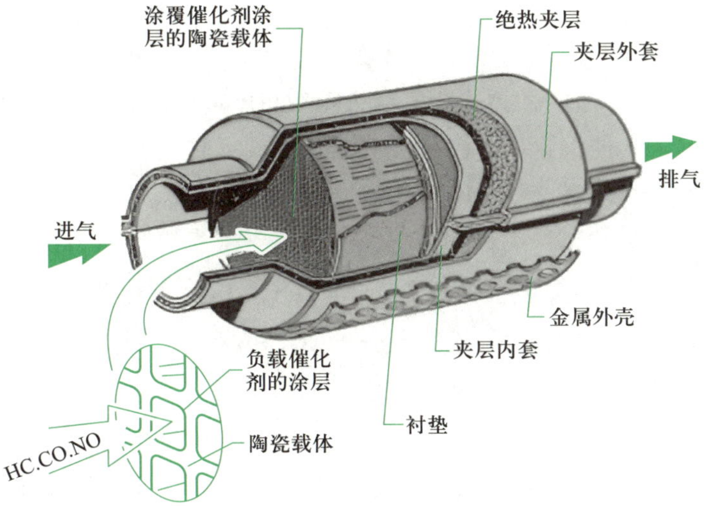

图 13-3　三元催化转化器结构

蜂窝状陶瓷载体每平方厘米有 60 ~ 200 个孔，这些孔贯穿于整个载体。在每个孔的内表面涂有一层非常疏松的铂、铑、钯活性催化层。

（3）三元催化器工作原理

如图 13-4 所示，三元催化器的工作原理是利用系统自带的贵重金属作为催化剂，进行氧化还原反应，将 NO_x 还原成的 N_2 和 CO_2。还原反应中生成的 O_2，与金属催化剂一起和 CO、HC 进行氧化反应，使其变成 H_2O 和 CO_2。CO_2 无毒，但可造成温室效应。

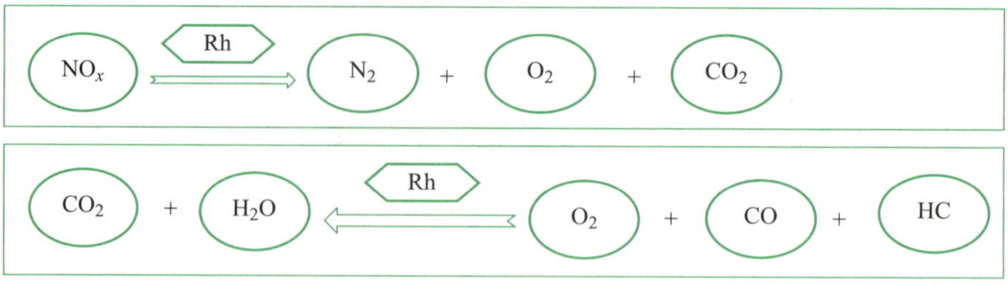

图 13-4　三元催化器工作原理

3）清洁三元催化器原因

三元催化器不是必须要被清洗的部件，但由于汽油质量、控制质量、燃烧室燃烧效率、驾驶习惯达不到理想状态，致使三元催化器可能产生不正常的污染甚至损坏，在这种前提下，清洗三元催化器能够预防早期失效、修复已有损伤、延缓老化、恢复性能。

需要清洗三元催化器的可能原因如下。

（1）慢性中毒

催化剂对锌、硫、铅、磷等元素非常敏感。汽油中含有较多的硫和铅，机油中含有一定量的磷和锌。这四种物质在发动机内参与燃烧后形成的氧化物颗粒物，容易吸附在催化剂表面，使催化剂无法与废气接触进行反应，从而失去催化作用，也就是所谓的“中毒失效”现象，严重时可能造成三元催化器堵塞。

（2）表面积炭

汽车长时间在低温环境工作时（不足 400 ℃），三元催化器无法启动，发动机排出的烟雾会附着在催化剂表面，使其无法与 CO、HC 接触发生催化反应。久而久之，载体的孔隙会被堵塞，影响其转化效率，甚至失效。

（3）废气过浓

三元催化器对污染物的转化能力有一定的局限。因此，必须通过内置的净化技术将原始废气降至最低，如果排气污染物各成分的浓度和总量过大，比如混合气过浓，将会影响三元催化器的转化能力，降低其转化效率，甚至失效。

（4）通道堵塞

长期使用劣质的汽油或机油，不规范加注积炭清洁剂或燃油添加剂，可能造成一些氧化剂、积炭颗粒、油胶质等被排出到三元催化器中，造成三元催化器堵塞，如图 13-5 所示。

图 13-5　三元催化器堵塞

4）三元催化器清洁步骤

三元催化器常用的清洗手段有三种，一是添加具有清洁功能的燃油添加剂，添加剂随着燃油喷入燃烧室参与燃烧，并排到三元催化器中参与反应；二是使用专用清洁剂，利用进气歧管负压，将清洁液体吸入燃烧室，再从燃烧室进入三元催化器中参与反应；三是将三元催化器拆除，使用专用清洁剂灌入三元催化器，浸泡里面的反应部件，从而清洁三元催化器内部结构。从清洁效果来讲，第三种方式最高效，但工序也相对烦琐。第一种和第二种方式较简单，本文不作赘述，下面主要讲解第三种方式，即拆洗三元催化器。

拆洗三元催化器的主要步骤如下。

① 关闭点火开关，将车辆举升至一定高度。

② 拆下前部氧传感器和后部氧传感器。

③ 使用 WD-40 除锈剂，浸润三元催化器连接螺栓 5 ~ 10 min。

④ 拆下三元催化器前部和后部螺栓。

⑤ 使用清洗剂将三元催化器浸泡在桶中，时间为 30 ~ 60 min。

⑥ 取出三元催化器，控出水分，使用高压气清洁催化通道。

⑦ 按照与拆卸相反的顺序安装零部件。

2. 技能操作

（1）操作准备

准备技能操作所需的物料，见表 13-2。

表 13-2 物料准备

类别	所需的物料
整车 / 台架	混合动力实训整车、维修手册
工具 / 设备 / 仪器	扭力扳手、常用工具、WD-40 除锈剂、手电、三元催化器清洁剂、清洁容器、抹布、吹尘枪、举升机、解码器

（2）拆装及清洁三元催化器

根据所学知识，结合维修手册指引，拆装三元催化器并清洁，并将拆装及清洁过程记录在表 13-3 中。

表 13-3 三元催化器拆装及清洁过程记录表

序号	步骤	工具 / 设备	关键点 / 注意事项
1			
2			

续表

序号	步骤	工具 / 设备	关键点 / 注意事项
3			
4			
5			
6			
7			
8			
9			
10			

请对三元催化器进行必要检查及对操作质量自检，并将检查结果记录在表 13-4 中。

表 13-4　三元催化器检查记录表

检查项	检查结果	检查项	检查结果
螺栓是否执行标准转矩	是□　否□	三元催化器安装是否正确	是□　否□
三元催化器外观损伤情况		三元催化器陶瓷载体完整度	
专用清洁剂的主要成分		浸泡时长	
发动机是否能正常起动和运转	是□　否□	是否产生故障码	是□　否□

（二）喷油器清洁

1. 知识学习

1）喷油器脏污

喷油器是汽车内燃机的喷油控制装置，理论上讲，喷油器是不需要清洁的，因其内部流动的燃油是经过燃油滤清器过滤后供给的，污浊物相对较少；另外，燃油本身具有很强清洁功能，可以带走微小的污物；从外观上讲，喷油器本身作为精密部件，其机件结构密封，不易被污染。

但在日常驾驶时，受到发动机的工况多样，使用环境、温度差异明显，驾驶人的驾驶风格迥异，车辆所在地的燃油品质、排放要求的限定力不同等诸多因素影响，喷油器的工作环境往往复杂而恶劣，这样极易造成喷油器喷头处产生积炭、燃油胶质、颗粒物堵塞等问题，影响喷油效果和喷油量，如图 13-6 所示。

(a) 喷油器脏污

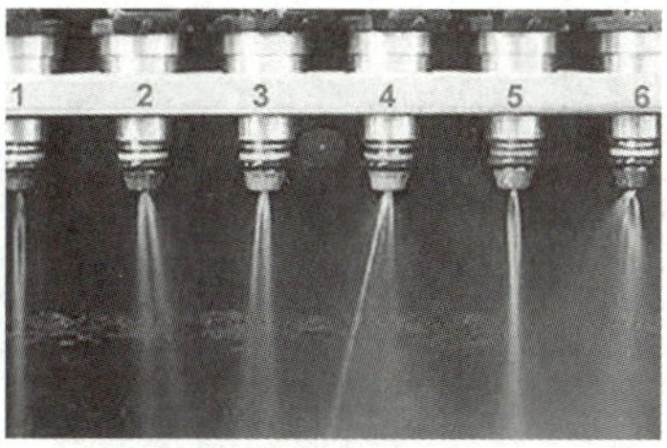

(b) 喷油器喷油异常

图 13-6　喷油器异常现象

在一些环境恶劣、油质不达标的地区，长时间不清洗喷油器可能会导致发动机燃烧效率下降、动力下降、车辆油耗增高、发动机抖动、怠速不稳，冷车起动困难等问题。多数汽车喷油器的检查周期是每 40000 km 一检，若经检查发现喷油器有较严重的积炭、堵塞、喷油量异常等问题，应考虑清洗喷油器。

2）喷油器的检查方法

（1）喷油器喷射性能检查

喷油器喷射性能检查即喷油器喷射角度、喷射形状和喷油量的检查。在喷油器清洗检验仪上使喷油器以一定喷油脉宽喷油，观察喷油器的喷雾状况、喷射扇形角度、固定时间内的喷射量。正常情况下，喷雾应均匀，其形状应为较大角度的锥状，断油干脆且不滴漏，各个喷油器的喷油量均等，如图 13-7、图 13-8 所示。

图 13-7　喷油器喷射形状

图 13-8　喷油器的喷油量检查

如果形状不符合要求，应进行清洗并重新进行测量，再次测量后还达不到要求，就应当更换所有气缸的喷油器。

（2）喷油器密封性能检查

喷油器密封性能检查即检查喷油器滴油情况。在喷油器清洗检验仪上安装好喷油器，给喷油器增加一定的油压，观察喷油器是否有燃油泄漏，每个喷油器 1 min 漏油不应多于 2 滴。

若不符合要求，应进行清洗并重新进行测量，再次测量后还达不到要求，则说明喷油器密封不良，应当更换相应喷油器。

3）喷油器清洁的方法

（1）免拆清洁喷油器

免拆清洁喷油器是目前使用较广泛的清洁方法，相比较拆洗喷油器，免拆清洗喷油器的方式具有流程简单、成本低廉、操作方便等优点，但是它的清洁效果往往不可控。

免拆清洁喷油器具体操作如下。

① 检查发动机故障灯是否亮起。

② 检查发动机怠速是否稳定、是否有缺缸或断火现象、加速是否正常、有无异常响声。

③ 首先将灭火器准备好，放在车的旁边，然后取下燃油泵熔断器或继电器，着车，直至发动机自动熄火，目的是释放燃油管中的残余燃油压力。（此步骤可能导致故障灯报警，这是发动机控制系统监测到供油系统不工作的反应，可以忽略不处理，待喷油嘴清洗完成后再统一清除故障码）

④ 拆除车辆的燃油供油管，连接清洗设备管路，清洗设备如图 13-9 所示。（有回油管的，用专用工具切断回油管）

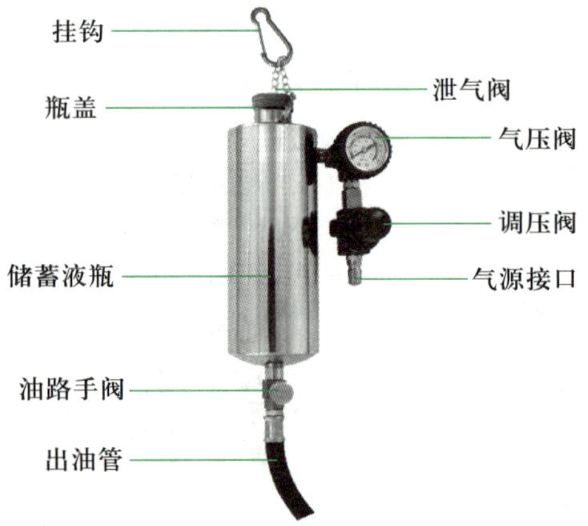

图 13-9　清洗喷油器设备

⑤ 注意将清洁剂倒置连接，目的是让储蓄液瓶里面的气体在上方，清洁剂在下方以被压出。

⑥ 连接好储蓄液瓶后，使用专用挂钩进行清洁和填充，倒置挂在发动机机舱盖上。

⑦ 反复检查管道，确认无误后，起动发动机。

⑧ 起动发动机，以 1500 r/min 运行发动机。

⑨ 将清洗泵上的压力调整为系统正常值（参见相应车型维修手册）。

⑩ 定时器定时（具体时间按照相关产品的操作说明执行），开始清洗工作。

⑪ 清洗过程中，全程有专人值守，出现安全问题，应第一时间停止清洗，关闭油路手阀、系统泄压、关闭点火开关等。

⑫ 清洗完成后，拆卸设备，恢复管路连接，清除故障码，起动车辆，确认有无异常。

（2）拆洗喷油器

拆洗喷油器是比较彻底的喷油器清洗方法，一般在发生明显故障时采用这种方法，虽然操作繁琐、工序复杂，但是对于严重的喷油器脏污、堵塞问题，有立竿见影的功效。

拆卸喷油器的注意事项如下。

① 如果没有断开蓄电池，则必须取下燃油泵的熔断器。否则，在打开驾驶人车门触点开关时可能会激活燃油泵。

② 高压管内的燃油压力最高可达 12 MPa，需要戴上护目镜并穿上防护服，以免受伤和高压燃油接触皮肤。

③ 打开燃油管前先在连接处周围铺上抹布。

拆卸喷油嘴的步骤如下。

① 起动发动机并怠速运行，取下燃油泵熔断器，使车辆因断油自动熄火，从而达到泄压的目的。

② 拆卸进气软管、曲轴箱通风软管、空气流量软管等进气覆盖件。

③ 拆下进气歧管固定螺栓，拆下前，小心取下进气歧管上的接头、附件，用一块干净的抹布堵住气缸盖中的进气道。

④ 拆下燃油分配器与高压供油管部件的连接管路，如图 13-10 箭头所示。

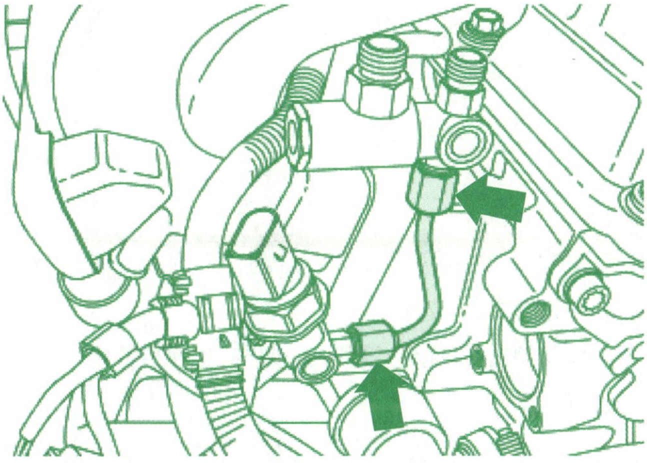

图 13-10　高压供油部件连接管路

⑤ 小心地从燃油分配器上拔下喷油器。

⑥ 用一块干净的抹布堵住气缸盖中的进气道。

⑦ 安装以拆卸的倒序进行，同时必须注意下列事项。

a. 更换喷油器和燃油分配器之间的橡胶密封环，并用发动机机油稍微浸润，如图 13–11 所示，图中 1 指弹性元件，2 指支撑垫片，3 指 O 型圈。

b. 更换所有喷油器上的弹性元件，如图 13–12 箭头所示。

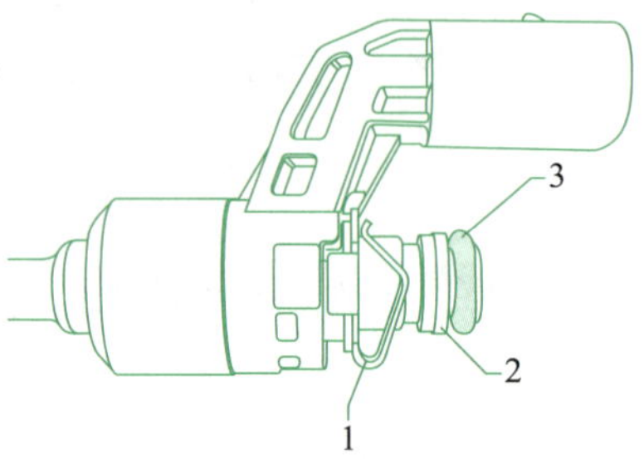

图 13–11 喷油器上半部分示意图

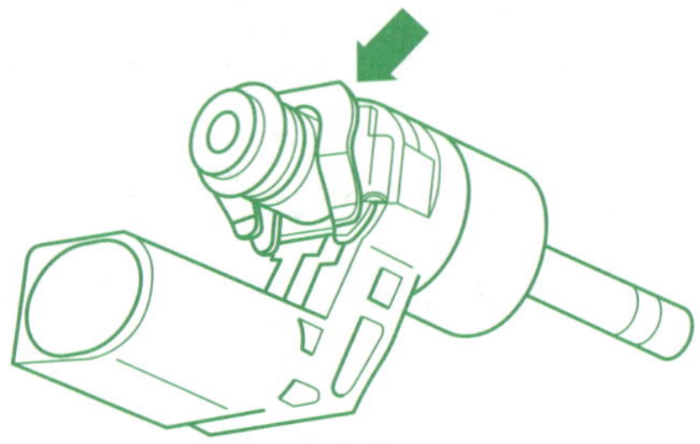

图 13–12 喷油器上的弹性元件

c. 安装带新密封件的进气歧管。

d. 安装燃油分配器并均匀地按压到喷油器上。

e. 手动安装进气歧管和燃油分配器的所有紧固螺栓。

f. 在每次拆下喷油器后，都必须更换喷油器上的特氟隆密封环，如图 13–13 箭头所示。

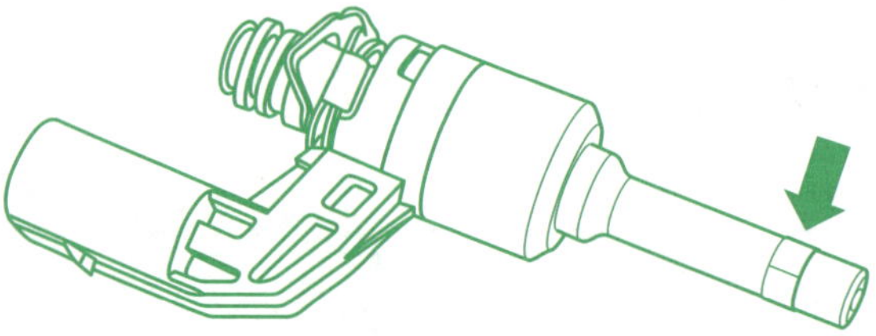

图 13–13 安装在喷油器上的特氟龙密封环

清洗喷油器的步骤如下。

① 在超声波清洗槽倒入专用喷油器清洁剂，直至液位到达清洗槽刻度线，在机架上放好喷油器，清洁剂要浸过支架表面。

② 打开设备电源开关，按下超声波键，按照喷油嘴的脏污程度设置清洗时间，点击启动按钮即可，如图 13–14 所示。

③ 选择专用喷油器清洁剂，加注进喷油器清洗机的储液箱中，注意按照规定的刻度加注，不要加注过量或过少，如图 13–15 所示。

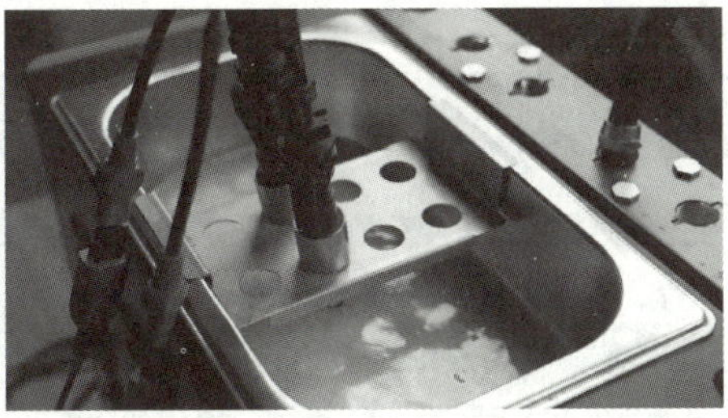

图 13–14　超声波清洗喷油器外部

图 13–15　超声波清洗机储液箱刻度标识

④ 将喷油器安装在喷油器清洗机油轨上，注意装好密封件，拧紧喷油器锁紧螺母，拧紧油轨锁紧螺母，如图 13–16 所示。

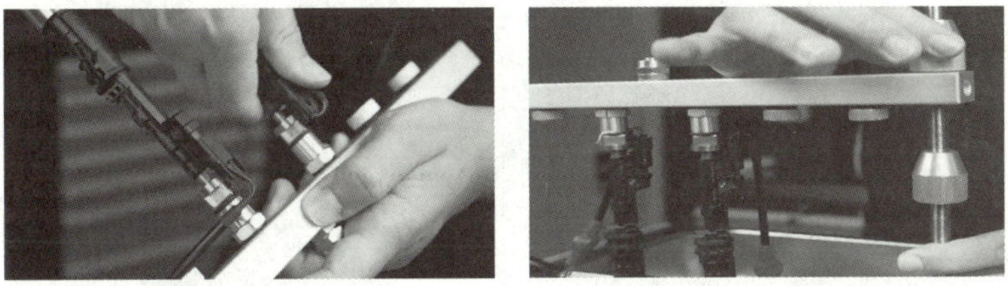

(a) 安装喷油器锁紧螺母　　(b) 安装油轨锁紧螺母

图 13–16　安装锁紧螺母

⑤ 插好喷油器插头连接线，设定相应的电压值。

⑥ 调整油压为 3 ~ 10 kg/cm^2，调整喷油脉宽为 2.5 ms，在怠速（750 r/min）、中速（2400 r/min）、高速（3000 r/min）的状态下，观察喷油角度和及雾化质量，如图 13–17 所示。

图 13–17　油压设定和电压设定

2. 技能操作

（1）操作准备

准备技能操作所需的物料，见表 13–5。

表 13–5　物料准备

类别	所需的物料
整车 / 台架	混合动力实训整车或混合动力汽车发动机实训台架、维修手册
工具 / 设备 / 仪器	灭火器、常用工具、拆装喷油器专用工具、机油、手电、喷油器清洁剂、喷油器清洗机、抹布、吹尘枪、解码器

（2）拆装喷油器

根据所学知识，结合维修手册指引，进行喷油器拆装，并将拆装过程记录在表 13–6 中。

表 13-6　喷油器拆装过程记录表

序号	步骤	工具 / 设备	关键点 / 注意事项
1			
2			
3			
4			
5			
6			
7			
8			
9			
10			
11			
12			

对喷油器及相关部件进行必要检查，并将检查结果记录在表 13-7 中。

表 13-7　检查结果记录表

检查项	检查结果	检查项	检查结果
喷油器头部积炭		喷油器外观损伤	
喷油器 O 型圈		喷油器特氟龙密封圈	
喷油器油管接头状态		高压油泵油管接头状态	

使用喷油器清洗机对喷油器进行清洁，并将清洁过程记录在表 13-8 中。

表 13-8　喷油器清洁过程记录表

序号	步骤	工具 / 设备	关键点 / 注意事项
1			
2			
3			
4			
5			

续表

序号	步骤	工具 / 设备	关键点 / 注意事项
6			
7			
8			
9			
10			

对喷油器拆装、清洁过程进行检查，并将检查结果记录在表 13-9 中。

表 13-9　喷油器拆装、清洁检查记录表

检查项	检查结果	检查项	检查结果
螺栓是否执行标准转矩	是□　否□	喷油器是否按正确顺序装配	是□　否□
油管接头是否渗漏	是□　否□	喷油器接头是否渗漏	是□　否□
超声波清洗时间（min）		喷油器喷射清洗时间（min）	
每个喷油器的喷射量（mL）		喷油器的设定电压和油压	
发动机是否能正常起动和运转	是□　否□	是否产生了故障码	是□　否□

四、检查评估

对本任务的学习情况进行检查，并将相关内容填写在表 13-10 中。

表 13-10　检查表

检查项目	检查结果	结果点评
三元催化器清洁		
拆装过程使用的工具是否正确	是□　否□	
三元催化器拆装步骤是否正确	是□　否□	
清洁三元催化器的方法是否正确	是□　否□	
拆卸过程中零部件摆放是否整齐	是□　否□	
是否对三元催化器进行必要的常规检查	是□　否□	

续表

检查项目	检查结果	结果点评
喷油器清洁		
拆装过程使用的工具是否正确	是□　否□	
喷油器拆装步骤是否正确	是□　否□	
是否正确使用喷油器清洗机	是□　否□	
是否对喷油器进行必要的常规检查	是□　否□	
是否正确设定喷油器清洗机参数	是□　否□	
整理恢复		
工具 / 设备是否整理恢复	是□　否□	
实训场地卫生是否打扫干净	是□　否□	
是否进行充分的团队协作和沟通	是□　否□	
是否体现较好的保护设备设施的意识和行动	是□　否□	

五、任务小结

任务十三小结如图 13-18 所示。

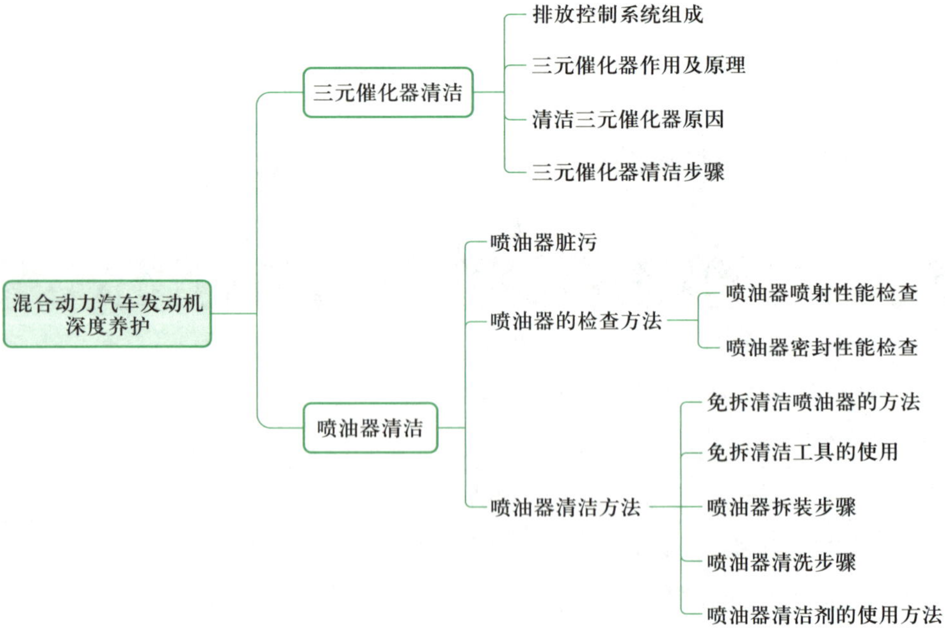

图 13-18　任务十三小结

参考文献

[1] 王军,李伟.新款混合动力汽车构造原理与故障检修[M].北京:化学工业出版社,2020.
[2] 陈陆华,李宏.奥迪车系混动系统结构原理与经典案例[M].沈阳:辽宁科学技术出版社,2021.
[3] 王毅,薛远水.汽车发动机电控系统检修[M].北京:机械工业出版社,2021.

郑重声明

高等教育出版社依法对本书享有专有出版权。任何未经许可的复制、销售行为均违反《中华人民共和国著作权法》，其行为人将承担相应的民事责任和行政责任；构成犯罪的，将被依法追究刑事责任。为了维护市场秩序，保护读者的合法权益，避免读者误用盗版书造成不良后果，我社将配合行政执法部门和司法机关对违法犯罪的单位和个人进行严厉打击。社会各界人士如发现上述侵权行为，希望及时举报，我社将奖励举报有功人员。

反盗版举报电话 （010）58581999 58582371

反盗版举报邮箱 dd@hep.com.cn

通信地址 北京市西城区德外大街4号
高等教育出版社知识产权与法律事务部

邮政编码 100120

读者意见反馈

为收集对教材的意见建议，进一步完善教材编写并做好服务工作，读者可将对本教材的意见建议通过如下渠道反馈至我社。

咨询电话 400-810-0598

反馈邮箱 gjdzfwb@pub.hep.cn

通信地址 北京市朝阳区惠新东街4号富盛大厦1座
高等教育出版社总编辑办公室

邮政编码 100029